논쟁을 통해 본

라틴아메리카
사회와 문화

이 저서는 2015년 정부(교육부)의 재원으로 한국연구재단의
지원을 받아 수행된 연구임 (NRF-2015S1A6A4A01014386)

정복 시기부터 현재까지
12가지 논쟁 주제로
라틴아메리카의 생생한
역사를 들여다보다

이성훈 지음

논쟁을 통해 본

라틴아메리카
사회와 문화

서문

『논쟁을 통해 본 라틴아메리카 사회와 문화』는 여러 논쟁을 통해 라틴아메리카 사회와 문화의 변화상과 이 변화를 관통하고 있는 구조적인 특징을 살펴보고자 했다. 이를 위해 1장의 "정복과 원주민: 라스 카사스 신부와 세풀베다 논쟁"에서 다루고 있는 정복 이후 원주민 문제부터, 12장의 "라티노를 바라보는 두 가지 시선: 새뮤얼 헌팅턴과 월터 미뇰로"까지 12개의 논쟁을 다루고 있다.

각 장은 논쟁이 나타나게 된 사회 역사적 배경, 논쟁의 구체적 내용, 논쟁의 해석 및 의의 등을 담고 있다. 특히, 논쟁의 구체적인 내용뿐만 아니라 사회역사적 배경을 명확히 드러내는 데 많은 지면을 할애했다. 이 저술이 단순한 논쟁사에 그치는 것이 아니라 논쟁의 사회사로 확장될 수 있기를 기대했기 때문이다. 이를 통해 이 저술이 문화와 문학 영역의 논쟁을 정리하는 텍스트가 아니라, 당대 라틴아메리카 사회와 문화를 입체적으로 이해하고 통사적인 관점에서 라틴아메리카 사회와 문화를 조망할 수 있는 의미 있는 작업이 되도록 했다.

잘 알고 있듯이 논쟁은 특정한 사안에 대해 서로 대립적인 세계관이 존재하기 때문에 나타난다. 더 나아가 그 이면에 서로 상이한 물질적 이해관계를 지닌 사회 집단이나 아비투스가 존재함을 보여준다. 따라서 논쟁은 당대 사회 내에서 나타나고 있는 사회적 변화를 개념적이자 실체적으로 보여주는 뜨거운 상징이다. 이런 맥락에서 라틴아메리카의 논쟁들은 대립적인 담론을 드러내는 것에 그치는 것이 아니라, 라틴아메리카 사회의 변화상을 구체적으로 보여주는 계기들이 된다. 또한 특정한 역사적 사건이나 흐름, 혹은 지적 견해를 둘러싸고 벌어지는 논쟁은 사회 내에서 갈등을 야기하고 사회를 분열시키는 요인이 되기도 하지만, 다른 한편으로는 생산적인 의미를 갖는다. 논쟁이 서로 다른 관점 사이의 치열한 적대의 과정이기도 하지만, 사회와 문화가 지향해야 할 가치에 대한 사회적 합의를 모색하는 과정이기 때문이다.

유럽 지향적 문화에 대해 지속적으로 문제를 제기하고 라틴아메리카적인 문화 정체성을 모색해 나가는 과정은 하나의 사례라고 할 수 있다. 따라서 논쟁은 특정 개인과 개인이 속한 집단의 세계관을 드러내는 데 그치는 것이 아니라, 그 세계관의 대립을 통해 당대 사회 세력들 간의 세력 지형도를 잘 보여준다. 이렇게 논쟁은 라틴아메리카 사회와 문화를 새롭게 자각해 가는 과정이자, 새로운 정체성을 추구하는 사회 집단이 성장해 가는 과정이라고 할 수 있다. 이 책은 이 과정을 역사적이고 사회적인 맥락을 통해 살펴보고자 했다.

500년이 넘는 정복 이후 라틴아메리카 역사를 12개의 논쟁 주제로 살펴본다는 것은 어쩌면 무모한 시도일지도 모른다. 그러나 각 시기를 관통하는 핵심어를 중심으로 논쟁들을 역사적으로 배치함으로써, 라틴아메리카 사회와 문화를 관통하는 구조적인 요인을 찾아보려는 시도는 의미가 있다고 생각한다. 이를 위해 다루는 논쟁들은 정치나 사회 영역이 아니라, 문학을 포함한 문화의 영역에서 주로 선택했다. 정치나 사회 영역은 저자의 전공 영역을 벗어나는 부문이기도 하거니와, 문화 영역의 논쟁들을 통해 당대 사회 정치적 변화들을 보다 손쉽게 포착할 수 있다고 판단했다. 이렇게 선택된 논쟁들은 시기별로 다소 차이가 있지만, 라틴아메리카 사회와 문화 변화를 바라보는 일관된 패러다임이 관통하고 있다고 보았다. 이 패러다임이 시대와 역사적 맥락에 따라 서로 다른 논쟁의 내용을 가지고 등장하는 것이다. 외래문화 즉 유럽 문화를 어떻게 이해할 것인가, 라틴아메리카적인 것은 어떤 것인가 등의 논쟁들은 '보편성과 지역성'이라는 패러다임의 다양한 변주라고 할 수 있다. 이렇게 보편성과 지역성, 혹은 세계성과 특수성이라는 구도가 라틴아메리카 문화 논쟁에서 계속 반복되고 있다는 사실은, 정복 이후 지금까지도 라틴아메리카의 구조적인 고민이 해결되지 않고 여전히 지속되고 있음을 잘 보여준다.

한편 10장 "라틴아메리카니즘과 문화연구" 그리고 12장 "라티노를 바라보는 두 가지 시선"은 이른바 전 지구화 시대의 라틴아메리카와 라틴아메리카 연구를 둘러싼 갈등을 통해, 기존의 라틴아메리카 논쟁과는 다른 층위의 문제의식이 등장하고 있음을 보여준다. 기존의 유럽적인 것과 라틴아메리카적인 것이라는 대립항을 통해 진행되던 논쟁에 미국적인 것이라는 새로운 변수가 개입하고 있다. 이는 전 지구화 시대 라틴아메리카가 겪는 새로운 변화의 결과로, 라틴아메리카가 겪고 있는 현재의 변화를 드러낸다. 이렇게 라틴아메리카의 논쟁에서 드러났던 시대적 과제 중에는 이미 시대성을 상실하거나 해소된 것도 있지만, 여전히 주요한 패러다임이 변주되고 있다는 점에서 미해결 상태로 라틴아메리카 현실을 구조화하고 있다. 이런 점에서 이 책에서 다루고 있는 라틴아메리카 논쟁들은 라틴아메리카를 이해하는 과정에서 한 번쯤 체계적으로 검토되어야 할 주요한 과제라고 할 수 있다.

　앞에 적은 것처럼 이 저술은 단순하게 주요 논쟁들을 병렬적으로 나열한 것이 아니라, 논쟁을 통해 당대 사회와 문화를 입체적으로 이해하려고 시도했다. 논쟁의 내용과 흐름을 정리하는 데 그치는 것이 아니라, 논쟁의 사회사적인 맥락부터 시작하여 논쟁이 갖는 문화적 의미에 천착함으로써 당대 사회를 현재적 관점에서 보다 폭넓게 이해하고자 했다. 역사는 고정불변의 것이 아니라, 현재적인 맥락 속에서 끊임없이 새롭게 해석되기 때문이다. 이런 맥락에서 보면 라틴아메리카 역사 속의 논쟁을 이해하는 것은 당대 사회와 문화를 이해하려는 시도일 뿐만 아니라, 현재적인 의미에서 과거를 새롭게 해석하고 또 현재를 풍부하게 이해하는 방법론적인 도구이다.

라틴아메리카의 논쟁을 통해 라틴아메리카 사회적 변화를 구조적으로 바라보려는 시도에도 불구하고 이 저술은 많은 한계를 갖는 것도 사실이다. 특히, 1차 문헌에 대한 접근의 어려움으로 2차 자료에 의존하고 있다는 한계가 두드러진다. 나아가 지역성과 보편성이라는 구태의연한 대립에 기대고 있다는 비판도 가능하다. 아무쪼록 이런 한계와 비판을 통해 국내의 관련 연구가 더욱 발전할 수 있는 계기가 되었으면 한다.

마지막으로 여러모로 아쉬움이 남는 책이지만 출판을 격려해준 가족에게 감사하고 싶다. 부족한 가장이지만 항상 용기를 북돋아 준 현정에게는 고마움을, 늘 사랑한다고 말하지만 채워지지 않는 예쁜 딸 재인에게는 사랑한다는 말을, 그리고 새로운 도전을 앞둔 찬욱에게는 너는 잘할 수 있다는 믿음을 전한다.

차례

제 1 장

.
.
.

정복과 원주민:
라스 카사스 신부와 세풀베다 논쟁

신대륙 정복과 식민화

콜럼버스가 아메리카 대륙에 도착하면서 시작된 정복과 식민화는 대륙의 운명을 바꾸었다. 선교를 명분으로 한 정복과 식민화 과정에서 정복자들은 폭력을 서슴치 않았고, 이로 인해 많은 원주민은 삶의 터전을 잃어야 했을 뿐만 아니라 생명의 위협을 받았다. 오랫동안 축적해온 그들의 삶의 지혜와 문화 또한 야만적인 것으로 폄하되고 상당 부분 파괴되었다. 외부에서 유입된 새로운 문물에 의해 아메리카 대륙의 경관 또한 변화한다. '신대륙 발견' 이후 유럽과 신대륙 사이에 식물, 동물, 질병, 작물 등 다양한 층위의 교환이 진행되었는데, 이를 '콜럼버스의 교환'(Columbian Exchange)이라 부른다. 이 '콜럼버스의 교환'이라는 용어는 은연중 두 대륙 간의 대등한 상호관계를 전제하고 있다는 점에서, '정복자들의 시선'에서 정복 이후 과정을 설명하고 있다. 그러나 아메리카 대륙 원주민들에게 정복과 교환은 치명적인 결과를 가져왔다. 정복과 교환 과정에서 자행된 폭력적인 행위는 식민시기 당대에 그치는 것이 아니라, 인종, 언어, 종교 등에서 아메리카 대륙을 새롭게 구성하면서 현재까지 그 영향을 남기고 있다. 이렇게 볼 때 콜럼버스의 교환이라는 개념은 정복이 주는 파괴적이고 폭력적인 성격을 은폐하고 있다(이성훈, 7).

정복과 식민화 과정에서 벌어진 폭력적인 성격을 가장 잘 보여주는 것이 바로 원주민을 개종시키기 위해 저질러진 폭력 행위이다. 가톨릭을 전파하려는 스페인의 종교적 욕망은 원주민들의 종교를 파괴하고, 폭력적 수단을 통해서라도 그들을 개종하려는 시도로 이어졌다. 정복자들은 원주민들을 개종시키고 이교의 침입으로부터 가톨릭을 보호한다는 명분으로 폭력적인 수단까지 마다하지 않았다. 정복자들의 이러한 태도의 바탕에는 원주민들의 종교를 비롯하여 원주민과 원주민 문화를 열등하게 여기는 유럽 중심주의가 자리잡고 있다. 이러한 원주민에 대한 인종주의와 타자화는 원주민들이 지금도 겪고 있는 각종 차별의 원인이 되고 있다. 그러나 원주민의 개종을 강요하고 정복의 정당성을 주장하는 흐름과는 달리, 원주민들의 인권과 평화적 개종을 주장했던 흐름 또한 정복 시기에 존재했다. 원주민들의 개종 및 정복을 위해 사용되는 폭력의 정당성을 둘러싸고 16세기 스페인의 바야돌리드에서 벌어졌던 논쟁은 원주민들에 대한 당대 스페인 사람들의 입장에 상당한 차이가 있음을 보여준다. 입장 차이가 반식민주의적인 관점으로 확장되지는 않았지만, 적어도 스페인 내에 정복과 원주민의 인권을 둘러싼 이견이 존재했음을 알 수 있다. 이런 차이가 바로 라틴아메리카 원주민 문제와 관련하여 현재까지도 이어지고 있는 논쟁의 시작이라고 할 수 있다.

1541~1542년 벌어진 바야돌리드 논쟁은 논쟁의 내용뿐만 아니

라 현재까지 지속된 영향력으로 보아 "지난 500년 역사에서 가장 주목할 만한 논쟁"으로 평가된다(두셀, 94). 바야돌리드 논쟁은 크게 보아 원주민들을 유럽인들과 같은 동일한 인간으로 간주할 수 없다는 유럽 중심주의적이고 인종주의적인 입장과 그들을 동일한 인간으로 간주해야 한다는 입장의 대립이었다. 따라서 바야돌리드 논쟁은 당시 스페인에 서로 대립적인 지적, 정치적 입장이 공존하고 있음을 보여준다. 스페인의 식민지 정복을 합리화하려는 입장은 원주민들의 야만적인 특성을 강조하면서 원주민들에 대한 지배와 그 수단으로서 폭력을 정당화했다. 이에 반대하는 입장은 원주민에 대한 지배와 지배를 위한 폭력적 수단에 대해 문제를 제기했다. 이처럼 개종과 정복 전쟁의 정당성을 둘러싼 바야돌리드 논쟁은 라스 카사스 신부로 대표되는 "원주민 보호 신학"과 세풀베다로 대표되는 "노예주의 신학"(이성형, 119-122)의 대립으로 설명되기도 한다.

바야돌리드 논쟁의 역사적 배경

이슬람 세력을 이베리아반도에서 몰아낸 국토 재정복 이후 스페인은 종교 순혈주의를 강조하고 대외적으로 팽창주의적인 시각을 갖게 된다. 스페인 왕실이 선교를 명분으로 콜럼버스의 항해를 지원하게 된 배경에는 이런 종교적 팽창주의가 자리 잡고 있었다. 그럼에도 불구하고 바야돌리드 논쟁에서 알 수 있듯이 개종과 정복을 둘러싼 대립적인 입장들이 존재했다. 이렇게 바야돌리드 논쟁이 나타나게 된 배경은 몇 가지로 나눠 볼 수 있다. 먼저, 아메리카 대륙과 관련한 스페인의 태도는 정복 초기부터 이중적일 수밖에 없었다는 점이다. 정복과 식민화 과정에서 원주민들의 노동력을 값싸게 얻어 경제적 이익을 극대화하려는 정복자들의 요구와 공납을 획득하고 선교라는 명분을 통해 아메리카 대륙의 지배권을 합법화하려는 왕실의 요구가 서로 충돌했던 것이다. 또한, 스페인 국왕은 정복자들이 엔코미엔다(encomienda)라는 식민제도를 통해 식민지에서 권력을 확대하면서 왕실의 권위에 도전하는 것을 막고자 했다(벤자민 킨, 208-209). 교회 역시 정복자들의 현실적 욕구가 개종 작업을 통해 신대륙에서 교회의 영향력을 확장하는 데 걸림돌이 된다고 판단했다. 이렇듯 국왕과 교회, 그리고 식민정복자들 사이에서 벌어진 원주민과 신대륙 지배의 정당성에 관련한 논쟁의 이면에는 신대륙에서 영향력을 확대하려는 여러 주체 간의 현실적인 이익을 둘러싼 갈등이 내재되어 있다(벤자민 킨, 211).

바야돌리드 논쟁에 내재한 이해관계는 정치적, 경제적, 종교적인 층위로 나눠서 더욱 구체적으로 살펴볼 수 있다(김혜미, 34-40). 정치적 이해관계는 아메리카 대륙에서 자신들의 영향력을 보다 강화하려는 정복자들과 왕실 사이의 입장 차이에서 나타난다. 정복자들은 정복 이후 식민 정착자로 변화하는 과정에서 자신들이 차지한 땅을 엔코미엔다 제도를 통해 실질적으로 소유하고자 했다. 이에 반해 스페인 왕실은 신대륙에서 자신들의 지배권이 위협받는 것을 용납할 수 없었다. 즉 왕실은 정복자들이 신대륙에서 봉건 영주와 같은 권력을 갖고 왕실의 영향력에 도전하는 것을 막고자 했던 것이다. 또한, 스페인 왕실은 정복자들이 원주민들을 착취하는 상황을 용납할 수 없었다. 원주민 선교라는 명분으로 신대륙 지배를 정당화하고 있었기 때문이다. 교회 역시 스페인 왕실과 같은 입장에서 정복자들의 영향력을 축소하고자 했다. 이는 라스 카사스 신부를 중심으로 한 원주민 보호주의 신학자들의 주장에서 잘 드러난다. 이들은 원주민 개종이라는 자신들의 사명을 완수하기 위해서는 정복자들의 과도한 영향력을 제한하는 것이 필요하다고 보았다. 이 점에서 교회와 왕실의 이해관계가 일치했던 것이다. 라스 카사스 신부는 정복자들이 저지른 폭력과 착취를 고발하여, 정복자들의 권리를 제한하는 부르고스 법과 신법 등을 만드는 계기를 제공했다(벤자민 킨, 215). 물론 스페인 왕실이 라스 카사스의 문제 제기를 일부 수용한 것은 지배의 정당성 확보라는 추상적인 이유보다는 현실적인 이유가 더 크다. 원주민들에 대한 인도주의적인 태도라기보다는, 신대륙에서 자신들의 지배력을 유지하기 위해 필요했기 때문이었다. 국왕이 바야돌리드 논쟁을 소집하게 된 계기도 논쟁을 통해 자신들의 이해관계를 관철하려는 시도였다. 라스 카사스의 논리를 빌어 정복자들이 가지고 있는 지나친 권한을 견제함으로써, 신대륙에서 왕실의 지배 권력 강화라는 자신들의 이해관계를 보다 확실하게 달성하고자 했던 것이다(김혜미, 40).

정복자들과 왕실은 신대륙과 관련하여 경제적 층위에서도 이해관계가 서로 달랐다. 정복자들은 원주민을 보호하기 위해 생긴 엔코미엔다 제도를 자신들의 욕구를 채우는 제도로 사용했다. 원래 취지와 달리 엔코미엔다를 식민지 착취 제도로 만들어 원주민들에게서 최대한의 이익을 얻어내고자 했던 것이다. 이에 반해 왕실은 식민지에서 생산되는 경제적 이익을 자신들의 의도대로 분배하고자 했다. 그러나 거리 요인 등을 비롯한 현실적인 이유로 인해 식민지에서 식민 정착자들의 영향력이 국왕의 영향력보다 강했다. 원주민들은 정복자들의 직접적인 통제 아래 놓여 있었고, 엔코미엔다 제도 역시 상당 기간 지속되었다. 따라서 왕실은 자신들의 경제적 이해를 보장하기 위해 식민 정착자들을 제어할 이데올로기적인 수단을 필요로 했다.

종교적 이해관계의 경우, 주로 신대륙 선교 사업에서 중심 역할을 수행했던 프란체스코회와 도미니크회 사이에 나타났다. 식민 과정이 점차 제도화되면서 선교를 둘러싼 갈등은 수도회와 교구 사이에 나타났지만, 정복 초기에는 선교의 우선권을 놓고 두 수도회가 주로 경쟁했기 때문이다. 정복 초기 선교 사업을 주도했던 프란체스코회에 맞서, 도미니크회는 원주민 편에서 정복 및 선교 과정에서 자행된 폭력을 비판했다. 두 수도회는 선교 과정에서 서로 다른 입장을 가지고 있었다. 신대륙에 도착한 선교사 중에는 "유토피아적 이상"을 가지고 있는 사람들이 많았다. 이들은 "구원을 기다리는" 수많은 원주민을 개종시켜 가톨릭이라는 종교 아래 원주민 문화와 스페인 문화가 결합한 이상 사회를 건설하고자 했다(벤자민 킨, 270). 주로 도미니크회가 이런 입장을 가지고 있었고, 폭력적인 수단을 동원하여 원주민들을 개종하는 것을 바람직하지 못한 방식으로 비판했다.

신대륙 선교의 후발 주자인 도미니크회가 프란체스코회를 비판했던 이유는 선교 방식의 차이 외에도 다소간 전략적인 측면이 있다. 도미니크회는 프란체스코회와의 선교를 둘러싼 경쟁에서 자신의 선교 영역을 확보하기 위한 전략으로 원주민들에게 부과된 노동 시간이 과도하다고 비판했던 것이다. 즉 도미니크회 소속의 몬테시노스 신부가 원주민들도 동일한 인간이고 개종을 받을 권리가 있다고 주장했을 때, 이 주장에는 후발 주자로서의 선교를 위한 전략적인 고려가 있는 것이다(김혜미, 10-11). 몬테시노스 신부는 식민 정착자들이 원주민들을 가혹하게 수탈하고 있다고 비난하고, 국왕에게 선교와 개종을 위해 원주민들의 노동 시간을 줄여줄 것을 요청했다. 이 주장은 선교의 주도권을 잡고 있던 프란체스코회가 식민 정착자들과 강하게 결탁되어 있었던 상황을 극복하기 위한 것이었다. 그러나 여기에 엔코미엔데로(encomiendero, 엔코미엔다 소유자)들이 거세게 반발했고, 프란체스코회 소속의 시스네로스 추기경은 이런 주장을 식민 질서에 해가 되는 위험한 것으로 간주하고 중지를 명령했다. 그러나 도미니크회의 주장은 1512년 부르고스 법 제정이라는 일정한 성취로 이어졌다.

이처럼 바야돌리드 논쟁은 신학적이고 철학적인 주제를 놓고 벌어졌지만, 그 이면에는 신대륙 정복 이후 식민화 과정에서 벌어진 다양한 주체들 간의 이해관계가 숨어있다.

라스 카사스의 삶과 엔코미엔다 제도

바야돌리드 논쟁에서 원주민을 옹호했던 대표적인 인물인 라스 카사스(Las Casas)는 1484년 스페인의 세비야에서 태어났다. 그의 아버지는 유대인으로 알려진 상인이었고, 어머니에 대해서는 알려지지 않았다. 1502년 니콜라스 데 오반도(Nicolás de Ovando)의 이스파뇰라 섬 탐험대에 참가한 아버지를 따라 신대륙 정복에 처음으로 참여했다. 1506년 세비야로 돌아와 로마로 여행을 했고, 여기에서 임명직 성직자가 되었다. 이후 살라망카로 돌아온 그는 1510년 다시 이스파뇰라 섬으로 향했고 쿠바 탐험대에 참가하였다. 쿠바 탐험대에 참가한 대가로 라스 카사스는 엔코미엔다를 제공받아 쿠바에 거주하기로 한다. 라스 카사스는 이렇게 1512~1514년 사이 쿠바 정복에 참여하였고, 그 대가로 엔코미엔다를 소유하게 되었지만, 점차 자신이 정복 과정의 공범자라는 인식을 하게 된다. 따라서 자신이 비록 원주민들을 평화적으로 다루고 있을지라도, 엔코미엔다를 소유하는 것은 도덕적으로 올바르지 않다고 판단했다. 결국, 그는 1514년 식민제도를 공식적으로 비판하고 자신이 소유하고 있던 엔코미엔다를 반납하게 된다.

라스 카사스가 원주민 우호적인 입장을 갖게 되기까지는 두 번의 변화가 있었다. 1514년에 엔코미엔다를 반납했던 사건과 1522년 도미니크회에 들어가게 된 것이다. 첫 번째 변화는 당시 식민 정착자들이 당연하게 여겼던 엔코미엔다를 포기하면서까지 자신의 이익보다는 원주민 인권이라는 대의를 선택했던 것을 보여준다. 두 번째 변화인 도미니크회 입회는 원주민들을 보호하려는 자신의 신념을 보다 본격적으로 펼칠 수 있는 계기가 되었다. 이렇게 라스 카사스는 쿠바 탐험대에 참가하여 엔코미엔다를 획득했을 뿐만 아니라, 폭력적인 선교 과정에서 경험한 자신의 사제-정복자로서의 신분에 모순을 느끼면서 삶의 변화를 선택했던 것이다. 그는 엔코미엔다를 포기하고 원주민 대의를 선택하고 도미니크회에 입회하면서, 정복과 식민화가 가져온 원주민들에 대한 폭력과 착취에 대해 체계적인 비판을 시작했다(Zamora, 112-113).

라스 카사스 신부가 이스파놀라 섬에 도착해서 엔코미엔다를 획득하고 유지하는 과정은 당시 다른 식민 정착자들과 비슷했다. 나중에 '원주민들의 보호자'라는 칭호를 받고 원주민들의 대의에 헌신했던 그 역시 식민 초기에는 전형적인 엔코미엔데로였던 것이다. 그가 원주민들에 귀를 기울이게 된 계기는 1511년 몬테시노스 신부의 설교로 알려져 있다. 이 설교를 듣고 식민제도에 비판적인 인식을 갖게 되고, 원주민의 대의를 위해 자신의 일생을 바치기로 결정했다고 한다(Parise, 125). 그러나 라스 카사스 신부가 몬테시노스 신부의 설교를 듣고, 자신의 삶을 분명하게 바꾼 것은 아니었다. 이 설교 이후에도 라스 카사스는 1512년 쿠바 정복에 참여했고 1513년 엔코미엔다를 보상으로 받았던 것에서 잘 알 수 있다(Hanke, 6). 그가 원주민 보호자로서의 발걸음을 분명하게 내딛게 된 것은 엔코미엔다를 포기한 1514년에 이르러서였다.

라스 카사스의 경우가 보여주듯이 정복과 초기 식민화에서 정복자들의 이익을 보장하는 데 중요한 역할을 했던 것이 바로 엔코미엔다 제도였다. 그러나 정복 초기부터 엔코미엔다 제도가 시행된 것은 아니었다. 초기 정복자들은 노예 제도를 통해 자신의 이익을 실현했다. 노예 제도를 통해 원주민들에 대한 수탈이 심해지는 것을 본 스페인 왕실은 노예들을 해방하고, 스페인 왕실의 지배를 보다 강화하고자 했다. 정복자들은 자신들의 이익이 침해되는 것에 대해 반발했고, 국왕은 정복자들이 가지고 있는 현실적인 영향력으로 인해 그들과 타협해야 했다. 그 결과물이 정복자들에게 원주민들을 위탁시키는 엔코미엔다 제도의 도입이었다. 1503년 시작된 엔코미엔다 제도는 엔코미엔다를 소유한 엔코미엔데로라는 스페인 정복자에게 일정한 땅과 원주민들을 배분했다. 이 제도는 유럽에서 이슬람 세력과의 전쟁에서 승리한 후 그들이 가지고 있던 땅과 그 땅에 살고 있던 주민들을 전쟁에 참여하여 공을 세운 인물들에게 분배하던 스페인의 중세적 전통에서 기인했다(벤자민 킨, 212).

엔코미엔다 제도에서 엔코미엔데로는 분배받은 원주민들을 보호해야 할 책무를 가졌고, 원주민은 그 대가로 정복자에게 공납과 노동력을 제공해야 했다. 또한, 엔코미엔데로는 원주민을 보호할 뿐만 아니라 원주민들의 선교를 위해 노력할 의무도 가지고 있었다. 이렇게 시작된 엔코미엔다 제도에 의해 엔코미엔데로는 원주민들의 노동에 대해 대가를 지불하고, 원주민 선교를 위해 노력할 의무를 지녔다. 또한, 그들은 엔코미엔다에 속해 있는 원주민 숫자에 따라 일정한 세금을 국왕에게 내야 했다. 그러나 노예 제도와의 명목상 차이에도 불구하고 실제로는 노예제와 별반 차이가 없었다(벤자민 킹, 212). 원주민들은 자신들뿐만 아니라 자식 세대까지 엔코미엔데로에게 종속되어 노동력을 제공해야 했다. 원주민 보호라는 명목으로 시행된 엔코미엔다 제도가 원주민 수탈을 위한 식민 제도로 자리 잡게 된 것이다. 정복자의 이해관계를 보장하기 위해 만들어진 이 제도는 가지고 있는 명분에도 불구하고, 원주민들의 강제노동을 정당화하기 위한 변형된 노예 제도라고 할 수 있다. 엔코미엔다 제도에 대한 비판이 제기되고 1542년 신법은 신규 엔코미엔다의 지급을 금지하고 원주민들의 상속을 금지했지만 지켜지지 않았다(Parise, 117).

이처럼 "이들은 인간이 아닙니까?"라는 몬테시노스 신부의 설교에서 보듯이 엔코미엔다 제도는 폭력과 강제노동을 통해 원주민들을 옥죄었다.[1] 이스파뇰라 섬의 인구가 20년 만에 수백만에서 2만 9천 명으로 줄었다는 기록에서 보듯이, 엔코미엔다 제도는 원주민들의 삶과 문화에 심각한 영향을 주었다. 즉, 이러한 인구 감소는 전염병이 아니라 정복자들에 의한 폭력과 착취의 결과였다(벤자민 킹, 212). 이런 상황에서 원주민의 인권을 옹호하고, 식민 정착자들의 억압과 착취를 비판하는 목소리가 나타났던 것이다.

---

[1] 몬테시노스의 1511년 설교의 원문은 전해지지 않고 있다. 다만 라스 카사스 신부의 *Historia de las Indias*(1957)에 요약되어 알려졌다.

바야돌리드 논쟁의 전사

바야돌리드 논쟁 이전에도 이미 1511~1520년 사이와 1532~1537 사이에 두 차례 걸쳐 원주민의 인간성을 둘러싼 논쟁이 있었다(Seed, 634). 첫 번째 논쟁은 몬테시노스 신부를 중심으로 한 도미니크회 수도사들이 이스파뇰라 섬에 도착하면서 시작되었다. 몬테시노스 신부가 1510년 이스파뇰라 섬에 도착했을 때, 프란체스코회 수도사들이 이 지역에서 이미 개종 작업을 진행한 상황이었다. 프란체스코회에 비해 선교에 있어 열세였던 도미니크회는 스페인 정착자들이 과도한 노동을 통해 원주민을 착취하고 있다고 비판했다. 정착자들이 원주민들을 지나치게 혹사시킴으로써 원주민들이 개종을 위해 교리를 배울 시간을 가질 수 없다는 것이다. 도미니크회는 스페인 정착자들이 원주민들에 대한 지나친 의무 노동을 부과하고 있기 때문에 원활한 개종 작업이 불가능하다고 주장했다. 이것은 정착자들을 비판한 것이기도 하지만 식민 초기부터 이들 정착자들과 긴밀한 관계를 맺고 있던 프란체스코회를 겨냥한 것이기도 했다. 이들은 직접 프란체스코회를 비판하는 것보다는 원주민들의 권리를 주장함으로써 현 상황을 극복하려고 했던 것이다(Seed, 634). 이 논쟁은 보다 '이상주의적인 종교관'을 가지고 있던 도미니크회가 원주민들에 대한 폭력적인 선교 관행을 비판했다는 측면도 있지만, 선교의 주도권을 둘러싼 이해관계도 내재되어 있었다.

몬테시노스 신부의 '원주민들은 인간이 아닌가?'라는 질문에서 보는 것처럼, 도미니크회는 개종을 위한 보다 많은 기회를 확보하기 위해 당시 식민 정착자들의 탐욕을 비판했다. 그러나 이러한 비판은 단순하게 정착자들을 겨냥한 것에서 나아가 이런 정착자들을 용납하고 있었던 프란체스코회의 선교 정책에 대한 비판이다. 도미니크회의 이러한 도발적인 문제의식은 단순하게 종교적인 층위에 그치지 않는다. 원주민들의 인간성과 개종, 그리고 폭력의 정당성 문제는 단순한 종교적인 문제에서 끝나는 것이 아니라 정치적인 영역의 문제로 확장된다. 신대륙 지배의 정당성을 가톨릭 선교라는 명분을 통해 확보하고 있던 스페인 왕실로서는 신대륙에서 개종이 순조롭지 않을 뿐만 아니라 폭력적인 수단에 의존하고 있다는 비판은 곧장 자신들의 지배 정당성을 위태롭게 할 수 있는 중요한 문제였다(Seed, 635). 그러나 스페인 왕실은 신대륙 선교 과정에 문제가 있다는 도미니크회의 비판을 수용하기보다는 현상유지를 선택하게 된다. 도미니크회의 문제 제기가 식민지의 안정을 해치고 스페인 왕실의 이익에 위협이 될 것을 두려워했기 때문이다. 스페인 당국은 원주민들을 보호하려는 도미니크회의 문제 제기를 막았으며, 원주민의 개종을 둘러싼 논쟁은 잠시 소강상태에 접어들게 된다(Seed, 641). 도미니크회의 문제 제기는 스페인 당국의 압력으로 막히게 되었지만, 1512년 부르고스 법 제정이라는 성과를 거두기도 한다. 그러나 이미 이스파뇰라 섬에서 원주민들의 인구가 감소하고 있었기 때문에 도미니크회 입장에서는 실질적인 이익을 얻지는 못했다.

　원주민 관련 논쟁이 다시 등장하게 된 것 역시 사제들의 문제 제기를 통해서였다. 그러나 이번에는 원주민들의 보편적인 인간성을 주장했던 몬테시노스 신부의 경우와는 달리, 오히려 사제들이 원주민들의 인간성에 회의를 품게 되면서 시작된다. 이런 회의적인 태도는 개종을 위한 사제들의 다양한 시도가 실패했기 때문에 나타났다. 원주민들이 선교 건물을 불태우거나 사제들을 공격하면서,

사제들은 원주민들에 대한 비판적인 태도를 지니게 되었다. 이러한 좌절의 표현으로 도미니크회 소속의 도밍고 베탄사(Domingo Betanza)는 원주민의 인간성을 둘러싼 논쟁을 다시 시작한다. 그는 1532년 말 인디아스 위원회에서 원주민들은 스페인 사람들과 동일한 인간성을 갖고 있지 못하며, 따라서 원주민들을 가톨릭으로 개종시키는 것은 불가능하다고 진술한다. 후일 그는 원주민들의 능력이 일부 취약하다는 취지의 발언이었다고 주장한다. 베탄사가 자신의 발언이 갖는 파장을 축소하려 했지만, 그의 발언은 당대 원주민들의 인간성에 대한 비판적인 정서와 함께 폭넓게 퍼졌다(Seed, 643).

그러나 역설적이게도 이런 상황에서 원주민 개종자 수는 이전보다 대폭 늘고 있었다. 신대륙 정복 사업이 원주민이 그리 많지 않던 카리브 지역에서 아스테카와 잉카 지역 등 내륙 지역으로 옮겨 본격화하게 되었던 것이다. 1530년대 들어 누에바 에스파냐(Nueva España) 지역을 중심으로 활발하게 선교 활동이 진행되면서, 더 이상 이스파뇰라 섬에서 벌어진 것과 같은 교단 사이의 경쟁 구도는 큰 문제가 되지 않았다. 선교가 원주민 인구가 많은 대륙 본토에서 대규모로 진행되면서 두 교단의 이해관계가 일정 부분 일치했던 것이다. 내부의 경쟁보다는 원주민 개종이라는 자신들의 권리를 유지하는 것이 더욱 중요했다(Seed, 644). 일부 사제들과 식민 정착자들이 주장하는 것처럼, 원주민들이 인간성을 갖지 못하고 개종시키기에 적절하지 못한 존재라면, 신대륙에서 원주민들을 개종시키는 자신들의 역할은 사라지게 되기 때문이다. 신대륙에서 누리던 엄청난 권력과 선교 명분을 잃을 수 있다는 위기감을 느낀 사제들을 중심으로 원주민의 인간성에 대한 회의적인 입장을 반대하고,

원주민들이 스페인 사람들과 동등한 인격을 지닌 존재라는 주장이 다시 강하게 제기되었다.

이들 교단의 사제들은 서한 등을 통해 조직화된 반대 활동을 전개했지만, 스페인 왕실이 곧 원주민의 인간성에 대해 부정적인 결론이 내려질 것이라는 소문이 퍼졌다. 따라서 누에바 에스파냐 지역의 사제들은 자신들의 권리를 유지하기 위해 대표자들을 로마에 보냈다. 스페인 왕실의 결정이 신대륙에 가져올 위험에 대비하기 위해, 교황에게서 직접적인 도움을 받기 위해서였다. 이런 사제들의 노력은 1537년 교황 바오로 3세(Paul III)가 수블리무스 데우스(Sublimus Deus) 칙령을 통해 원주민들이 진정한 인간임을 선언하면서 일정한 성과를 거두게 된다(Seed, 645). 원주민에 대한 스페인 왕실의 입장도 기본적으로 교황의 입장과 동일했다. 원주민들이 보편적인 인격을 지니고 가톨릭 신자가 될 수 있는 능력을 지녔다는 것을 인정하는 것이 왕실의 정치적 이해관계와 일치하기 때문이었다.

이러한 일련의 전사 이후에 1541년 바야돌리드 논쟁이 출현하게 된다. 따라서 바야돌리드 논쟁은 갑작스럽게 나타난 일회적인 사건이 아니라, 정복 이후 스페인에서 벌어진 일련의 철학적·정치적 과정의 집약이었다.

논쟁과 세풀베다의 주장

식민정복자들과 사제들이 식민화와 선교 과정에서 원주민에게 저지른 폭력이 정당한 것인가라는 질문은 16세기 들어 지속적으로 있었다. 주로 도미니크회 사제들을 중심으로 정복과 식민화 과정에서 벌어지는 원주민에 대한 폭력적인 행위들이 선교와 스페인 왕실에 부정적인 영향을 끼칠 것이라고 비판했다. 물론 정복 이후 스페인의 종교인들과 지식인들이 원주민 문제를 두고 대립해야 했던 맥락 속에는, 앞에서 살펴본 것처럼 정치, 경제, 종교적 계기들이 놓여 있다. 이에 따라 1549년 7월 3일 인디아스 위원회는 국왕에게 국왕과 인디아스 위원회의 명시적인 허가증이 없으면 아메리카 대륙에 대한 신규 탐사허가증을 발급하지 않도록 조언했다. 또한, 정복이 정당하게 진행될 수 있는 방법을 논의하기 위해 신학자들과 법률가들이 참여하는 왕실위원회를 구성하여 이 문제를 다루는 것이 필요하다는 입장을 개진했다. 국왕 카를로스 5세는 1550년 4월 정복을 위한 가장 적절한 방법을 결정하기 위해 위원회를 소집하기로 하고, 그 전까지 신대륙에서 모든 정복 활동을 금지하게 된다. 이 위원회는 주로 법학자와 신학자들을 포함한 14명으로 구성되었고, 정복, 발견, 식민화가 정의와 이성에 합당한 방식으로 진행되기 위한 가장 타당한 방법이 무엇인지를 논의하고 결정하는 권한을 부여받았다(Maestre Sánchez, 112-113). 이 위원회가 개최된 곳이 바야돌리드였고, 따라서 이 위원회에서 논의된 일련의 대립적인 입장들을 바야돌리드 논쟁이라고 한다.

이 위원회에 라스 카사스 신부와 세풀베다가 원주민 정책과 관련하여 서로 대립적인 입장을 대표하여 참여하였다. 위원회 진행은 먼저 라스 카사스와 세풀베다가 자신들의 입장을 진술하고, 나머지 위원들과 토론하는 방식으로 진행되었다. 이 논쟁은 주로 라스 카사스와 세풀베다 사이의 개인적인 대립 관계로 이해되는 측면이 있지만 다뤘던 주제는 매우 광범위하고 철학적인 것이었다. 서로 정복과 식민화는 정당한 것인지, 또 선교에 있어 폭력적인 수단은 정당한 것인지, 원주민은 이성적인 존재인지 등의 주제에 관해 철학적이고 신학적인 근거를 동원하여 논쟁했다.

당대 대표적인 인문학자인 세풀베다는 일찍이 스페인의 정복 전쟁에서 벌어진 폭력 행위를 합리화하기 위한 논리를 만들었던 경험이 있었다. 1533년 『데모크라테스 프리무스(Democrates Primus)』라는 저술을 통해 카를로스 5세가 벌인 이슬람 세력에 대한 정복 전쟁을 합리화했던 것이 대표적이다. 이 저술에서 세풀베다는 이교도에 대한 전쟁과 폭력 행위는 가톨릭의 교리와 충돌하지 않는다는 입장을 피력했다. 1544년 이러한 논리를 신대륙의 원주민에 적용하여 『데모크라테스 세쿤두스(Democrates Secundus)』를 썼다. 그는 중세적 가치에 기초하여 스페인이 신세계에서 벌인 정복 전쟁의 정당성을 주장하고, 스페인 내의 지식인들과 종교인들을 설득하고자 했다. 그의 주장의 핵심은 원주민들은 비이성적인 존재이고 선천적인 열등함을 가지고 있다는 것이다. 따라서 이들이 스페인의 통치를 받아들이기를 거부한다면 노예가 되어야 하고, 노예가 되기를 거부한다면 폭력을 사용하여 훈육할 수 있는 합법적인 권력을 스페인이 가지고 있다고 주장했다(Parise, 126).

신대륙 정복과 선교에서 폭력을 사용하는 것이 정당하다고 주장한 이 저술을 두고 스페인 내에서 논란이 제기되었고, 결국 스페인 내에서 출판 허가를 받지 못했다. 원주민에 대한 폭력적인 선교를 반대하는 라스 카사스 신부가 스페인 내 출판을 반대한 주요 인물이었다(Parise, 127). 라스 카사스는 이스파뇰라 섬과 쿠바에서의 경험을 토대로 1542년 『인디아스 파괴에 관한 약사(Brevísima relación de la destrucción de las Indias)』를 저술하여 신대륙에서 벌어지고 있는 참상을 스페인 왕실에 알렸다. 이런 그의 노력은 엔코미엔다의 상속을 금지한 신법(1542)과 이후 바야돌리드 논쟁으로 이어졌다. 또한, 1547년 신대륙을 떠나기 전에『고해성사 규범(Confesionario)(1546)』을 저술하여, 원주민들의 권리를 부정하는 엔코미엔데로들에게 성사를 거부할 것을 명시한 12가지 조항을 담았다. 이렇게 원주민들의 입장에 서서 정복과 식민화를 바라보던 그는 세풀베다의『데모크라테스 세쿤두스』가 취한 입장에 동의할 수 없었고, 이 작품이 스페인에서 출판되는 것을 반대했던 것이다. 둘 사이의 입장 차이는 바야돌리드 논쟁을 통해 구체화 된다.

논쟁은 첫날 세풀베다가 먼저 세 시간 동안 자신의 논지인『데모크라테스 세쿤두스』를 요약 발표하고, 이후 5일 동안 라스 카사스가 자신의 저작인『반박문(Apología)』을 읽어 가면서 반대 논리를 개진하는 형식으로 진행되었다.[2] 먼저 세풀베다의 논리는 네 가지 내용에 기대고 있다. 첫 번째는 아리스토텔레스의 노예 이론을 이용하여 원주민들이 야만인들이기 때문에 문명인들의 지배는 당연하다는 것이다. 그들이 미개한 문화를 가지고 있기 때문에 다른 사람들에게 복종해야 한다고 보았다. 이러한 야만적인 상태에서 그들을 해방시키기 위해서는 폭력을 사용해도 된다는 주장으로 이어진다. 두 번째는 원주민들이 자연법에 어긋나는 범죄를 저지르고 있기 때문에 스페인 사람들이 이를 방지하고 처벌할 권한을 부여 받았다는 것이다. 자연법은 모든 인간이 따라야 하는 보편적이고 일반적으로 받아들여진 인간 활동을 의미한다. 여기서 받아들일 수

---

2) 라스 카사스의『반박문(Apología)』은 5개 장으로 구성되어 있다. 라틴어로 된 원본은 파리국립 도서관에 보관되어 있으며, 스페인어 번역본은 1975년 앙헬 로사다(Ángel Losada)에 의해 최초 출판되었다(Fernández Buey, 7).

없는 인간 활동은 당시 원주민들이 하고 있던 희생제의와 생매장, 우상숭배와 남색 등이 포함된다. 세 번째는 원주민들이 무고한 원주민들을 핍박하고 살해하기 때문에 자신들이 이를 막을 권한이 있다는 것이다. 마지막으로 원주민들이 가톨릭을 믿지 않는 자들이기 때문에 신앙을 전파해야 한다는 것이다. 아메리카에서 선교를 위한 강제적인 수단으로서 전쟁 등 폭력 행위를 합리화하기 위해 그는 원주민들이 불신자이기 때문에 이들에게 선교하기 위해서는 먼저 정복 전쟁이 필요하다고 주장했다(Parise, 128).

라스 카사스의 반론

라스 카사스나 세풀베다 둘 다 신대륙의 원주민들에게 가톨릭을 전파해야 한다는 점에서는 입장이 동일하다. 이것을 달성하기 위한 수단에서 차이를 보이는 것이다. 세풀베다가 원주민들의 개종을 위해서는 폭력적인 수단이 불가피하다는 논리를 전개한 반면, 라스 카사스는 선교를 위해 평화로운 방법을 사용되어야 한다고 주장했다. 라스 카사스의 논리는 이교도라는 이유로 원주민들에게 폭력을 사용하는 것을 허용한다면, 원주민들이 신의 자비와 구원이라는 가톨릭 신앙을 받아들이기 어렵다는 것이다. 따라서 원주민들을 합리적으로 설득하여 가톨릭을 받아들이게 하는 평화로운 방법이 필요하다고 보았다. 세풀베다와 라스 카사스는 서로의 입장 차이에도 불구하고, 자신들의 입장을 합리화하고 설득력 있게 제시하기 위해 각자 자신에게 유리한 성경 구절이나 교부, 철학자들의 논리를 사용했다(Marrero-Fente, 250).

세풀베다의 첫 번째 주장에 대한 라스 카사스의 반론은 원주민이 야만인이라는 이유로 다른 사람들의 지배를 받아야 할 이유가 없다는 것이다. 원주민들의 문화와 언어 등을 고려할 때 그들을 야만인으로 간주하는 것은 잘못된 태도라는 입장을 보여준다. 두 번째 논리인 자연법을 위반한 범죄행위를 다스리기 위해 원주민에 대한 폭력을 정당화한 세풀베다의 주장에 대해서는 그들을 처벌할 관할권을 스페인이 갖고 있지 못하다는 논리를 제시한다. 즉 가톨릭 국가 내에서 가톨릭 외의 다른 종교를 가지고 있는 경우는 국왕이 이를 처벌할 관할권을 갖지만, 가톨릭 국가 외에 살고 있는 무슬림, 유대인, 우상 숭배자들은 관할권 밖에 있다는 것이다. 따라서 아메리카 원주민의 경우에도 국왕이 관할권을 가질 수 없다는 것이다. 또한, 이들은 복음을 들어 본 적이 없기 때문에 유럽의 다른 이교도들하고도 상황이 다르다는 논리를 제시한다(Marrero-Fente, 251-253).

라스 카사스 신부는 원주민들이 선량한 사람들을 죽이고 학대했다는 세풀베다의 세 번째 주장에 대해서도 원주민들이 자신들의 신을 위해 희생제의를 바쳤다면 이런 행위들은 정당화될 수도 있다고 본다. 따라서 무고한 사람들을 구한다는 이유로 더 많은 원주민에게 폭력을 행사하는 것은 모순적이라는 주장을 펼친다. 하느님도 이러한 상황을 원하지 않으며 성경은 말씀을 모르는 자들에게 말씀을 전파하라고 했지만, 폭력을 사용하라고 가르치지는 않는다고 강조한다(Marrero-Fente, 253).

네 번째 논리를 주장하기 위해 세풀베다가 성경의 결혼식 장면을 들어 자신을 합리화하고 있지만, 그는 예수가 너에게 했던 것처럼 서로 너그럽게 다루라는 성경 말씀을 인용하여 반론한다(Marrero-Fente, 254). 이처럼 복음을 전파하기 위한 수단으로서 전쟁을 비판한다.

바야돌리드 논쟁의 두 번째 장은 1551년에 벌어졌는데, 여기에 대한 기록은 거의 남아 있지 않다. 세풀베다가 라스 카사스의 반론에 답하기 위해 이 논쟁을 요약한 디에고 데 소토에게 요약본을 요구했다. 라스 카사스의 논지가 지나치게 방대하여 논쟁에 참여했던 위원회 구성원들이 디에고 데 소토에게 논쟁을 요약해 달라고 요청했다고 한다. 그 결과 세풀베다가 12개의 반론을 제기했고, 카사스가 다시 여기에 반론을 제기했다고 한다. 이 논쟁에 관한 공식적인 기록은 현재까지 발견되지 않고 있으며, 현재 이 논쟁에 관한 언급들은 논쟁 이후 라스 카사스와 세풀베다가 진술한 내용에 토대하여 재구성된 것이다(Parise, 198-199). 1552년 라스 카사스 신부는 자신의 주된 논지 및 디에고 데 소토의 요약본, 세풀베다의 12가지 반박문, 그리고 자신의 재반박을 포함하여 『논쟁 모음집 (Aqui se contiene una disputa)』을 출간했다. 세풀베다 역시 『무분별하고 이교도적인 주장들(Proposiciones temerarias, escandalosas y heréticas)』에 논쟁의 결과와 관련한 자기 입장을 피력했다(Parise, 201-203).

논쟁의 역사적 의미와 새로운 해석

이 논쟁에서 원주민의 인격과 폭력적 수단 사용의 적법성과 관련한 대립적인 입장 중에서 어떤 것이 승리했는지는 명확히 알려지지 않았다. 그러나 세풀베다의 『데모크라테스 세쿤두스』가 이후에도 출판 허가를 받지 못했다는 점에서, 그의 주장이 스페인 지식 사회와 교회, 그리고 왕실의 지지를 얻지 못했다는 사실을 알 수 있다(Ludwig Hernandez, 1). 따라서 라스 카사스의 주장이 많은 사람의 지지를 받았을 것이라는 추측이 가능하다. 이처럼 라스 카사스의 주장이 승리를 거둔 것으로 이해될 수 있으나, 식민지에서 원주민 착취 제도인 엔코미엔다 제도가 18세기까지 지속되었다는 점에서 그의 노력 역시 실질적인 성과를 거두었다고 보기 어렵다는 비판도 가능하다.

바야돌리드 논쟁이 새롭게 주목받게 된 것은 1970년대 라스 카사스 신부의 탄생 500주년이었다. 이 논쟁을 해석하는 전통적인 방식이 원주민 문제를 둘러싼 입장들의 대립이라는 관점이었다면, 이 시기부터 바야돌리드 논쟁 이면에 숨어있는 맥락에 주목하기 시작했다. 즉 식민지에서 엔코미엔데로들이 강력한 권력을 행사하는 것을 용납할 수 없었던 왕실과 교회의 이해관계가 중요한 배경이라는 시각이 등장하게 된다. 원주민들의 인권을 주장한 라스 카사스를 중심으로 한 가톨릭교회의 일부 움직임을 스페인 왕실이 적절하게 활용하면서 엔코미엔데로들의 영향력을 효과적으로 제어했다는 것이다. 루이스 행크(Lewis Hanke)가 대표적으로, 그는 왕실과 교회가 '엔코미엔데로들의 권력을 축소하고 권력을 왕실에 집중'하려는 주요한 목표를 위해 서로 연대했다고 파악했다.

1992년의 '신대륙 발견' 500주년과 함께 바야돌리드 논쟁은 서구 정치사에 있어 가장 독특한 사건 중 하나라는 의미를 부여받게 된다. 정복 사업을 진행했던 국가 내부에서 정복에 대한 비판이 제기되었을 뿐만 아니라, 이를 공식적인 논의의 장에서 진행했다는 점에서 의미를 갖는다는 것이다. 이처럼 시대에 따라 바야돌리드 논쟁이 갖는 의미는 서로 강조점이 달랐지만 하나의 공통점이 있다고 할 수 있다(Ludwig Hernandez, 2-3). 바야돌리드 논쟁을 철저하게 유럽적인 관점에서 이해하려고 했다는 점이다. 비록 16세기 중반 왕실에서 라스 카사스가 원주민들의 대표자 역할을 했지만, 원주민들은 철저하게 자신들의 운명에 관한 논쟁에서 배제되어 있었다. 다시 말해, 스페인이 유럽적인 관점 내에서 새로운 인종을 어떻게 범주화할 것인가라는 문제를 고민했을지라도, 그 해답을 찾는 과정에서 '타자'인 원주민들의 목소리는 들리지 않았던 것이다. 이런 맥락에서 신대륙의 원주민과 관련된 이 논쟁은 유럽 중심적이라는 비판이 가능하다. 유럽적인 가치와 종교를 받아들이거나 우호적이면 인간성을 지닌 이성적 존재이며 그렇지 못하면 이성을 결여하거나 짐승이라는 것이다(Seed, 647).

결국, 라스 카사스 신부의 견해를 비판적으로 현재화하는 것이 필요한 셈이다. 살펴본 것처럼 몬테시노스 신부가 원주민들도 자신들과 동일한 인물이라고 설교하면서 시작된 원주민들의 인격과 관련한 논쟁은 바야돌리드 논쟁에서 정점에 이르렀다. 원주민에 대한 우호적인 입장을 가진 라스 카사스 신부가 이 논쟁에 원주민 보호 신학의 대표자로 참여하였다. 그러나 "원주민의 보호자"라는 평가를 받는 라스 카사스의 입장 역시 일정한 한계를 갖고 있다는 것이다(Rubiés, 767).

먼저, 파트리아 시드(Patria Seed)는 에드워드 사이드의 이론을 빌어 라스 카사스가 취하는 입장의 한계를 지적하고 있다. 원주민의 인간성에 대한 담론의 생산자가 누구인가라는 문제이다. 원주민 문제에 대해 발언하는 것이 그들 자신인가, 아니면 그들을 대신해 발언하는 특권을 지닌 또 다른 타자인가라는 관점에서 라스 카사스의 진술을 살펴보면, 그의 진술을 다른 시각에서 바라볼 수 있는 여지가 생긴다. 발언의 주체가 원주민 자신들이 아니라 타자라면,

그들과 자신을 대리해 발언하는 사람이 가지고 있는 정치적 관계는 무엇인가를 질문이 가능하다(Seed, 631). 즉, 라스 카사스가 원주민들을 위해 그들을 대신해서 발언하고 있지만, 그 역시 정복자에 속하는 또 다른 타자라는 것이다. 결국, 라스 카사스는 스페인의 식민지배를 정당화하고 선교를 당연하게 여기는 유럽 중심주의적인 시각을 절대화하고 있는 '약간 다른' 유럽인에 불과한 셈이다.

다니엘 카스트로(Daniel Castro) 역시 『제국의 또 다른 얼굴』에서 라스 카사스의 업적과 영향을 재평가해야 한다고 주장한다. 라스 카사스가 정복과 식민 과정, 그리고 선교에 관한 진보적 입장으로 인해 16세기 스페인 제국의 가장 상징적인 인물 중 한 명으로 평가되지만, 그의 주장이 가져온 실질적인 성취와 영향을 '원주민 보호자'라는 명목상의 평가를 넘어서 재평가되어야 할 필요가 있다는 것이다. 라스 카사스는 실질적으로는 제국의 지배를 지지했고, 원주민들을 위한 그의 태도는 일정 부분 과장되었다는 지적이다. 원주민 선교라는 라스 카사스의 확신은 일종의 "종교 제국주의(ecclesiastical imperialism)"에 속한다. 원주민 보호라는 그의 입장 역시 식민 정착자들의 영향력을 제한하려는 스페인 왕실에 논리적 도구를 제공하는 이데올로기인 셈이다. 따라서 그의 논리는 원주민에 대한 수사적인 지지에 불과하고, 현실적으로는 식민 통치 제도가 지속되는 결과를 바꾸지 못했다는 것이다(Rubiés, 768). 라스 카사스는 자신의 입장을 관철하기 위해 왕실의 비호를 모색했던 세련된 정치가의 모습을 보이기도 했다. 그러나 스페인 왕실의 지지를 얻는 데는 성공했지만, 신대륙에서 자신이 구상했던 기획들은 성공을 거두지 못했다. 이처럼 카스트로는 라스 카사스가 아메리카 원주민들을 개종할 권리를 자신들이 가지고 있다는 믿고 그렇게 행동하는 "종교적 제국주의자(ecclesiastical imperialist)"라고 주장한다(von Germeten, 364). 그리고 라스 카사스가 스페인에서 보여준 행위들은 실제적인 변화를 가져온 것이 아니라 아메리카에서 스페인의 지배를 강화하고 식민화를 지속하는 결과만을 가져왔다고 본다.

또 다른 측면에서 라스 카사스가 가지고 있는 식민적 태도를 문제 삼는 입장이 있다. 당대 원주민에 대한 우호적인 입장을 취했지만, 라틴아메리카의 정복과 원주민들이 받아들여야 할 식민화를 하나의 당연한 사실로 간주했다는 것이다. 그가 열정적으로 주장한 논리는 정복의 정당성에 관한 것이 아니라, 단지 선교의 방법론을 둔 어찌 보면 지엽적인 것에 불과한 셈이다. 종교적 개종에 대한 집착이 그의 지적인 행동의 주된 원인이었다는 점에서, 원주민에 대한 그의 우호적인 입장 역시 일정 부분 한계를 지닐 수밖에 없다는 것이다. 이러한 비판은 엔리케 두셀의 것과 유사하다(Andújar, 84, Marrero-Fente, 254).

엔리케 두셀(Enrique Dussel)은 '근대성 신화'를 비판적으로 극복하기 위한 지적인 과정에서 1492년 이후 원주민 정복과 식민화를 둘러싼 논쟁을 이중적으로 파악하고 있다. 즉 유럽 중심주의적 시각에 대한 비판의식의 정점과 그 한계를 보여주는 과도기에 해당한다는 것이다. 유럽 중심주의적인 시각에 대한 비판의식이 등장하지만, 관점은 여전히 유럽적이라는 주장이다(두셀, 92). 두셀은 자신의 문화를 가장 '발전'된 것으로 정의하고, 다른 문화는 야만적이며 '책임져야 할 미숙함'에 머물러 있다고 단정하면서, 타자를 문명화하기 위해 행사하는 지배와 폭력을 정당화하는 것을 근대성 신화로 파악한다. 이 근대성 신화가 바야돌리드 논쟁에도 나타난다

고 보는 것이다(두셀, 94). 라스 카사스가 근대성 신화를 비판하고
는 있지만, 근대성이라고 하는 유럽 중심주의적인 사고에서는 벗어
나고 있지 못하다는 것이다.

결론적으로 말해 바야돌리드 논쟁은 중세적인 인식 틀에 균열이
나타나고 있음을 보여주는 역사적 의미를 갖는다. 종교를 최고의
가치로 내세우면서 원주민의 인권을 주장하는 양상은 중세적 요소
와 근대적 요소가 갈등하면서 새로운 질서가 태동하고 있음을 보
여준다. 그러나 이 논쟁이 식민 질서의 정당성을 묻는 문제로 나아
가지 못했다는 점에서 일정한 한계가 있다. 그럼에도 불구하고 유
럽인들의 우월성을 주장하던 시대에 원주민들의 인간성을 주장했
다는 점에서 라스 카사스의 입장은 독보적이라고 할 수 있다. 이런
관점에서 보면 이 논쟁은 세풀베다의 저술 출판 여부를 둘러싼 거
친 공박이 아니라, 인류사에 있어서 열정적인 하나의 증언이다. 바
야돌리드 논쟁은 원주민들이 자신들의 운명을 결정하는 당사자가
아니라 여전히 타자의 위치에 머물렀다는 한계를 보여준다. 원주민
들이 이 논쟁에 목소리를 지닌 주체로 참여하지 못했고, 또 구체적
인 이익을 얻지 못했다. 그러나 차별받는 원주민들에 대한 차별과
착취를 드러내고 이것의 해소를 주장했다는 점에서, 더디지만 보편
적 인간성을 향한 하나의 발걸음을 내딛는 계기가 되었다.

제 2 장

크리오요와 아메리카:
바로크 문학과 새로운 정체성의 등장

식민시기와 크리오요

라틴아메리카의 식민시기를 이해하는 데 있어 가장 중요한 요소 중 하나가 크리오요(criollo) 계층이다. 약 3세기에 걸친 식민시기를 통해 크리오요 계층이 자신들의 정체성을 확립하고, 스페인 사람과 차별되는 식민 사회의 주요 세력으로 성장하는 과정은 자연스럽게 식민 체제의 변화를 의미하기 때문이다. 라틴아메리카의 독립은 여러 요인의 복합적인 결과이지만, 독립과 신생 공화국 설립 과정에서 크리오요 계층의 역할은 매우 중요했다. 이렇게 라틴아메리카의 독립을 끌어낸 크리오요 계층의 성장과 자기 정체성이 확립되어가는 과정은 바로크 문학을 통해 잘 드러난다.

정복 이후 식민화가 본격화되던 16세기 중반부터 라틴아메리카의 독립이 진행되던 19세기 초반까지 크리오요 계층의 형성은 세 단계로 나눠볼 수 있다(Buitrago, 191-192). 첫 번째 단계는 1560~1600년 시기로, 크리오요 계층이 라틴아메리카에서 지리적이고 인류학적으로 새로운 집단으로 등장했다. 두 번째 단계는 1600년에서 1700년 시기로 크리오요 개념에 있어서 질적인 변화가 나타났다. 크리오요 계층이 부정적인 이미지에서 벗어나 존재의 정당성을 확보하고 스페인 사람들과 차별되는 독자적인 주체성을 확립하게 된다. 세 번째 단계는 1700~1810년 사이의 단계로 이렇게 형성된 크리오요 정체성이 신생 공화국 정체성의 토대가 된 시기라고 할 수 있다. 스페인 사람들과 다른 크리오요 정체성이 만들어지는 시기는 두 번째 시기로, 크리오요 계층은 자신들의 존재감을 스페인 사람들과의 차별성에서 찾고자 했다. 그러나 이러한 차별성은 스페인과의 단절로 나타나는 것이 아니라, 스페인적인 것을 인정하는 가운데 자신들의 차별적인 정체성을 모색하는 형태로 드러났다. 이러한 크리오요 계층의 정체성은 지식인 계층의 지적 활동을 통해서 형성되고, 이후 정치적 활동을 통해 라틴아메리카 독립으로 구체화되었다고 할 수 있다. 따라서 스페인과 차별되는 라틴아메리카 정체성 형성에 있어 지식인들의 역할이 매우 중요하다. 지식인들의 역할이 근대적인 의미에서 '전문화'되지 않았기 때문에 지식인들은 문필 활동을 통해 정치, 사회, 문화 전반에 걸쳐 중요한 영향력을 행사했던 것이다. 특히 문화 영역에서 크리오요 지식인들의 자의식 형성은 라틴아메리카 독립의 정신적 배경이 된다고 할 수 있다. 이러한 크리오요 지식인들의 지적 활동은 당대 바로크 예술을 통해서 살펴볼 수 있다. 스페인의 바로크 예술을 받아들이면서도 이것을 라틴아메리카적인 맥락에서 차용하려는 크리오요 지식인들의 태도는 라틴아메리카에서 새로운 정체성이 등장하고 있음을 보여준다.

16세기 식민화가 본격화하면서 스페인의 식민 권력이 안정적으로 유지되기 위해서는 다양한 지배 기제가 필요했다. 그 중에서도 지식인들의 역할은 매우 중요했다. 앙헬 라마(Ángel Rama)가 『문자도시(La ciudad letrada)』에서 지적했던 것처럼, 스페인의 식민 권력이 식민지에 뿌리내리는 데에는 지식인 계층의 주도적인 역할이 있었다. 식민 시대부터 독립국가들이 형성되던 독립 시기까지 라틴아메리카 지식인들은 스페인 식민 지배 세력이 헤게모니를 관철하는 주요한 도구였던 셈이다. 이렇게 라틴아메리카 지식인들은 식민 지배 세력의 이익과 밀접하게 결합되어 있었고, 라틴아메리카의 식민화에 참여하면서 자신의 존재 근거를 보장받았다. 식민시기 지식인의 역할은 스페인 식민 권력의 식민지 정책, 그중에서도 언어 정책을 통해서 잘 드러난다. 정복자들은 라틴아메리카에서 스페인어의 사용을 강제하였고, 공적 공간에서 스페인어가 독점적으로 사용되었다. 원주민들의 의사소통 수단은 주변적인 혹은 '위험한' 언어로 간주되어 배제되었다. 이런 상황에서 지식인들은 제국의 언어인 스페인어를 습득하고 사용함으로써 식민 당국이 부과한 언어적 단일성을 유지하고 권력의 신경망을 작동시켰다. 지식인들은 식민 사회를 건설하고 식민 권력이 신대륙 곳곳에 자신의 의지를 관철하는 데 중심적인 역할을 수행했던 것이다. 절대 왕권이나 교회 권력이 지식인들에게 부과한 역할이 바로 식민 지배의 안정적 유지였고, 식민 지배의 안정화 속에서 지식인들 역시 권력의 일부로 기능했다(이성훈, 2001, 398-399).

앙헬 라마가 '문자 도시'라는 상징을 통해 라틴아메리카 식민 시기와 지식인 역할을 이해하는 중요한 단서를 제공했다는 점은 분명하다. 그의 문자 도시는 식민시기에 건설되었던 라틴아메리카 도시 내에서, 실질적으로 이 도시를 작동하는 지식인 집단을 의미한다. 정복 이후 라틴아메리카에 건설되기 시작한 도시들은 자연스럽게 성장했던 것들이 아니라, 스페인 절대 왕정의 이데올로기가 현실에 구체적으로 실현된 인공적 구조물이었다. "절대 왕권이 도구화한, 바로크적 지식(saber barroco)이 체계적으로 작동한 최초의 장소"가 바로 라틴아메리카의 도시였던 것이다. 또한, 바로크적 지식은 "압축, 이성화, 체계화라는 절대 왕정의 엄격한 원칙에 입각하여, 라틴아메리카의 특이성, 상상력, 지역적 장치"들을 통제했다. 이렇듯 스페인 왕실은 라틴아메리카적인 특수성을 배제하고 스페인적 기호 질서를 이식하려 했는데, 이것은 신대륙에서 스페인의 절대 왕권이 특권적 위치를 확보하려는 과정이었다(Rama, 13). 이 과정에서 지식인들은 바로크적 도시에서 바로크적 지식을 유지하는 역할을 수행하는 '문자 도시'의 권위 있는 거주자가 되었다는 것이다(이성훈, 2013, 124-125).

식민시기에 문자 도시 혹은 지식인이 중요한 역할을 하는 것은 지식인들이 지배 권력의 집행자가 되어, 도시와 지배 질서를 유지하는 기능을 했기 때문이다. 지식인들이 문자 도시의 구성원이 되어, 제국의 질서를 이식하면서 스페인 통치 세력과 식민지 사회 그룹 간의 매개자 역할을 수행했던 것이다. 이들은 늘 "왕이 보낸 고위관리들 주위에 머물며 피라미드의 상층부에 위치해 있었고"(Rama, 26), 또 자신들이 "권력의 시녀이기도 했지만, 권력의 주인"(Rama, 31)이기도 했다. 앙헬 라마는 "광범위한 식민 행정의 요구"와 "원주민 인구의 복음화"에 대한 요구로 인해 많은 수의 지식인들이 필요했다고 본다(Rama, 27). 그러나 이러한 필요 역시 식민 지배의 수단이었기 때문에, 문자 도시의 존재 기반은 본질적으로 권력과의 관계에서 기인한다고 할 수 있다. 이렇게 지식인들이 권력의 시녀 역할을 하면서도, 식민 지배 질서 내에서 지배 권력이 허여한 일정한 권력을 행사했다는 앙헬 라마의 입장은 식민시대 지식인에 대한 이미지를 잘 드러낸다고 할 수 있다(이성훈, 2013, 128).

그러나 라마의 이러한 입장은 식민시기 존재했던 '다른' 목소리들을 간과하고 식민시대 지식인들을 지나치게 일반화하고 있다. 이런 다른 목소리들의 존재는 식민시기 바로크 문학을 둘러싼 논쟁을 통해 잘 드러난다. 라틴아메리카 바로크 문학은 식민 지배를 유지하는 수단이기도 했지만, 식민지 지식인들이 새로운 정체성을 표현하는 수단이기도 했기 때문이다.

라틴아메리카 바로크를 '모방'으로 보는 입장

식민 지배가 안정된 17세기 들어 식민지 사회가 분화를 시작한다. 지적 영역에 참여하는 계층이 증가함에 따라 라틴아메리카 문학에도 이전 시기와는 다른 경향이 나타났다. 물론 이 시기 라틴아메리카 문학은 크게 보아 스페인과 같이 바로크 문학이 주된 흐름이었다. 그러나 식민지에서 발현된 바로크 문학의 성격을 어떻게 이해하느냐 문제는 식민지에서 성장하고 있는 새로운 계층과 라틴아메리카 문화의 정체성과 관련하여 매우 중요한 의미를 갖는다.

식민시대 바로크 문학을 둘러싼 입장은 주로 라틴아메리카 바로크 문학이 스페인 바로크 문학의 단순한 '이식'인가 아니면 '변용'인가라는 명제로 정의할 수 있다. 즉 식민지의 바로크 문학이 식민 모국인 스페인 문학의 단순한 채용(adopción)이 아니라, 변용(adaptación)의 성격을 가졌을 때 식민지 지식인의 역할은 새롭게 해석될 수 있는 것이다(Moraña, 27-29). 식민 권력이 이식한 유럽적 모델을 추종하고 전파하는 것에서 벗어나, 라틴아메리카적인 사유의 시초를 만들었다는 의미를 갖기 때문이다. 또한, 이 문제는 이 새로운 '탈스페인적 사유'를 가능하게 했던 '집단적 주체'의 성장과 그 맥락을 살펴볼 때 온전하게 이해될 수 있다. 라틴아메리카 바로크는 스페인 바로크의 단순한 수용이 아니라, 식민 통치가 지속되면서 서서히 등장했던 새로운 계층의 성장과 라틴아메리카적인 표현의 필요성에 대응하는 양식으로 등장하는 것이다. 이런 주체적인 수용 능력을 통해서 라틴아메리카 지식인들은 자신들의 발 딛고 있는 대지에 소속감을 갖고 새로운 정체성을 긍정하기 시작한다.

식민시대 바로크를 채용과 변용, 즉 유럽 중심주의적인 관점과 라틴아메리카적인 관점으로 단순화하는 것에서 나아가 올가 산티아고(Olga Santiago)는 좀 더 세분된 입장을 보여준다(Santiago, 2015). 올가는 식민지 바로크에 대한 다양한 태도들을 간략하게 정리하고 있다. 먼저, 유럽 중심주의적인 시각이라고 할 수 있는 입장이 있다. 이 입장은 라틴아메리카 바로크 문학을 유럽 텍스트들을 모방하거나 반영하는 텍스트로 간주한다. 심지어는 라틴아메리카 바로크 문학 텍스트가 유럽 바로크 양식의 훼손된 판본이라는 주장까지 하게 된다. 그녀에 따르면 라틴아메리카 바로크를 연구해 온 전통적인 입장들은 주로 이런 관점을 가지고 있다. 다마소 알론소(Damaso Alonso)나 헬무트 헤츠펠트(Helmut Hatzfelt) 같은 연구자들이 스페인 바로크의 문학적 질을 다른 유럽 국가들의 바로크에 비해 상대적으로 우수하다고 평가한다. 그리고 라틴아메리카의 바로크를 포함하여 다른 지역의 바로크 문학 작품들을 스페인 양식의 모방으로 간주한다. 이런 관점은 자연스럽게 스페인 바로크 모델을 얼마나 충실하게 반영하고 있는가라는 기준을 가지고 라틴아메리카 바로크를 판단하는 흐름으로 이어졌다. 에밀리오 카리야(Emilio Carilla)는 『아메리카의 공고라주의(El gongorismo en América)(1946)』에서 라틴아메리카 바로크 작품들을 스페인 황금 세기의 공고라나 다른 작가들의 고유한 정전적 형식, 주제, 기교 등에 얼마나 충실한가라는 기준을 가지고 분석하고 있다(Santiago, 2015).

라틴아메리카 바로크를 유럽 판본의 모방으로 해석하려는 태도는 식민 지배 체제와 관련하여 해석될 수 있다. 라틴아메리카 바로크가 스페인 식민 지배의 정신적, 제도적 토대라고 할 수 있는 가톨릭의 반종교개혁과 정치적 절대 왕정을 유지하는 데 기여하고 있다는 입장이다. 즉 라틴아메리카의 바로크를 단순하게 스페인 문학 양식의 모방이나 반영이 아니라, 그 이면에 숨어있는 맥락에 주목하는 것이다. 바로크가 식민 팽창의 근간이었던 반종교개혁과 절대 왕정을 라틴아메리카에서 전파하는 지적 수단이었다는 주장이다. 이런 입장은 『문학과 예술의 사회사』에서 아놀드 하우저가 바로크 예술을 신교에 대항하는 반종교개혁의 선전수단이자 궁정에서는 지배이데올로기를 실현하는 선전도구로 간주했던 관점에 근거를 두고 있다(하우저, 42). 이런 관점에서 보면 라틴아메리카 바로크 예술은 반종교개혁과 스페인 절대 왕정의 문학적 표현이다. 식민시기에 쓰인 바로크 작품들이 스페인의 제국주의적인 정치, 종교적 논리를 전파하고 식민 지배를 정당화하려는 목적을 가지고 있다는 것이다. 이렇게 라틴아메리카 바로크를 스페인의 제국주의적인 기획의 일부로 이해하는 태도는 20세기 후반에도 이어진다. 특히, 알튀세와 그람시류의 마르크스주의 이론에 영향을 받은 입장은 기존의 유럽 중심주의적인 관점을 다소 완화하고 있지만, 라틴아메리카의 바로크가 식민적 이데올로기의 재생산 기제로 작동하고 있다고 간주한다. 이런 흐름에서 레오나르도 아코스타(Leonardo Acosta)는 스페인 왕실에 의해 도입된 바로크가 스페인의 제국주의적 이데올로기와 밀접하게 연결되어 있다고 본다. 따라서 라틴아메리카에 도입될 때부터 바로크는 이데올로기와 문화의 영역에서 스페인의 식민 지배를 정당화하려는 목적을 가지고 있었다고 지적한다(Santiago, 2015).

스페인 바로크의 변용이라는 입장

앞에서 살펴본 것처럼 라틴아메리카 바로크를 이해하는 전통적인 방식은 스페인 바로크의 모방으로, 스페인 바로크보다 열등하며 절대주의와 반종교개혁의 도구적 수단이라는 것이다. 그러나 이러한 이해 방식에 문제를 제기하는 비판적 흐름 또한 존재한다. 이 입장은 라틴아메리카 바로크가 스페인의 미학적 모델과 밀접한 상관관계를 가지고 있다는 점에서 출발한다. 그러나 라틴아메리카 바로크 텍스트들을 유럽 중심적인 시각에서 해석하는 것에서 나아가, 아메리카의 특수한 문화 생산의 조건들이 라틴아메리카 바로크 텍스트에 어떻게 구현되었는가에 관심을 기울인다. 이렇게 라틴아메리카 바로크를 유럽 중심적인 것으로 혹은 정치적인 맥락에서 해석하려는 기존 관점과 달리, 라틴아메리카 바로크 문학작품에 개입해 있던 라틴아메리카적인 욕망을 살펴보는 것이다. 이 욕망은 자연스럽게 라틴아메리카에서 새롭게 등장하고 있던 계층의 정체성과 밀접한 상관관계를 가지고 있다.

페드로 엔리케스 우레냐(Pedro Henríquez Ureña)의 『라틴아메리카 문학을 위한 7개 에세이(Seis ensayos en busca de nuestra expresión)(1928)』에서 시작된 이런 경향은 1980~1990년대에 집중적으로 나타난다. 베르나르드 라바예(Bernard Lavallé)의 크리오요 주체 연구나 마벨 모라냐(Mabel Moraña)의 '아메리카주의'(americanismo)가 대표적으로, 라틴아메리카 바로크 예술을 재평가하고자 했다. 20세기 후반 라틴아메리카 연구에서 활발하게 진행된 하위주체 연구, 문화연구, 라틴아메리카주의(latinoamericanismo) 등의 이론적 영향으로 라틴아메리카 바로크를 라틴아메리카적인 맥락에서 이해하려는 움직임이 더욱 강화된 것이다. 앞서 언급한 것처럼 이런 태도는 라틴아메리카 바로크와 스페인의 미학적 모델 사이에 존재하는 밀접한 상관관계를 간과하지는 않지만, 라틴아메리카에서 스페인 모델이 어떻게 창조적으로 변용되었는가에 더 강조점을 둔다. 앙헬 라마가 『문자 도시』에서 권력과 문학의 관계에 주목하면서, 아메리카 대륙에서 바로크 지식이 스페인 제국의 이익을 위해 지역적인 특수성이나 상상력 그리고 지역적 양식을 배제했다고 주장했던 것과는 다른 입장이다. 이렇게 라틴아메리카적인 맥락을 고려해야 한다는 입장은 마벨 모라냐의 주장에서 가장 명확하게 드러난다. 모라냐는 "식민시대가 가지고 있는 이데올로기적이고 문화적 지평"을 고려해야 한다고 주장한다. 『침묵으로의 여행: 바로크 담론 분석(Viaje al Silencia: Exploraciones del discurso barroco)』에서 지적하듯이, 라틴아메리카 생산의 물질적 조건들과 문학가들이 표현하고 있는 사회적 의식의 단계들을 고려해야 라틴아메리카 바로크가 갖는 의미를 온전하게 파악할 수 있다는 것이다(Moraña, 13).

> "바로크 문화는 (…) 해외 식민지에서 제국적 국가를 찬양하는 기제들과 체제의 원칙들을 재생산하는 하위주체적인 판본으로 된 모델 훨씬 이상의 것이다. 내 생각으로는 역동적이고 변화하는 하나의 패러다임으로 간주되어야 한다. 그리고 아메리카의 물질적 조건이 야기하는 요소들에 영향을 받을 뿐만 아니라, 크리오요 지식인들의 문화 생산과 전유 과정의 결과에 따라 변화하기 쉬운 패러다임이다. 이들 크리오요 지식인들은 자신들의 시급한 요구와 사회적 갈등에 맞춰 유럽적 모델을 새롭게 정의했다."(Moraña, 14)

식민시기 바로크 문학을 유럽 중심주의적인 시각이 아닌 라틴아메리카적인 시각에서 바라보려는 태도는 레사마 리마(Lezama Lima)의 『아메리카의 표현(La expresión americana)(1957)』이 대표적이다. 그는 유럽 바로크와 라틴아메리카 바로크 사이에 존재하는 주종 관계에 주목하기보다는 둘 사이의 관계를 아예 분리해서 본다. 유럽 바로크와 달리 라틴아메리카 바로크를 통합적이고 포괄적인 것 그리고 동화적인 것으로 규정하면서, 외래적인 것을 수용하는 라틴아메리카 고유의 바로크적 능력을 강조한다. 즉 유럽적인 것을 고유한 것으로 만들어 내는 능력을 통해서 알 수 있듯이, 라틴아메리카 바로크가 식민 지배의 논리였던 반종교개혁과 절대 왕정의 이데올로기가 아니라는 것이다. 라틴아메리카 바로크를 부정적으로 이해하는 입장과 달리 오히려 스페인의 식민 지배이데올로기에 저항하는 반정복(contraconquista)의 이데올로기라는 주장이다. 레사마 리마는 라틴아메리카 바로크 미학이 스페인의 유럽적 모델에서 벗어난 아메리카의 진정한 첫 번째 표현 도구라고 주장하는 셈이다. 라틴아메리카 바로크가 '다른' 정체성을 가진 주체가 등장하기 시작한 시기에, '아메리카인'들의 '창조적인' 정신을 일깨우면서 나타났다는 것이다(Santiago, 2015). 이런 맥락에서 라틴아메리카의 바로크는 식민 지배 권력에 저항하는 예술로 이해되는 것이다. 바로크가 라틴아메리카에 식민화의 도구로 도입되었지만, 아메리카인들은 이것을 자신들의 문화적 정체성을 드러내기 위한 전략적 도구로 변화시켰다는 주장이다. 바로크 문학은 이렇게 아메리카 대륙의 문화적 기저에 뿌리 깊게 자리 잡았으며, 스페인으로부터 이탈을 꿈꾸는 크리오요 계층의 이중적 욕망의 도구로 사용되게 된다. 이렇게 라틴아메리카 바로크 예술이 라틴아메리카적인 고유의 문학적 표현양식이 되는 과정에는, 새로운 주체의 형성이라는 물적인 기반이 존재했던 것이다.

크리오요 계층의 성장과 새로운 정체성

라틴아메리카 바로크를 '라틴아메리카적인 것'의 모색으로 이해하는 방식은 크리오요 계층의 성장과 밀접하게 관련되어 있다. 스페인 바로크를 수용하여 라틴아메리카에서 형성되고 있는 새로운 정체성을 표현하는 방식으로 '변용'되는 과정으로 이해하는 것이다. 따라서 라틴아메리카 바로크가 갖는 의미를 적극적으로 읽어내기 위해서는 크리오요 계층의 성장과 그들의 욕망을 이해하는 것이 필요하다.

아메리카에서 태어난 스페인 사람들의 후손들이 16세기 후반 들어 스페인에서 직접 건너온 스페인 사람들을 의미하는 페닌술라레스(peninsulares)와 차별되는 집단을 구성하기 시작하면서, 크리오요(criollo)라는 용어가 이들을 지칭하기 위해 사용되기 시작한다. 이 용어는 애초 아프리카 밖에서 태어난 아프리카 노예 후손들을 지칭하기 위해 사용되었지만, 점차 아메리카에서 태어난 스페인 사람들의 후손을 지칭하기 위해 사용되게 된다. 진 프랑코(Jean Franco)는 『라틴아메리카 문학사(Historia de Literatura Hispanoamericana)(1980)』에서 크리오요 계층을 "아메리카에서 태어났지만, 스페인 조상이 있는 스페인계 아메리카인(ciudadanos hispanoamericanos)"으로 정의했다(Franco, 16). 크리오요 계층이 처음 등장하기 시작했을 때 식민지 지배계층들은 이를 부정적으로 받아들여졌다. 식민지 관리들이 로마나 마드리드로 보내는 공식적인 보고서나 편지에서 아메리카에서 스페인 사람들이 결혼을 통해 만들어 내는 인종의 변화를 부정적으로 표현하는 데서 잘 드러난다(Lavallé, 19-20). 물론 이 경우 인종적인 섞임을 지칭하고 있지만, 스페인 사람들은 자신들과 다른 새로운 집단의 출현에 대해 예민하게 반응했다. 크리오요 계층에 대한 자신들의 우월적인 입장을 정당화하는 논리도 만들어졌다. 이들 스페인 사람들은 아메리카 기후를 포함한 환경적 요인으로 인해 이 아메리카에서 태어난 인간들이 "나태하고 무능하고 경박하다"라고 주장했다. 이렇게 신대륙에서 태어난 크리오요 계층이 자신들에 비해 인종적, 지적, 종교적으로 열등하다고 생각했다. 반대로 크리오요들은 스페인 사람들이 "비열하고 탐욕스러운 졸부"라고 비난했다(벤자민 킨, 295).

크리오요 계층에 대한 부정적인 태도는 당연했다. 자신들이 누리고 있는 절대 권력의 정당성을 강조하고 유지하기 위해서 스페인 사람들의 인종적, 지적, 종교적 우월감이 강조되어야 했던 것이다. 크리오요 계층을 자신들에 비해 열등하게 간주한 것에서 나아가,

스페인 체제에 대한 크리오요 계층의 충성심을 의심했다. 크리오요 계층을 열등한 존재로 간주하고 그들의 충성심을 의심함으로써, 스페인 사람들은 식민 통치에서 자신들의 권력 독점의 필요성을 정당화했다. 그럼에도 불구하고 식민 지배 세력은 크리오요 계층이 성장하고 신대륙에서 점차 그들의 이해관계를 관철해 가는 과정을 막을 수가 없었다(Santiago, 2007, 126). 크리오요 계층은 경제적인 수단을 통해서 부를 축적했으며, 교육을 통해 관료 계층에 편입하였으며, 식민지 종교 조직에 자리 잡게 되면서 실질적인 권력 유지 집단인 '문자 도시'의 거주민이 된 것이다.

17세기 들어 크리오요 계층이 점차 존재감을 드러냈다고 할지라도, 이들이 식민 권력과 식민 제도를 위태롭게 할 정도로 독자적인 세력이 된 것은 아니다. 크리오요 계층은 늘어난 숫자와 축적된 부를 바탕으로 신분 상승을 시도했지만, 스페인 왕실의 식민 지배 질서를 위협할 정도로 급격하게 성장하지는 못했던 것이다. 이들은 식민지의 고착화된 신분 질서 속에서 원주민이나 메스티소(mestizo)라고 불리는 혼혈 계층에 비해 우월적인 지위를 확보하고 있었다. 그러나 여전히 스페인 출신자들을 정점으로 한 수직적 구조 속에서 상대적으로 주변부적인 위치를 차지했다. 크리오요 계층은 자연스럽게 스페인 중심의 지배 질서와 자신들이 차지하고 있던 주변부적 위치에 대해 부정적인 시각을 가지고 된다. 게다가 이런 상황은 자신들을 신대륙에 태어난 '스페인 사람'으로 규정하고 페닌술라레스와 동등한 권리와 능력을 가지고 있다고 생각하는 크리오요들의 자존심에 상처를 주었다.

이렇게 크리오요는 식민 질서 속에서 불편한 위치를 차지하고 있었다. 페닌술라레스들이 자신들을 차별하는 것에 대해 불만을 가지고 있으면서도, "기원"과 스페인 왕실에 대한 충성심을 유지해야만 했다. 즉 식민지 태생으로서 자신들의 독자적인 이해관계를 중시하면서도 스페인 제국의 힘에 대해서는 순응했던 것이다(Bernardi de Souza, 45). 실제로 크리오요 계층은 정복자 후손으로서 자신들이 원래 가지고 있는 권리가 유럽 식민자들이 도착하면서 위협받고 있다고 느꼈다. 그러나 식민 권력에 직접적으로 대항하기보다는, 식민 체제 내에서 자신들의 권리를 확대하는 쪽을 선택했던 것이다. 식민지에서 크리오요 계층의 존재는 양면적인 의미를 지닐 수밖에 없었다.

크리오요 계층이 자신들의 정체성을 형성해 가는 과정은 자연스럽게 문학의 영역에서 시작된다. 식민 권력을 유지하기 위한 신경망 구실을 했던 크리오요 지식인들이 자기 계층의 이중적인 성격을 가장 직접적이고 예민하게 드러냈기 때문이다. 스페인의 바로크 미학을 접하고 수용할 수 있는 지적·물적 기반을 갖춘 이들 크리오요 지식인은 문학적 수단을 사용하여 자신들만의 표현을 모색하기 시작한다. 크리오요 지식인들은 17세기 들어서면서 라틴아메리카를 스페인에 비해 열등한 것으로 간주하는 태도에서 벗어나, 동등한 가치를 지닌 모국으로 그려낸다. 이런 움직임은 자연스럽게 아메리카 대륙의 주인으로서 자신들의 존재적 가치를 정당화하는 이른바 크리오요 담론의 탄생으로 이어진다. 이처럼 크리오요 계층이 자기 정체성을 확립하려는 시도는 이전 시기부터 시작되었지만, 본격적인 크리오요 주의로 나타나기 시작한 것은 1620~1630년경부터이다(Lavallé, 132). 크리오요 지식인들은 직접적인 방식으로 스페인 사람들을 공격하면서 자신들을 드러내기보다는, 다양한 장르의 글쓰기를 통해 간접적이고 은폐된 방식으로 라틴아메리카와 자신들의 존재를 옹호했다. 이를 위해서 자신들의 지적 능력이 스페인 사람들보다 열등하지 않고, 아메리카가 결함이 있는 장소가 아니라 스페인과 다름없는 곳이라는 것을 보여주고자 했다. 이렇게 크리오요 주의는 이중적인 모습으로 등장하게 된다. 한편으로는 스페인의 미학적 틀을 적극적으로 수용하여 자신들의 지적 능력이 스페인의 지식인들에 비해 열등하지 않다는 것을 보여주어야 했다. 크리오요 지식인들이 열성적으로 스페인의 바로크 미학을 수용한 이면에는 이런 자의식이 숨어있다고 할 수 있다. 다른 한편으로는 스페인적인 틀을 변용하고 아메리카적인 요소를 포함함으로써, 스페인과 차별적인 미학을 시도했던 것이다.

체제의 바로크(Barroco de Estado)와 식민지 바로크(Barroco de Indias)

식민시기 문학과 관련하여 먼저 주목해야 할 것이 식민지에서 진행된 검열과 종교재판이다. 진 프랑코는 스페인의 검열과 종교재판이 16세기 식민지 사회에서 매우 엄격하게 진행되었는데, 주로 "금지된 서적을 수입하거나 읽으려고 하는 자"들을 대상으로 했다고 지적한다. 이교도적인 "나쁜 영향들"로부터 식민지를 보호한다는 명목으로 진행된 이런 제약은 식민지 지식인이 겪고 있던 한계를 상징적으로 보여준다(Franco, 17). 식민지 지식인들의 상상력은 제국적 질서라는 틀 내로 제한되었고, 이러한 상상력의 산물인 문학은 스페인적 틀과 동일하게 나타났다. 식민지의 지식인 집단은 형성 시기부터 스페인 선교사들에 의해 주도되었다는 태생적 한계가 있었고, 식민지 문학 역시 당연히 스페인의 고전적인 틀을 따를 수밖에 없었다.

17세기와 18세기 중반 사이 스페인 식민지에 바로크가 본격적으로 등장했다. 연구자들은 식민지 바로크가 갖는 성격을 "체제의 바로크(Barrco del estado)"와 "식민지의 바로크(Barroco de Indias)"라는 개념을 통해서 구분하기도 한다(Bernardi de Souza, 46). 앞서 살펴본 식민지 바로크에 대한 분류 방식은 유럽의 바로크 모델을 그대로 따르느냐, 아니면 라틴아메리카적인 요소를 통해 변용하는가에 초점을 맞추었다. 이와는 달리 '체제의 바로크'와 '식민지의 바로크'의 차이는 식민지 바로크의 정치적 맥락을 보다 강조하는 구분 방식이다. 체제의 바로크가 스페인적 질서의 유지에 방점을 두고 있다면, 식민지의 바로크는 크리오요 지식인의 새로운 정체성을 보다 강조하고 있다. 존 베벌리(John Beverley) 역시 17세기 들어 스페인 식민지에 나타난 문학적 표현을 "체제의 바로크(Barroco del estado)"(Beverley, 1987, 77)라고 명명한다. 그리고 "라틴아메리카 식민시기 문학인들이 17세기에 스페인 제국주의의 유기적 지식인"이 되었다고 지적한다(Beverley, 1981, 37). 식민시기 크리오요 지식인들이 식민 지배 체제를 유지하는 주요한 세력으로 등장했다는 것이다. 이 시기 등장하는 바로크 문학이 이를 잘 보여준다고 주장한다. 즉 정복 초기에 폭력적인 수단을 통해 식민화가 진행되었다면, 식민 지배가 안정화되면서 새로운 통치 메커니즘으로 등장했다는 것이다. 폭력이 아닌 문자라는 보다 '문명화된' 방식이 필요했고, 바로크 문학이 이런 역할을 수행했다는 주장이다.

진 프랑코는 식민지 바로크 문학이 스페인의 제국적 기획을 대중들에게 전달하는 데 필요한 '공식적인' 예술 언어라고 말한다. 크리오요 작가들이 바로크 문학을 통해 제국의 질서를 확산하고 식민 체제를 안정화하는데 기여했다는 것이다(Santiago, 2007, 127-128). 물론 식민 지배의 존속을 비판하는 입장에서 보면, 바로크 문학 작품들은 스페인의 식민 지배를 위한 정치적인 충성심의 결과라고 할 수 있다. 식민 체제의 우월성을 강조하면서 식민 체제에 참여했기 때문이다. 그러나 다른 한편으로는 식민지 바로크 문학은 크리오요 지식인들이 유럽인들과 동일한 지적 능력을 가지고 있는 존재라는 것을 보여주는 계기가 된다. 마벨 모라냐가 지적하고 있는 것처럼, 식민지 지식인들이 식민 질서와 통치 구조에서 자기 존재를 확인받는 과정은 지식인으로서 스페인 바로크의 틀을 수용하고 적극적으로 활용하는 능력과 연결되어 있기 때문이다(Moraña, 1998, 30).

앞에서 설명했던 것처럼 라틴아메리카 바로크를 스페인의 미학적 틀을 모방했다거나, 주변부적 현상으로 바라보는 태도는 유럽중심주의적인 것이라고 할 수 있다. 즉 식민지 바로크가 스페인의 전범을 수용하고 거기에 동화되었다는 사실에 주목하는 것이다. '체제의 바로크'라는 관점은 여기에서 더 나아가 스페인의 미학적 틀이 식민지에서 수용될 때 식민 질서를 안정화(estabilización) 하려는 의도가 내포되어 있다는 주장이다. 따라서 크리오요 지식인들이 이런 안정화 이데올로기를 받아들이는 글쓰기를 하고 있는지, 아니면 제국적 질서에 이견을 보여주는 글쓰기를 하고 있는지를 살펴보는 것이 중요하다. 스페인 바로크의 미학적 전범과 기법들을 사용하면서도, 크리오요 정체성과 아메리카적인 내용을 담아내는 경향이 등장하기 때문이다. 이렇게 동일한 바로크 형식을 갖지만, 라틴아메리카적인 것들을 담아내려는 시도를 통해 "식민지 바로크(Barroco de Indias)"가 나타난다(Picón Salas, 121-142). 따라서 식민지 바로크는 스페인과 차별적인 다른 문화적 과정의 결과물이라 할 수 있다.

크리오요 계층의 정체성은 역설적이게도 식민지 정치와 종교 권력 주변에서 자신들의 위치를 확보하면서 진전되어 갔다. 이들은 경제력을 토대로 귀족 신분을 사거나 부왕령 궁전에서 직책을 얻거나, 혹은 군사적 지위를 얻으면서 자신들의 사회적 신분을 상승시켰던 것이다. 그럼에도 불구하고 크리오요 계층이 적극적으로 활동했던 분야는 종교 영역이었다. 크리오요 계층이 사제직에 적극적으로 진출했다는 사실과 크리오요 지식인 계층이 형성되는 과정은 밀접한 상관관계를 갖는다. 특히, 식민지의 지적 공간의 대부분이 예수회의 영향력 밑에 있었다는 점에서 의미가 있다. 따라서 식민지에서 대학을 비롯한 많은 교육기관을 가지고 있던 종교 교단에서 사제직을 갖는다는 것은 자연스럽게 크리오요 지식인 계층에 편입되었음을 뜻한다. 이렇게 형성된 크리오요 지식인들은 자신들의 집단적 이해를 드러낼 수 있는 예술적 표현형식들을 찾아야 했다. 그러나 이 과정은 제국적 질서 내에서 스페인의 미학적 틀을 우선적으로 수용하면서, 동시에 제도화된 식민 권력의 틀에서 주변화되었던 자신들의 모순적인 위치를 드러내는 과정이었다. 크리오요 지식인들이 자신들의 정체성을 문학을 통해서 표현하는 과정은 식민지 사회에서 자신들의 존재감을 이중적으로 확인하는 과정이었던 셈이다. 크리오요 지식인들의 이중적인 위치로 인해 식민지 바로크는 매우 독특한 담론적 가공물로 나타나게 된다. 아놀드 하우저는 예술적 스타일의 차이를 사회적 차별화의 반영으로 간주한다. 하우저에 따르면 스페인 바로크와 식민지 바로크 사이의 차이는 자연스럽게 차별화 과정으로 이해된다. 그러나 살펴본 것처럼 식민지 바로크의 경우 크리오요 계층의 이중적 위치로 인해 그 차별화 양상이 과격한 방식으로 진행되지 않았다(Beverley, 1987).

식민지 바로크 예술은 스페인 바로크의 미학적 틀을 부정하지 않았다. 식민지 바로크가 독자적인 미학을 모색하는 과정은 스페인의 미학적 코드들을 배제하지 않고, 식민지의 토속적인 요소들을 융합하면서 진행된다. 이렇게 해서 식민지 바로크는 융합적인 코드를 만들면서 스페인의 미학적 모델보다 더 풍요로운 작품을 만들어 낸다는 것이다. 스페인의 미학적 틀과의 차별성은 크리오요 계층의 자의식이 성장하면서 자신들의 정체성을 스페인 사람들과 차별화하려는 흐름 속에서 나타난다. 이런 흐름은 자신들의 대지와 아메리카적인 요소를 긍정하려는 태도로 나타나며, 이 과정 속에서 스페인의 미학적 틀과의 차별화를 보여주는 "희미한" 표현이 나타나기 시작한다(Bernardi de Souza, 46). 식민지 바로크 문학은 크리오요 지식인들의 창조적 능력 즉, 스페인의 미학적 틀에 크리오요 계층의 새로운 정체성 표현을 담아내는 능력을 결합해 내면서, 아메리카와 크리오요 계층이 열등하다는 스페인 사람들의 차별적인 태도에 반발했다. 결국, 식민지 바로크는 스페인의 미학적 전범을 부정하지 않으면서, 자신들의 작품 속에 아메리카의 특정한 정치 사회적 과정들을 표현하는 수사적 형식들을 담아냈다. 크리오요 계층의 새로운 정체성을 표현하는 방식으로서 식민지 바로크는 스페인 바로크의 단순한 수용이나 변용이 아니라, 크리오요 계층이 자신들의 정체성과 아메리카적 요소들을 표현해내는 수단인 셈이다.

소르 후아나(Sor Juana)에 나타난 크리오요 정체성

크리오요 계층의 정체성 형성은 크리오요 작가들의 글쓰기에서 잘 드러난다. 크리오요 작가들이 자신들의 정체성을 보여주는 과정을 통해 식민시기 후반 라틴아메리카 사회와 문화에 나타난 변화들을 살펴볼 수 있다. 라틴아메리카 식민시기 바로크 문학, 나아가 식민시기 문학을 대표하는 소르 후아나 데 라 크루스의 작품에도 이런 요소들이 잘 나타나 있다.

소르 후아나 이네스 데 라 크루스(Sor Juna Inés de la Cruz, 1651-1695)는 멕시코의 산 미구엘 데 네판틀라(San Miguel de Nepantla)에서 태어났다. 17세기 라틴아메리카 문학에서 가장 뛰어난 인물로 평가받고 있으며, 그녀의 작품 속에는 스페인 바로크 문학의 영향이 나타나지만, 그녀의 독창성은 스페인 바로크의 미학적 전범을 뛰어넘고 있다. 그녀의 문학적 열정과 지적 열망은 여성이라는 한계를 넘어서고 있을 뿐만 아니라, 남성 위주 식민 사회의 제도적 제약을 넘어서는 폭넓은 지적 호기심과 사유의 독자성을 보여준다. 그녀는 어렸을 때부터 지적으로 총명했고, 누에바 에스파냐(Nueva España) 부왕령의 궁전에서 지적인 능력과 문학적 능력을 과시했다. 궁전에서 누리던 명성에도 불구하고 1667년 카르멜 수도원(carmelitas descalzas)에 들어갔고, 여기서 4개월간 머문 후에 건강상의 문제로 수도원을 나왔다. 2년 후 산 헤로니모 수도원(Orden de San Jerónimo)에 들어가 죽을 때까지 머물렀다. 소르 후아나가 결혼보다 수도원 삶을 선택한 것은 종교적인 소명이 아니라 다른 이유였다고 한다. 남성 위주의 식민 질서에서 상대적으로 자유로운 수도원에서 자신의 지적인 욕구들을 계속 충족하기 위한 것이었다. 그녀는 시부터 시작하여, 희곡, 철학적 논쟁까지 포함한 다양한 장르의 작품들을 썼다. 특히 시 분야에서 그의 작품은 스페인 바로크 전통 내에 있다. 작품의 약 절반을 차지하는 그녀의 시 작품들은 당대 스페인 바로크 미학의 전범인 공고라의 과식주의(culturanismo), 그리고 케베도와 칼데론의 기지주의(concepcionismo)와 함께 누에바 에스파냐적인 요소를 잘 융합하고 있다(Beuchot, 106).

소르 후아나는 식민지에서 태어나 다양한 장르에 걸쳐 다양한 주제를 다루는 작품 활동을 했지만, 그녀의 작품은 오랫동안 스페인 문학사에 속한 것으로 간주되었다. 즉 스페인 문학에 속하지만 우연하게 식민지인 누에바 에스파냐라는 지리적 배경에 위치한 것으로 간주되었던 것이다(Moraña, 1988, 246). 마벨 모라냐는 그녀의 작품과 관련하여, "그녀의 작품 안에 바로크 코드의 정밀한 실현과 주변성에 대한 날카로운 의식이 수렴된다"라고 지적하고 있다. 또한, 그녀의 작품은 "멕시코 크리오요 계층의 사회적 양가성의 표현"으로 간주된다(Bernardi de Souza, 47). 이렇게 소르 후아나의 작품 세계에 관철되어 있는 양가성은 다름 아닌 크리오요 계층이 식민지에서 직면한 사회적 존재의 양가성에서 발현된다고 할 수 있다. 자신의 존재 근거를 식민 세력과의 유착 관계에 두고 있으면서도, 식민 세력과의 거리를 통해서 자신의 이해관계를 모색해야 하는 크리오요 계층의 이중적인 태도에서 기인하기 때문이다. 이런 이중적인 태도가 결국 스페인적인 미학적 전범을 추구하면서 라틴아메리카적인 것을 담아내려는 미학적 시도로 나타났던 것이다. 스페인의 미학적 틀 속에 라틴아메리카의 지역적 현실을 담아내면서 스페인과 차별되는 지역성을 구축하고자 했다.

이미 언급한 것처럼 이러한 크리오요 계층의 자의식은 스페인과의 단절이 아니라 스페인적인 것의 수용 속에서 진행되었다는 한계를 지닌다. 따라서 식민지 크리오요 작가들은 스페인의 문학적 전범을 따르면서도, 자신이 태어난 땅에 대한 찬사를 담아냈고 아메리카 자연의 풍요로움과 고대 문명을 찬양했다. 소르 후아나는 『은유적 넵튠(Neptuno Alegórico)』에서 멕시코 시티를 "제국의 대도시(Metrópoli Imperial)", "로마의 경쟁자(émula de Roma)", "아메리카 왕국의 우두머리"(cabeza del reino americano) 그리고 "물 위에 세워진 아름다운 베네치아"로 표현하고 있다(Santiago, 2007, 128-129, 재인용). 식민지의 중심 도시들을 아메리카에 세워진 새로운 로마처럼 묘사하면서, 식민지 문명에 대한 자긍심을 은연중에 드러내고자 했다.

이렇게 소르 후아나는 식민 체제의 원칙을 인정하고 찬양하는 한편으로, 식민 도시들을 찬양하면서 크리오요 계층의 새로운 의식의 단초를 내보인다. 나아가 라틴아메리카의 지역적 이익을 옹호하고자 했다. 부왕에게 넵튠(Neptuno)처럼 멕시코 시티를 잦은 물난리에서 지켜 줄 것을 바라고, 넵튠이 트로이의 장벽을 세웠듯이 멕시코 시티의 성당 건축을 끝마쳐줄 것을 요청했다(Santiago, 2007, 129). 부왕에게 바치는 헌사를 통해 식민 권력을 인정하고 있지만, 그 안에서 식민지에 대한 지역적 애정과 이익을 드러내고 있는 것이다. 또한, 과달루페 성모에 대한 찬양은 성모의 출현을 멕시코 민중을 구원하여 기독교 세계에 포함시키려는 성스러운 의지의 표현으로 등장한다. 소르 후아나의 "기적의 꽃으로 꾸며진 성모(La compuesta de flores maravilla)"에서 성모는 아메리카의 수호자(Protectora americana)의 이미지를 획득한다. 이 수호자가 바로 크리오요 계층이 스페인 사람에 비해 열등한 존재가 아니라는 것과 크리오요가 태어난 아메리카 역시 열등한 공간이 아니라는 것을 확인해 주는 기제가 되는 것이다(Santiago, 2015, 재인용). 아메리카 대륙이 식민의 대상에서 벗어나 이제 식민 모국과 동일한 신의 은혜로움을 공유하는 공간으로 변모하는 것이다. 이런 맥락 속에는 자신들의 존재감이 식민 지배자들과 동일하다는 크리오요 계층의 정체성과 자부심이 자리 잡고 있다.

소르 후아나의 시에 빈번하게 제설 혼합주의(sincretismo)의 상징으로 등장하는 독수리도 다른 맥락에서 이해된다. 이 독수리는 메소아메리카 문명의 상징적인 의미와 함께, 기독교 문명이나 그리스·라틴의 신화체계에서 갖는 상징적 의미 또한 지니고 있다. 메소아메리카 문명에서 독수리는 아스텍 귀족 계급이자 전사의 상징이었고, 또한 그리스·라틴 신화에서 주피터의 상징적인 새였다. 기독교 문명의 전통 내에서 독수리는 승천(Ascensión)의 상징이자, 어둠과 여명의 상징인 부엉이에 대립된다. 부활의 상징이자 복음사가 요한(San Juan Evangelista)의 상징으로도 사용된다. 메소아메리카 전통 속에서 독수리는 약속된 땅으로 찾아가는 과정 중에 멕시카 족의 안내자이자, 테노치티틀란이라는 도시가 세워져야 할 장소를 표시하는 상징 중 일부로 등장한다. 이렇게 소르 후아나는 유럽적 문화 코드와 함께 전통적인 상징적 요소를 공유하면서 나름의 미학적 코드를 만들어 냈다.

성찬극인『신성한 나르키소스(El Divino Narciso)』, 좀 더 정확하게는 극의 도입극(loa)의 제설 혼합적인 결론 역시 유럽 중심적인 미학과 라틴아메리카적인 요소를 결합하는 소르 후아나의 태도를 잘 보여준다. 식민시기 스페인 성찬극이 식민지에서 가지고 있던 사회적, 이데올로기적 기능은 반종교개혁이라는 스페인의 제국적 이데올로기를 대중들에게 효과적이고 극적으로 전달하는 과정이었다. 그러나 소르 후아나는『신성한 나르키소스』에서, 특히 도입극에서 테오쿠알로(Teocualo)라는 신을 먹는 아스텍의 제의를 주재하는 '서쪽(Occidente)'과 그의 부인인 '아메리카(América)'에 맞서 가톨릭을 포교하려는 '종교(Religión)'와 스페인 정복군 대장을 상징하는 '열정(Passión)'이 서로 갈등하다가 서로 이해하는 통문화과정(Transculturación)을 드러내고 있다 (송상기, 62-65). 이 작품이 마드리드에서 성체 강림절 공연을 목적으로 1688년 멕시코 시티에서 쓰였다는 점을 고려한다면 소르 후아나의 입장을 유추해 볼 수 있다. 멕시코 원주민들의 사유체계와 스페인 왕실의 정치적 종교적 권력을 상징하는 알레고리적 인물들의 통문화화를 주장하는 이 극이 원주민들에 대한 사목적인 목표로 쓰인 것은 아닐 것이라는 추정이 가능하다. 즉 마드리드 궁전에서 공연을 목적으로 쓰인 것에서 미뤄 보아 스페인 사람들에게 식민지 존재의 존재성을 부각하려는 크리오요 지식인들의 자의식이 개입해 있다고 할 것이다.

크리오요 정체성과 라틴아메리카

식민시기 크리오요 작품에는 스페인의 문학적 틀이 일반적인 전범으로 자리 잡았다. 스페인의 문학적 양식이 지배적이었던 이유는 식민 모국의 문화를 수용한다는 측면 이외에, 크리오요 계층의 전략적인 선택이라는 맥락도 숨어있다. 스페인의 미학적 양식을 수용함으로써 크리오요 계층은 자신들의 새로운 정체성을 드러낼 때 나타날 수 있는 위험성을 은폐하고자 했던 것이다. 즉 식민지 바로크가 스페인의 미학적 권위, 나아가 식민 질서에 대항하는 것으로 비춰질 가능성을 경계했다. 식민지 지식인들이 스페인의 문학적 권위를 받아들여 자신들의 전범으로 삼으면서, 스페인 식민 지배 당국의 혐의에서 벗어나려 했다는 것이다. 스페인의 미학적 형식들은 식민지 바로크 작품들을 검열에서 자유롭게 해 주었을 뿐만 아니라, 작품에 권위를 부여해 주는 기제가 되었다(Bernardi de Souza, 46). 동시에 크리오요 지식인들은 스페인의 미학적 틀을 전유하면서 식민지 사회에서 자신의 존재 가치를 확인하고, 새로운 사회 계층으로서의 정체성을 드러내고자 했다. 이렇게 식민지 지식인들은 스페인의 미학적 틀을 창조적으로 수용함으로써 새로운 시대가 도래하고 있음을 문학적으로 내보인 것이다. 소르 후아나의 작품에서 당시 크리오요 지식인들의 이런 태도가 드러난다. 스페인의 바로크 미학을 따르고 있지만, 아메리카적인 것을 담아내려는 의지가 나타났던 것이다.

이러한 변화는 식민지에서 기존의 지배 세력과 다른 집단이 등장하고, 이들을 중심으로 새로운 정체성이 나타나는 상황과 밀접한 관련을 갖는다. 즉 크리오요 계층이 성장하여 자신의 사회적 위치에 대해 자각하게 되면서 식민지 바로크 문학에 변화가 나타난 것이다. 크리오요 계층이 자연스럽게 유럽적인 것과 차별적인 자신들의 정체성을 문학 속에서 모색하고 표현하고자 했기 때문이다. 자신이 태어난 아메리카를 조국(patria)으로 받아들인 크리오요 계층은 라틴아메리카 고유의 것에 천착하는 크리오요 지식인들의 아메리카주의에서 많은 영향을 받았다. 이들은 아메리카

자연의 아름다움과 자연의 풍요로움이 스페인보다 우월하다고
주장하고, 자신들의 역사 속에서 자신들의 정체성의 뿌리를 더
듬어 냈다. "톨테카족과 아스텍족의 연대기가 그리스 로마 역사
못지않게 수많은 애국심, 지혜와 본보기"를 전해주며, 고대의 왕
들이 뛰어난 통치모델을 보여준다는 주장에 잘 나타난다(벤자민
킨, 385). 아메리카의 자연과 역사를 통해 집단적 자의식을 형성
시키려는 크리오요 지식인들의 시도는 종교와 상징의 영역에서
도 두드러졌다. 케찰코아틀이 예수의 열두 제자 중 한 명인 성
토마스였다는 주장과 과달루페 성모는 이런 시도의 대표적인 사
례라고 할 것이다(벤자민 킨, 385-386).

이러한 시도는 스페인과의 완전한 단절로 이어지지 못하고,
스페인적인 것의 인정 속에서 나름의 정체성을 인정받는 방식을
선택해야 했다. 그러나 크리오요 계층이 성장하면서 점차 스페
인적인 것과의 차별을 바라던 크리오요 계층의 욕구는 독립 국
가 건설이라는 욕구로 이어졌다. 이렇게 식민지의 독립은 크리
오요 계층의 정체성 형성과 밀접한 상관관계를 가지고 진행되었
다. 물론 라틴아메리카의 독립은 여러 가지 내외적인 요인들의
복합적인 결과이지만, 크리오요 계층의 자신의 대지와 역사에
대한 자각에서 본격화되었다는 점에서 크리오요 정체성 형성은
식민시기와 단절하는 주요한 계기였다.

제 3 장

아르헨티나의 정체성:
사르미엔토와 알베르디의 논쟁

'문명과 야만'과 정체성

독립 이후 라틴아메리카 정치는 주로 자유주의와 보수주의 이데올로기에 기반을 둔 카우디요(caudillo) 집단 내의 대립과 권력투쟁의 과정이었다. 이런 극심한 사회적 혼란 속에서 지식인 집단은 라틴아메리카 정체성을 어떻게 구성할 것인가라는 시대적인 고민을 이끌었다. 독립 시기 라틴아메리카 정체성에 대한 고민은 식민 역사와 관련하여 유럽적인 것과의 관계를 어떻게 설정할 것인가라는 문제에서 시작된다. 이런 측면에서 식민화 과정에서 유럽과 밀접한 관계를 맺고 있던 아르헨티나의 경험은 라틴아메리카 정체성 형성을 이해하는 데 있어 중요한 사례이다. 아르헨티나는 인구 구성, 역사적 경험, 문화적 차이 등으로 여타 라틴아메리카 국가들과 상당한 차이를 가지고 있다. 따라서 아르헨티나의 경험을 라틴아메리카 정체성 논의의 대표적인 사례로 다루기는 적절하지 않은 것도 사실이다. 그러나 아르헨티나가 유럽의 영향이 가장 두드러진 지역이라는 점을 고려한다면, 독립 이후 유럽적인 것과의 차별을 통해 라틴아메리카적인 것을 모색하던 지식인들의 고민을 가장 잘 살펴볼 수 있다. 크리오요 계층의 성장과 독립 이후 국가 형성과정에서 국가 정체성의 중요성을 인식하고 모색했던 지식인들의 다양한 입장과 시도가 드러나기 때문이다.

라틴아메리카의 정체성과 관련한 논의에서 가장 주목할 만한 인물들은 안드레스 베요(Andrés Bello), 시몬 볼리바르(Simón Bolívar), 파우스티노 도밍고 사르미엔토(Faustino Domingo Sarmiento, 1811-1888), 후안 바우티스타 알베르디(Juan Bautisata Alberdi, 1810-1884)를 들 수 있다. 이들은 독립 이후 신생 공화국의 정체성을 위해서 언어, 인종, 문화적 토대 등에 근거한 나름의 논리를 통해 치열한 논쟁을 전개했다. 특히 라틴아메리카 정체성 논쟁에 있어 가장 중요한 문제는 스페인의 유산을 어떻게 평가할 것인가였다. 이런 측면에서 아르헨티나는 '문명과 야만'이라는 이분법을 통해 유럽적인 것과 아메리카적인 것 사이의 대립과 이를 둘러싼 담론의 갈등을 잘 보여준다는 측면에서 독립 이후 라틴아메리카 정체성 논의를 대표한다.

1845년 사르미엔토가 『파쿤도』에서 사용한 '문명과 야만'이라는 개념은 당시 로사스(Juan Manuel Rosas, 1793-1877) 정권의 폭압성을 묘사하는 은유로 사용되었지만, 곧 아르헨티나 사회의 '유럽적인 것'과 '아메리카적인 것'을 지칭하는 상징으로 사용되게 된다. 즉 문명은 유럽적인 것으로 아르헨티나가 지향해야 할 가치이고, 야만은 드넓은 팜파스(pampas)에 존재하는 문명 이전의 낙후된 것들로 계몽되거나 제거해야 할 대상이었다. 문명과 야만이라는 이분법은 유럽적인 것과 아메리카적인 것과 관련해 신생 공화국의 지식인들이 가지고 있던 전형적인 태도였다. 이 이분법은 향후 보편성과 지역성의 문제로 확장된다. 이처럼 유럽적인 것은 야만에 대해 우월적인 의미로 사용되었고, 야만은 부정적이고 열등하며 제거되어야 할 어떤 것으로 치부되었다. 특히 사르미엔토의 문명과 야만이라는 이분법은 아르헨티나 국가 형성기에 등장했던 로사스 정권에 대한 크리오요 지식인들의 거부감을 드러낸 것이다. 이들 지식인은 팜파스라는 낙후된 공간으로 인해 로사스 정권의 폭압성과 독재가 나타날 수밖에 없었다는 결정주의적인 시각을 가지고 있었다. 따라서 아르헨티나의 발전을 위해서는 야만의 토대인 팜파스를 개조해야 하고, 이 개조를 위해 유럽의 문화가 필요하며 유럽 이주자들을 적극적으로 받아들여야 한다는 주장을 했던 것이다.

그러나 로사스 정권이 붕괴되고 우르키사(Justo José de Urquisa, 1801-1870) 정권이 등장하게 되면서, 이들 자유주의 지식인 집단 내부에 균열이 나타난다(Oyola, 1). 지식인 집단 내부에 존재하는 아르헨티나의 정체성을 둘러싼 차이가 로사스라는 적대적인 대상이 존재할 때는 두드러지지 않았다가, 공동의 적이 사라진 이후에 표면에 드러나게 된 것이다. 따라서 우르키사 정권의 등장과 함께 시작된 사르미엔토와 알베르디의 논쟁은 국가 형성과 정체성을 둘러싼 논쟁이 더욱 구체화하고 심화되었다는 것을 보여준다. 자유주의 지식인들은 로사스 정권 붕괴 이전에는 문명과 야만이라는 이분법을 통해 아르헨티나 현실을 이해하고, 로사스 정권을 공격하는 데 치중했다. 그러나 로사스가 사라진 이후에는 새로운 정치적, 경제적 현실 속에서 "가능한" 아르헨티나의 정체성과 그 실현방안을 놓고 입장 차이를 드러낸 것이다 (Daniel Duarte, 213).

1852년 카세로스(Caseros) 전투에서 로사스 정권이 붕괴하고 우르키사가 권력을 장악하면서 아르헨티나에서 새로운 정치적 단계가 시작된다고 할 수 있다. 이 시기는 로사스 이후의 아르헨티나의 정치 사회 경제 질서를 어떻게 구성할 것인가를 둘러싼 서로 다른 입장들이 충돌하는 갈등의 시기이기도 했다. 사르미엔토와 알베르디는 이런 시대적 배경 속에서 각자 자신의 구상과 입장을 정당화하기 위해 논쟁을 벌였던 것이다.

논쟁의 역사적 배경

19세기 초반 라틴아메리카의 독립은 식민지 사회구조를 변화시키지 못했다는 측면에서 불완전한 독립이었다. 독립이 사회 문제의 외피만을 건드렸을 뿐 "핵심적인 본질"을 건드리지 못하고, 핵심 지배계층의 교체에만 그쳤다. 물론 벤자민 킨(Benjamin Keen)이 지적하고 있듯이 독립 이후 나름의 변화가 있었는데, 바로 "식민적 사회 질서"를 옹호하는 세력과 "민주적이고 부르주아적인 질서"를 지지하는 세력 간의 갈등이 나타난 것이 대표적이었다. 그러나 식민 유산과 식민 지배 집단은 여전히 강력했고, 신생 공화국들은 국가 형성과정에서 많은 장애물에 봉착해야 했다. 신생 공화국들이 식민시대의 신분제적 사회를 파괴하고 평등을 명문화했지만, 실제로는 인종적, 사회적 차별은 크게 바뀌지 않았다. 여전히 인종 구분이 재생산되고 유럽적인 가치를 옹호하는 특정 계층이 권력을 독차지하고 있었다. 또한, 독립을 통해 신분제적 사회를 혁파하려던 혼혈 인종이나 흑인 계층, 원주민들의 사회적 열망은 좌절되었다. 이런 본질적인 사회적 불안 요소와 함께, 지배 엘리트 계층 내의 갈등이 신생 공화국의 국가 형성에 부정적인 영향을 끼쳤다. 여기에 독립 이후 초창기의 경제적 침체로 인해 신생 독립국의 정치적 불안과 혼란은 더욱 가중되었다. 이런 구조적 배경 속에서 약 1820년부터 1870년까지 신생 공화국들은 대규모 폭력 사태 및 독재와 혁명의 잇따른 혼란을 겪으면서 서로 다른 국가적 정체성을 구축해 나갔다(벤자민 킨, 456-477).

아르헨티나의 경우도 마찬가지였다. 라틴아메리카 전역에서 독립 움직임이 나타나는 가운데, 아르헨티나에서도 역시 독립운동이 발발했다. 1810년 5월 혁명으로 스페인 식민 통치 체제가 붕괴하고, 1816년 투쿠만 의회에 참석한 각 주의 대표자들이 스페인으로부터 '리오 데 라플라타 합중국(Provincias Unidas del Río de la Plata)'의 독립을 선언했던 것이다. 그러나 독립 이후에도 라플라타강 유역에서 공식적인 행정체계가 작동하는 것은 몬테비데오와 부에노스아이레스 정도에 불과했다. 라플라타강 주변의 팜파스라 불리는 드넓은 평원지대 주변은 지방 호족이라 할 수 있는 카우디요를 중심으로 봉건적인 지배가 이뤄지고 있었다. 따라서 독립 이후 아르헨티나가 직면한 과제는 근대 국가를 형성하려는 크리오요 자유주의 지식인들과 자신들의 기득권을 보호하려는 카우디요 세력 사이의 갈등을 해소하고 통합된 아르헨티나성을 구축하는 것이었다.

크리오요 계층은 5월 혁명으로 스페인 식민 통치 기구가 붕괴하자, 자신들의 정치적 욕망을 실현할 계기를 맞게 된다. 크리오요 계층은 1806년 부에노스아이레스를 침공한 영국군을 물리친 이후부터 라플라타강 지역의 독립을 꿈꿔왔다. 5월 혁명 이후 이들 크리오요 계층이 본격적으로 자신들의 목소리를 내기 시작한 것이다. 다른 한편으로 각 지역에서 실질적인 세력을 가지고 지배권을 행사하고 있던 카우디요 세력 역시 식민 통치 기구가 붕괴하자 자신의 권력을 확대할 기회로 여겼다. 이들은 무기, 토지, 말, 사병 등자신이 지배하는 지역에서 권력을 유지할 수 있는 물질적 수단을가지고 있었다. 반면 주로 자유주의적 정치인들로 구성된 크리오요세력은 카우디요 세력에 대응할 수 있는 실질적인 수단을 갖고 있지 못했다. 이들 사이의 갈등은 독립 이후 아르헨티나 국가 형성기를 특징짓는 주된 갈등 축이었다고 할 수 있다. 이런 배경 속에서독립 이후부터 로사스 정권이 등장하는 1829년까지 다양한 내부갈등과 분쟁이 나타났다.

실제로 1816년 리오 데 라플라타 합중국이 투쿠만에서 독립 국가를 선포하였지만, 내부의 다양한 세력들이 그간의 반목에서 벗어나 하나로 '통합'된 것은 아니었다. 중앙집권주의자들과 연방주의자들로 대표되는 아르헨티나의 내부적인 차이들은 극심한 분열과혼란을 가져왔다. 부에노스아이레스와 내륙 지방의 주들 사이의 갈등으로 인해 정치적 통합은 위기에 처하고, 합중국은 곧 해체 위기에 빠지게 된다. 이런 독립 이후 아르헨티나의 정치적 갈등에서 가장 중요한 요소는 부에노스아이레스의 경제적 독점 문제였다. 식민시기에 존재했던 스페인의 무역 독점이 폐지되면서 부에노스아이레스는 경제적 이익을 보았다. 그러나 반대로 식민지 독점에 의해이익을 보았던 내륙 지방의 포도주와 직물 산업은 큰 피해를 보았다. 따라서 내륙 지역을 중심으로 부에노스아이레스가 누리는 경제적 부에 대한 분배 요구가 강하게 나타났다. 이 문제가 부에노스아이레스와 다른 주들 사이의 주된 갈등 요인이었다. 이 갈등은 이후아르헨티나 정치의 주요 축인 연방주의자(federales)와 통합주의자(unitarios) 사이의 갈등으로 확대되었다(벤자민 킨, 507-512). 이러한 연방주의자들과 통합주의자들의 대립은 각 지역에 기반을 둔 카우디요들 사이의 정치적, 경제적 권력을 둘러싼 갈등이라고 할 수 있다.

연방주의와 통합주의의 대립은 부에노스아이레스의 주지사인 마누엘 로사스(Manuel Rosas)가 승리하면서 연방주의의 승리로 끝난다. 그는 1829년 12월 부에노스아이레스주의 주지사로 선출되었다. 그가 권력을 잡게 된 것은 아르헨티나에서 부에노스아이레스 지역의 주도권이 강화되기 시작했음을 의미한다. 알페린 동히(Halperin Donghi)는 연방주의의 승리로 인해 독립 이후 처음으로 부에노스아이레스와 지방 주들이 정치적으로 결합되었다고 지적한다. 이렇게 그간 정치적인 이해관계를 놓고 갈등해온 두 세력이 지방 출신의 새로운 지도자인 로사스를 통해 단일한 정치 질서를 구축하게 된 것이다. 그는 1831년 각 주들과 연방제적인 협약을 체결하는데, 그가 생각하는 연방제는 부에노스아이레스가 세관 수입을 독점하는 것을 의미했다. 부에노스아이레스의 경제적 우위를 기반으로 로사스는 내륙 지역 카우디요들과의 개인적인 동맹 관계와 폭력적 수단을 통해 내륙 지역에 대한 지배를 강화했다. 따라서 부에노스아이레스와 다른 주들 사이의 갈등 관계가 완전히 해소된 것이 아니었다. 로사스는 권력을 유지하기 위해 비밀경찰을 동원하여 반대자들에 대해 무자비한 폭력을 행사하면서 독재 정치를 펼쳤다.

이렇게 등장한 로사스는 절대 권력자로서 1829~1832년 동안 통치했다. 그리고 다시 1835년부터 1852년 카세로스 전투에서 우르키사의 에히르시토 그란데(Ejercito Grande)에 패배할 때까지 무려 17년 동안 아르헨티나를 지배하게 된다. 그는 정치적으로 자신에게 충성을 맹세하는 연방주의자들을 지원했고 통합주의자들을 적으로 간주했다. 그럼에도 불구하고 그의 연방주의는 단지 형식상의 제도에 불과했다. 로사스는 군과 비밀경찰을 동원하여 통합주의자들을 잔인하게 탄압했을 뿐만 아니라, 자신에게 절대적인 권력을 부여한 중앙 정부를 세웠다. 이런 측면에서 그는 연방주의자가 아니었고 오히려 통합주의자라고 할 수 있다. 그는 자신의 정치적 지배에 동의하지 않는 사람들은 통합주의자로 몰아 탄압했고, 비록 자신과 정치적 입장을 같이하는 사람들이라도 자신의 지배에 동의하지 않으면 무자비하게 폭력을 행사했다.

로사스 독재의 잔혹성은 사르미엔토의 『파쿤도』에 잘 묘사되어 있다. 로사스가 자신의 정치 권력을 유지하기 위해 주로 사용한 수단은 공포였다. 그는 비밀경찰인 마소르카(Mazorca)를 동원하여 납치, 고문, 살해 등 잔혹한 방식으로 권력을 유지했다. 이러한 정치적인 억압과 사상에 대한 검열로 인해 지식인 집단을 중심으로 반로사스 세력은 국외로 망명을 해야 했다. 사르미엔토와 알베르디를 포함하여 로사스 정권에 반대했던 지식인들은 칠레와 우루과이 등으로 망명하여, 저술과 언론 활동을 통해 반(反) 로사스 활동을 지속했다. 1852년 반로사스 세력은 망명 지식인들을 중심으로 엔트레리오스(Entre Ríos)주의 카우디요인 후스토 호세 데 우르키사(Justo José de Urquiza)를 지도자로 하는 동맹을 결성하게 된다. 이들이 후일 로사스 군대를 격파하고 로사스가 영국으로 망명하게 되면서 로사스 독재는 종식되었다. 그러나 로사스 이후에도 부에노스아이레스와 다른 주들, 그리고 연방주의자들과 통합주의자들 사이의 갈등은 끝나지 않았다. 곧 로사스 정권에 반대했던 자유주의 지식인들과 우르키사 정권 사이에 갈등이 나타났기 때문이다. 부에노스아이레스 출신의 자유주의 지식인들이 부에노스아이레스가 가지고 있던 정치 경제적 권력이 우르키사에게 넘어가는 것을 꺼렸던 것이다.

이런 갈등 속에서 부에노스아이레스주의 대표자들이 엔트레리오스주의 산타페에서 열린 제헌의회에 참석하지 않게 된다. 부에노스아이레스주가 1853년 헌법을 인정하지 않게 되면서, 아르헨티나는 우르키사를 정점으로 하는 아르헨티나 연방과 부에노스아이레스주로 분열되었다. 연방의 재원을 확보하기 위해 우르키사가 도입한 관세제도에 대해 부에노스아이레스가 반발하면서, 1859년 두 지역 간에 전쟁이 벌어진다. 이 전쟁에서 부에노스아이레스 주지사인 바르톨로메 미트레(Bartolomé Mitre)가 승리하면서 부에노스아이레스가 정치적 주도권을 잡게 된다. 이후 1862년 모든 주들이 대표를 파견한 의회에서 부에노스아이레스를 아르헨티나 공화국의 수도이자 부에노스아이레스주의 임시 수도로 하고, 부에노스아이레스 세관을 국유화한다는 데 합의했다. 이런 과정을 거쳐 아르헨티나는 국가 통합의 단계로 나아가게 된다(벤자민 킨, 514-517).

크리오요 지식인과 아르헨티나성 모색

독립 이후 아르헨티나의 국가 형성과정은 다른 라틴아메리카 신생 공화국들과 마찬가지로 치열한 갈등의 결과물이다. 아르헨티나의 정체성이라 할 수 있는 '아르헨티나성' 역시 무에서 만들어지지 않았다. 라플라타 부왕령 시기에 이미 존재하던 요소들을 새롭게 조직하고 현재화하는 과정을 겪어야 했다. 특히 식민시기 후반 크리오요 계층이 성장하던 시기에 나타났던 정치 사회적 요소들이 독립이라는 새로운 조건 속에서 재구성되어야 했다. 식민시기 후반

이 스페인 지지 세력과 독립 추구 세력 간의 대립이었다면, 독립 이후에는 새로운 긴장과 갈등이 나타났던 것이다. 따라서 독립 이후 근대적 국가 형성 기간은 갈등과 분열을 수반했고 예측했던 것보다 더디게 진행되었다.

당대 아르헨티나 지식인들의 지적 활동은 국가 형성기의 이런 갈등을 상징적으로 잘 보여준다. 지식인들은 다양한 글쓰기를 통해 국가 정체성 형성에 기여했는데, 이런 지식인들의 활동은 당대의 지배적인 문예 사조와 밀접한 상관관계를 가지고 있다. 독립 초기에 신고전주의가 주된 흐름이었다면, 독립 이후에는 당시 유럽에서 유행하고 있던 낭만주의가 새롭게 등장했다. 이 낭만주의 흐름이 곧 라틴아메리카의 정치 사회적 조건들과 맞물리면서 지배적인 문학 흐름으로 자리 잡게 된다(Mantaras Loedel, 431). 라틴아메리카의 고유한 지역적 색채와 정체성을 적극적으로 받아들였던 낭만주의가 국가 정체성 형성이라는 시대적 요구와 맞았기 때문이다.

아르헨티나에서 낭만주의와 함께 등장했던 젊은 지식인 작가들은 이른바 37세대(Generación del 37)를 구성했다. 이들은 1837년 부에노스아이레스에서 '문학 살롱'(Salón Literario)을 결성하여 문화적인 주제뿐만 아니라 사회, 정치, 철학 등의 주제에 관해 토론하면서 아르헨티나 현실에 대해 비판적인 인식을 갖게 된다. 37세대 지식인들은 다양한 저술 활동을 통해 아르헨티나의 정치적 미래에 대한 고민을 드러냈고, 정치 사회적 사건들에 관한 관심과 비판을 통해 현실 참여적인 시각을 보여주었다. 신문이나 여러 저작물을 통해 공개적으로 자신들의 의견을 제시했고, 이 과정에서 자신들에게 닥치는 신분상의 어려움까지도 감내하고자 했다(Ortale, 2012, 16). 1830년대 말 로사스 독재가 보다 폭력적으로 바뀌자,

이들 청년 지식인들은 직접적인 방식으로 로사스 정권에 저항하기 시작했다. 결국, 이들은 로사스 정권의 탄압으로 부에노스아이레스를 피해 내륙 지역으로 근거지를 옮기거나 망명을 떠나야 했다. 정치적인 이유로 망명을 떠났던 지식인들은 주요 망명지인 칠레나 우루과이에서 망명 세대를 형성했다. 망명지에서도 침묵하지 않고, 작가이자 신문기자로서 정치적 역할을 수행하는 지식인의 자세를 유지했던 것이다. 이처럼 37세대 구성원들은 계몽주의적 사유를 통해 아르헨티나를 이끌어야 한다는 책무감을 느끼고 있었다. 따라서 이들이 활동했던 공적 공간은 국가 정체성 형성과 관련해 중요한 의미를 갖는다고 할 수 있다.

이들 지식인은 독립한 아르헨티나를 근대적인 국가로 만들겠다는 강한 열망을 가지고 있었다. 새로운 문학적 주제들을 통해 자신들의 열망을 국민에게 전달하고자 했다. 아르헨티나의 정치나 지리적 특징 등 아르헨티나성을 이루는 요소들에 대한 고민이 이들의 주된 문학적 화두로 등장한 것이다. 보다 구체적으로는 카우디요, 가우초, 원주민, 팜파스 등이 독립 국가의 새로운 구성 요소로 지식인들의 주된 성찰의 대상이 되었다(Celina Ortale, 1). 로사스 정권의 전근대적 통치 행위에 맞서 투쟁했을 뿐만 아니라, 신생 공화국을 건설하는 데 필요한 아르헨티나의 영토와 사람들을 문학적 주제로 삼았던 것이다. 37세대의 대표적인 지식인이었던 사르미엔토와 알베르디 역시 아르헨티나를 근대적인 국가로 만드는 것을 자신들의 사명으로 여겼다. 그러나 이 두 지식인 사이에 아르헨티나의 미래상과 관련한 차이가 존재했다. 이러한 차이는 처음에는 잘 드러나지 않았지만, 곧 두드러졌다. 두 지식인 사이의 대립은 "이주민, 경제 발전, 국가의 법률적 구성 형식, 공공 교육"을 둘러싸고 진행되었지만, 본질적으로는 독립 이후 아르헨티나 미래와 정체성 담론의 차이라고 할 수 있다(Orrego Penagos, 118). 나아가 다양한 지적, 정치적 활동을 통해 자신들의 입장을 주장하여, 아르헨티나 정체성 담론 형성에 가장 많은 영향을 끼쳤다. 둘 사이의 차이와 격렬한 갈등은 당대 지식인들이 독립된 국가에 대해 가지고 있었던 뜨거운 열정의 표현이다.

알베르디와 사르미엔토는 스페인의 식민 유산으로 인해 아르헨티나가 낙후되었다고 생각했고, 로사스의 폭력적인 독재체제에 반대했다. 또한, 이들은 아르헨티나를 근대 국가로 만들기 위해서는 유럽의 앞선 문화를 받아들이는 것이 중요하고, 이를 위해서는 유럽 이주민들을 받아들이는 것이 필요하다고 주장했다. 이처럼 아르헨티나를 근대 국가로 발전시키고자 하는 두 지식인의 입장은 일정 부분 서로 공통점이 있었다. 그러나 곧 둘 사이에 입장 차이가 나타나기 시작했다. 로사스 정권 이후 등장한 우르키사 정권에 대한 입장 차이부터 두 사람은 관점을 달리한다. 우르키사는 오랜 독재 이후에 나타날 수 있는 정치적 혼란을 피하고 평화를 안정적으로 정착시키기 위해 카우디요 세력과의 직접적인 충돌을 피하고자 했다. 따라서 그는 로사스를 지지했던 카우디요 세력을 자신이 구상하는 새로운 정치 질서 속에 편입시키고자 했다. 사르미엔토는 이런 우르키사의 입장에 반대했다. 사르미엔토는 카우디요 세력을 아르헨티나의 근대적 발전을 막는 부정적인 요소로 간주했기 때문이다. 곧 사르미엔토는 우르키사의 정적이 되었고, 반면 알베르디는 우르키사에 영향을 끼치는 조언자가 되었다. 알베르디와 우르키사는 신생 공화국을 안정적으로 발전시키기 위해서는 카우디요 세력을 포섭해야 한다는 점에서 서로 입장이 일치했던 것이다.

살펴본 것처럼 37세대의 대표적인 청년 지식인이었던 알베르디와 사르미엔토의 주된 고민은 독립 이후 아르헨티나의 미래였다. 이들은 '가능한 공화국'이라는 동일한 목표를 추구하고 있었지만 둘 사이에는 차이가 존재했다. 아르헨티나의 당면 현실과 조건을 어떻게 인식하느냐에 따라 서로 입장이 달랐던 것이다. 따라서 초기의 친분 관계, 로사스에 반대하는 정치적 입장, 그리고 아르헨티나의 근대적 발전이라는 공통의 목표에도 불구하고 로사스 정권이 붕괴된 이후 두 지식인은 정치적으로 대립하게 된다. 알베르디와 사르미엔토의 이런 대립은 개인적인 층위에 그치는 것이 아니라, 신생 공화국의 정체성을 모색하는 과정에서 나타나는 크리오요 지식인들 사이의 대립이라는 의미를 갖는다. 근대 국가 설립을 열망하는 크리오요 지식인들의 사명감과 이들 내부의 차이와 갈등을 보여주는 대표적인 사례인 셈이다.

사르미엔토와 알베르디의 논쟁 경과

1852년 5월 31일 우르키사가 주도한 아르헨티나 전체 주지사 회의에서 산 니콜라스(San Nicolás) 협정이 체결되어 제헌의회가 소집된다. 여기에서 우르키사가 아르헨티나 연방(Confederación Argentina)의 임시 수장으로 임명되었다(Mantaras Loedel, 437). 이런 국내 정치 상황 아래서 당시 칠레에 망명 중이었던 알베르디는 칠레에 망명 중이던 아르헨티나인들을 모아 발파라이소 클럽(Club Constitucional de Valparaíso)을 결성하여, 우르키사의 정치적 입장을 지지하게 된다. 우르키사는 알베르디를 아르헨티나 연방의 칠레 협상단 대표로 임명하여 칠레의 지원을 얻고자 했지만 실패했다. 이러는 동안 부에노스아이레스주에서 정변이 일어나 우르키사에 우호적인 주정부가 붕괴하게 되고, 부에노스아이레스주는 아르헨티나 연방에서 탈퇴하게 된다. 따라서 아르헨티나 연방은 수도를 부에노스아이레스에서 엔트레 리오스(Entre Ríos)주의 파라나(Paraná)로 옮겨야만 했다. 알베르디와 달리 사르미엔토는 1852년 10월 19일 칠레 산티아고에서 아르헨티나 클럽(Club Argentino)을 결성하고, 부에노스아이레스주의 입장을 지지하며 산 니콜라스 협약을 비판했다(Oyola, 2). 사르미엔토가 칠레 언론을 통해 우르키사를 공격하면서, 알베르디와 사르미엔토는 아르헨티나의 정치 상황을 두고 격렬한 논쟁을 벌이게 된다.

이런 배경 아래에서 사르미엔토는 우르키사를 겨냥하여 1852년 10월 13일 자로 「융가이 서한(Carta de Yungay)」을 발표한다. 이 편지에서 사르미엔토는 우르키사 정권 등장 이후 아르헨티나의 정치적 변화를 매우 부정적으로 표현하고 있다. 또한, 같은 해 12월 사르미엔토는 자신이 우르키사의 군대인 '에헤르시토 그란데'의 군사 신문 편집자로 일하면서 경험하고 기록해둔 것들을 중심으로 카세레스 전투의 사령관이었던 우르키사를 비난하는 『에헤르시토 그란데에서의 전쟁(Campaña en el Ejército Grande)』을 출간한다. 이 책은 알베르디를 겨냥한 풍자적인 헌사를 붙이고 있으며, 반복적으로 우르키사를 비판하고 있다. 이렇게 사르미엔토가 우르키사와 자신에 대해 비판적인 언급을 하자 알베르디는 『키요타 서한(Cartas quillotanas)』을 발행하여 대응하게 된다. 이 서한의 실제 명칭은 '아르헨티나 공화국에서 당파 정치와 언론에 대한 서한'(Cartas sobre la prensa y la política militante en la República Argentina)이지만, 이 편지가 쓰인 칠레의 키요타(Quillota)라는 지명을 빌려 키요타 서한이라고 불린다. 원래 제목이 보여주는 것처럼 아르헨티나 정치 상황과 언론에 대한 자신의 입장을 잘 드러내고 있다. 4개의 편지로 구성된 팸플릿 형식으로 된 이 책자는 1853년 3월에 발행되었다. 처음 세 개는 1월 칠레의 키요타에서 작성되었고, 마지막 것은 2월 발파라이소에서 쓰였다. 그는 이 편지에서 37세대 지식인들이 가지고 있던 기존의 엘리트주의적인 입장에서 벗어나 내셔널리즘적인 방향으로 선회한다. 즉 알베르디는 우르키사 정권 등장 이후의 정치 현실을 비판하는 사르미엔토를 비롯한 동시대 지식인들을 변화된 현실에 적응하지 못하는 이상주의자들로 비난한다. 나아가 알베르디는 사르미엔토의 자유주의적인 원칙들이 자신의 개인적인 정치적 야욕들을 숨기기 위한 것이라고 비판했다.

알베르디는 사르미엔토를 비롯한 자유주의자들이 사익을 위해 언론과 정쟁을 이용하고 있다고 간주했다. 특히 자유주의자들이 가지고 있는 카우디요와 가우초에 대한 부정적인 태도를 비판했다. 자유주의자들의 생각처럼 가우초와 카우디요 세력이 전멸되어야 할 대상이 아니라는 것이다. 오히려 가우초는 국가 정체성을 구성하는 중요한 요소이며, 카우디요 세력 역시 신생 공화국 내에서 일정한 역할을 수행하도록 기회를 줄 필요가 있다고 보았다. 이런 점에서 알베르디는 유럽인들의 이주를 진작하고 원주민들을 폄하하던 초기의 태도와는 달라진 모습을 보여준다. 그는 "가우초나 카우디요, 그리고 스페인의 유산은 한 나라를 구성하기 위한 가능한 출발점이 될 것"이라고 주장하고, 식민 유산과 토착적인 요소들을 적극적으로 수용하고자 했다.

한편, 키요타 서한은 아르헨티나의 정치 상황에서 언론이 차지하고 있는 위상을 주로 다루고 있다. 이 문제에 대한 알베르디의 관점은 사르미엔토를 "언론 카우디요(caudillos de la prensa)"라고 부르는 데서 잘 드러난다. 그는 사르미엔토의 언론 글쓰기를 허위와 무지, 그리고 야만적인 행위로 본 것이다. 이처럼 키요타 서한은 언론의 역할에 많은 부분을 할애하고 있으며, 특히 언론과 우르키사 정권의 관계를 조언하고 있다. 알베르디는 우르키사 정권의 한계에도 불구하고, 아르헨티나의 미래를 위해서는 언론이 신생 정부에 대해 우호적인 입장을 취할 필요가 있다고 주장한다. 이렇게 알베르디가 취하는 현실주의적인 입장은 논쟁 과정에서 사르미엔토가 취하는 다소 이상주의적이고 원칙적인 입장과 충돌을 하게 된다. 특히 카우디요 세력을 현실 정치 영역에서 포섭해야 한다는 입장은 사르미엔토가 카우디요 세력을 문명의 적으로 규정한 입장과 충돌된다. 이처럼 사르미엔토와 알베르디는 스페인에 맞서 독립을 추구하던 대표적인 자유주의 크리오요 지식인이었음도 불구하고, 국가 건설에서는 서로 입장을 달리 하는 것이다.

『키요타 서한』에 대해 사르미엔토는 1853년 3월 다시 5개의 편지로 된 『라스 시엔토 이 우나(Las ciento y una)』라는 팸플릿을 출판해 대응한다. 이러한 둘 사이의 편지를 통한 의견대립은 커다란 반향을 일으켰으며, 아르헨티나 국가의 토대를 어떻게 형성할 것인가를 둘러싼 대표적인 논쟁이 되었다. 또한, 같은 해 알베르디는 『아르헨티나의 내전과 언론(La complicidad de la prensa en las guerras civiles de la República Argentina)』을 발표하여 사르미엔토와 언론을 비판했다. 반면, 사르미엔토는 『아르헨티나 연방 헌법 고찰(Comentarios a la Constitución de la Confederación Argentina)』을 통해, 우르키사 정권의 토대가 된 『아르헨티나 공화국을 위한 출발점과 토대(Bases y puntos de partida para la organización política de la República Argentina)』에 드러난 알베르디의 입장을 비판한다.

앞서 살펴본 것처럼 로사스 정권에 맞서 단일한 입장을 취했던 지식인들은 카세로스 전투에서 로사스 정권이 붕괴하고 우르키사가 권력을 장악하자 점차 분열되었다. 아르헨티나의 미래를 구상하는 서로 다른 입장들이 우르키사 정권의 현실적인 정책과 맞물려 갈등했던 것이다. 이런 갈등은 알베르디의 태도에서 잘 드러난다. 37세대 지식인들이 대부분 자유주의적인 태도를 취했지만, 알베르디는 일정 부분 현실주의적인 태도를 보여준다. 로사스 정권을 반대했지만, 로사스 정권의 역사적 역할을 일정 부분 인정했던 것이다. 로사스가 폭압적인 정치를 펼쳤지만, 전근대적인 정치 체제에서 근대적이고 민주적인 공화국으로 이전을 이끌었던 상징적 인물이라는 것이다(Oyola, 2). 이런 입장은 아르헨티나의 국가 건설에서 카우디요의 역할을 인정하고, 이들을 포섭하는 것으로 이어졌다. 이러한 알베르디의 입장은 1852년 중반 사르미엔토가 칠레에서 귀국하면서 둘 사이의 정치적인 갈등으로 격화되었다.

사르미엔토와 '문명과 야만'의 변주

동시대 37세대 지식인들처럼 사르미엔토는 자유주의 이데올로기를 선호했다. 근대 국가로 발전하기 위해서는 교육이 중요하다고 보았고, 이를 위한 제도적 장치를 강조했다. 또한, 가우초나 원주민들의 문화가 근대 산업 국가로 발전하는 데 장애물이라고 간주했고, 팜파스로 대표되는 아르헨티나의 자연을 야만의 동의어로 보았다. 이런 입장은 자연스럽게 아르헨티나의 발전에 필요한 것은 팜파스에 사는 가우초나 원주민이 아니라 도시에 사는 도시민이라는 주장으로 이어졌다. 사르미엔토는 나아가 팜파스의 가우초와 원주민을 대체할 이주민들을 적극적으로 수용하는 것이 필요하다고 주장한다. 특히 앞선 문명을 체득하고 있는 유럽 이주자들이야말로 아르헨티나를 문명화시킬 적절한 집단이라고 간주했다. 야만의 공간인 팜파스가 아닌 도시를 확충하고, 여기를 유럽 이주자들의 문화로 채우는 것을 아르헨티나가 추구해야 할 이상으로 보았다. 그는 아르헨티나 국가 발전과 정체성 형성에 가장 적절한 모델을 찾는 과정에서, '문명과 야만'이라는 이분법에 기반을 두고 토속적인 요소들을 부정적으로 간주했다. 아르헨티나 고유의 가치와 요소들을 폄하하고, 유럽적인 요소를 통해 아르헨티나를 근대화하는 것이 필요하다고 본 것이다.

아르헨티나의 토속성을 야만으로 간주한 사르미엔토의 입장은 로사스 정권의 폭압성에 의해 보다 확고해진다. 그가 보기에는 로사스야말로 팜파스의 원시적인 야만주의를 체현하는 대표적인 인물이었던 것이다. 로사스는 외국 문물에 대해 부정적이었고, 정적에 대한 무자비한 탄압을 통해 야만을 상징했다. 이러한 사르미엔토의 인식이『파쿤도: 아르헨티나 팜파스의 문명과 야만(Facundo o civilización y barbarie en las pampas argentinas)(1845)』에 잘 드러나 있다. 『파쿤도』는 아르헨티나의 현실, 나아가 라틴아메리카 현실을 이해하는 주요한 해석방식을 제공했고 아르헨티나뿐만 아니라 라틴아메리카 정체성에 관한 관심을 유발했다. 그의 문명과 야만이라는 이분법은 아르헨티나와 라틴아메리카를 대립적인 구도로 파악하면서 향후 정체성 논의의 출발점이자 참조점이 된다. 이렇게 사르미엔토가『파쿤도』에서 제기한 '문명과 야만'이라는 화두는 아르헨티나 현실에 대한 매우 복합적인 논쟁거리를 제공했다. 19세기 초반 국가 건설과정에서 지리, 주민, 전통, 문화 등의 요소들을 어떻게 인식하고 조직해야 하는가라는 문제는 지식인들의 주된 관심사였던 것이다.

『파쿤도』에서 구조화한 문명과 야만이라는 개념은 사르미엔토의 작품들 속에서 계속 변주된다. 특히 우르키사 체제를 비판하기 위해 쓴 『에헤르시토 그란데에서의 전쟁』에서도 잘 드러난다. 이 책은 자신이 우르키사 군대에서 일종의 군종 기자로 활동하면서 경험했던 일들을 기록한 일기에 토대하고 있다(Cobas Carral, 2003, 2). 그는 우르키사 장군을 비판적으로 기술하면서, 우르키사 역시 로사스와 동일한 성격의 독재자라는 것을 부각하고자 했다. 우르키사가 로사스 독재를 극복한 '근대적' 인물이 아니라, 그의 후계자이거나 오히려 더 "야만적"인 카우디요라는 것이다(Ortale, 2012, 38). 우르키사 정권을 비판하기 위해 그를 로사스와 같은 성격의 카우디요로 묘사하면서, 이처럼 문명과 야만이라는 이분법을 다시 이용하고 있다. 우르키사 정권에 대한 자신의 거부감을 드러내기 위해 '문명과 야만'이라는 틀을 활용하고 있는 셈이다. '문명과 야만'이라는 논리로 우르키사 지지 세력과 반대 세력을 재구조화하면서 반우르키사 세력의 정당성을 확보하고 있는 것이다. 또한, 그는 이 책에서 우르키사의 부정적인 측면들을 자신이 직접 겪었음을 강조하면서, 자신의 폭로를 정당화한다("yo vi, yo oi, yo hice")(Ortale, 2012, 22). 우르키사 정권을 지지하는 알베르디와 동시대 지식인들의 태도를 비판하는 사르미엔토의 입장은 이렇게 '문명과 야만'이라는 틀 내에서 우르키사를 야만으로 암시하는 과정을 통해 드러난다.

사르미엔토는 이렇게 '문명과 야만'이라는 주제를 변주하면서, 『파쿤도』 이후에도 아르헨티나가 여전히 변화하지 않았다고 주장한다. 『파쿤도』에서 로사스가 야만성의 상징으로 간주되었다는 점을 고려한다면, 로사스 정권을 전복시킨 우르키사가 문명의 상징이 되어야 했다. 그러나 사르미엔토는 우르키사가 여전히 야만성의 지속을 보여주는 인물이라고 주장하는 것이다(Ortale, 2012, 19). 이렇게 우르키사를 여전히 아르헨티나의 구조화된 야만의 상징으로 만들기 위해, 그는 『에헤르시토 그란데에서의 전쟁』에서 자신을 문명의 상징으로 삼아 대립 구도를 만든다. 즉 자기가 담당하고 있는 신문기자라는 역할을 강조하는 것이다. 신문기자인 자신을 문명의 상징으로 그려내면서, 우르키사를 반대편에 있는 야만성의 상징으로 만들었다.

사르미엔토가 자신이 가지고 있는 문명의 이미지를 강화하고 우르키사의 야만을 부각시키기 위해 사용한 상징은 인쇄이다. 대중들에게 문명을 전달하기 위한 기본적인 메카니즘인 인쇄라는 상징은 이 작품에서 문명과 야만을 가르는 메타포로 사용된다. 사르미엔토는 에헤르시토 그란데가 부에노스아이레스로 진군하는 과정에서 신문 발행을 위한 인쇄 장비를 중요하게 생각하고 인쇄가 갖는 기능을 강조한다. 즉 우르키사의 군대 내에서 신문이 갖는 중요성을 강조하면서, 군인들도 신문을 읽어야 한다고 강조한다. 이런 그의 입장은 교육을 통해 민중을 계몽하고, 문자를 통해 문명이 전파되어야 한다는 '근대적'인 것이다. 따라서 군대가 행진하는 과정에서 인쇄기 운반과 신문 발행이 난관을 겪는 장면이 등장하는데, 이런 난관이 바로 아르헨티나가 근대화 과정에서 봉착한 어려움을 상징하는 셈이다. 신문과 인쇄의 중요성에 주목하고 많은 관심을 쏟는 사르미엔토와 달리 작품 속에서 우르키사는 이것을 별로 중요하게 생각하지 않는다. 처음에는 인쇄기를 구입하기 위해 자금을 지원했지만, 군대가 부에노스아이레스로 진격하는 동안 인쇄기를 운반할 수단을 제공하지 않는다. 이렇게 그는 문명을 상징하는 인쇄에 관심을 보이지 않고, 나중에는 심지어 인쇄기를 버리도록 명령하기도 한다. 인쇄기가 군대의 행진 속도를 떨어뜨린다는 이유였다. 사르미엔토는 인쇄와 관련한 우르키사의 이러한 입장 변화를 일종의 '야만화'로 해석했다(Ortale, 2012, 24).

사르미엔토는 문명과 야만이라는 개념을 변주하여, 우르키사와 그 지지자들이 추구하는 국가가 근대적이지 못하다는 주장을 하고 있다. 로사스를 환기시킴으로써 독자들로 하여금 우르키사 역시 『파쿤도』의 야만 계열에 속하는 인물이라고 생각하게 만든다. 문명과 야만이라는 이분법을 통해, 우르키사가 여전히 극복되지 않고 있는 야만성을 담보하고 있는 인물임을 주장하고 있는 것이다. 작품 속에서 우르키사는 점차 로사스와 유사한 야만적인 인물로 묘사되고 심지어는 그를 뛰어넘게 된다. 이렇게 사르미엔토는 우르키사 체제를 로사스 독재 시기의 상징적인 행위와 비교함으로써 로사스의 야만이 여전히 현재 진행형이라고 설명한다. 우르키사 정권하에서 자행되는 교수형, 정치 성향을 드러내는 색띠(cinta colorada) 강요, 그리고 '야만적인 통합주의자들(salvajes unitarios)'이라는 표현의 활성화 등이야말로 로사스 정권의 판박이자 오히려 더 심화된 형태라는 것이다(Ortale, 2012, 29). '문명과 야만'이라는 구조 속에서 우르키사를 야만으로 그려내는 것은 로사스 붕괴 이후 우르키사가 취하는 정치적 선택을 비판적으로 바라보는 사르미엔토로서는 당연한 선택이었다. 사르미엔토는 우르키사를 야만성의 상징으로 구조화함으로써, 우르키사 정권을 '근대적'이지 못하다고 주장하는 것이다.

'문명과 야만'에 대한 알베르디의 비판

사르미엔토가 우르키사 체제를 로사스 체제의 연장으로 간주하는 데 대해 알베르디는 비판적이다. 『파쿤도』에 들어 있는 사르미엔토의 '문명과 야만'을 『사르미엔토의 역사적인 야만(La barbarie histórica de Sarmiento)(1865)』에서 비판적으로 읽어 낸다. 알베르디와 사르미엔토 논쟁은 직접적으로는 1852~1853년 사이에 벌어진 『키요타 서한』과 『Las ciento y una』를 지칭하는 것이 일반적이다. 그러나 아르헨티나 정체성과 관련한 두 지식인 사이의 입장 차이는 이 텍스트에서 더욱 잘 드러난다. 여기서 알베르디는 사르미엔토의 '문명과 야만'이라는 이분법이 부정확하고, 아르헨티나 현실을 정확하게 진단할 수 있는 틀이 아니라고 주장한다. 알베르디는 사르미엔토가 주장하듯이 아르헨티나 정치를 전근대적인 것으로 만드는 카우디요 세력의 발흥이 팜파스의 야만성 때문이 아니라고 본다. 로사스 독재의 잔혹성 또한 팜파스의 야만성에 의한 것이 아니라고 주장한다. 로사스 독재를 문명과 야만이라는 대립적인 구도로 설명하는 것은 당대 아르헨티나의 현실을 정확하게 보지 못한다는 입장이 알베르디의 반박이다. 알베르디는 로사스 독재가 팜파스의 야만성이 아니라, 아르헨티나 내부의 경제적 조건 때문에 등장한 것으로 보았다. 따라서 아르헨티나의 국가 발전을 위해서는 사르미엔토가 주장했던 것처럼 내부의 '야만성'을 제거하고 유럽적인 것을 이식하는 방식이 아니라, 내부의 통합과 발전이 필요하다고 본 것이다.

알베르디는 문명과 야만의 이분법과는 대립되는 입장에서 아르헨티나의 정체성을 바라본다. 사르미엔토와 달리 아르헨티나가 지향해야 할 국가 정체성의 중심으로 농촌과 팜파스를 제시하는 것이다. 사르미엔토가 국가 발전의 근간을 도시와 도시적인 요소를 중심으로 생각하고 있는데, 이러한 생각이 잘못된 것이라는 주장이다. 사르미엔토가 생각하는 문명은 모두 유럽에서 나온 복장, 생활 습속, 책, 학교 등에 기초를 두고 있고, 아르헨티나의 정체성은 이런 유럽적인 문명에 토대해야 했다(Sarmiento, 2001, 108). 이와 달리 알베르디는 아르헨티나 문명을 대표하는 것은 오히려 팜파스라고 본다. 왜냐하면, 문명은 아르헨티나가 생산하는 부에 기반을 두고 있고, 그 부가 생산되는 곳이 팜파스이기 때문이다(Alberdi, 1964, 13). 또한 팜파스를 비롯한 지방을 야만성의 공간으로 재현했음에도 불구하고, 사르미엔토 역시 아르헨티나의 풍요로움과 부가 팜파스의 농촌 산업에서 나온다는 것을 부정하지 못한다. 이것은 알베르디의 주된 논거가 된다. 그는 "부와 풍요로움이 있는 곳이 바로 문명이다"(Alberdi, 1964, 25)라고 주장한다. 이런 맥락에서 알베르디는 아르헨티나의 중심으로서 부에노스아이레스라는 개념을 비판했다. 부에노스아이레스가 지니고 있는 우월적인 지위는 경제적인 요인에 있는 것이지, 도시라는 지리적인 요건에 있는 것이 아니라는 것이다. 부에노스아이레스가 지방과 농촌에 대해 갖는 우월성은 부에노스아이레스가 가지고 있는 문화적인 요인에서 나오는 것이 아니다. 국내에서 생산되는 모든 것들이 집중되고 교역되면서 만들어진 부를 부에노스아이레스가 독점하는 데서 나오는 결과이다(Chrástecká, 49-50에서 재인용). 부에노스아이레스가 자신이 생산하지 않은 생산물의 이익을 독점하면서, 다른 지역은 낙후되고 부에노스아이레스만 과도하게 발전한 상태라는 주장이다. 또한, 부에노스아이레스 중심의 독점적인 교역체계는 다른 지역들이 부에노스아이레스가 아닌 다른 항구를 통해서 교역하는 것을 막았다. 따라서 부에노스아이레스가 유럽 도시들과 교역에서 자유롭고 유럽 문물을 받아들이는 데 손쉬운 입장에 서 있었다는 점이다. 이렇게 보면 문명은 선험적으로 주어진 것이 아니라, 다른 지역에 대한 배제와 착취를 통해 얻어지는 폭력적인 과정이다.

또한, 알베르디는 카우디요 지배의 기원에 대한 자신의 관점을 설명하기 위해 마찬가지로 경제적인 요인을 강조한다. 사르미엔토는 카우디요의 지배를 팜파스의 야만성이라는 지리적인 결정주의에 기반을 둔 논리로 설명하고 있다. 그러나 알베르디는 이러한 카우디요 세력의 지배가 팜파스라는 지리적인 요인에서 기인한 것이 아니라, 부를 둘러싼 갈등의 결과로 이해한다. 로사스 독재에 대한 알베르디의 설명 역시 동일한 관점이다. 아르헨티나의 모든 재정적 이익을 산출하는 항구, 세관, 신용, 은행 등을 통제하면서 독점적인 권력을 누릴 수 있는 부에노스아이레스의 지배권을 둘러싼 투쟁의 결과이지, 팜파스라는 지형적 조건의 결과물이 아니라는 것이다. 사르미엔토가 『파쿤도』에서 가우초와 카우디요들의 잔혹성을 묘사하면서 보여주고 있는 팜파스의 야만성에 대해서도, 알베르디는 프랑스의 해외 정복이나 미국 남북 전쟁의 경우에도 방화와 약탈 등이 나타났던 예를 들면서 반론을 제기한다(Chrástecká, 51-52).

이런 알베르디의 주장에 따르면 '문명과 야만'이라는 사르미엔토의 이분법이 지나치게 유럽 중심적인 관점이다. 문명은 유럽적인 것이고, 야만은 아르헨티나의 고유하고 태생적인 것으로 이해하는 방식은 아르헨티나 고유의 것들을 배제하는 것으로 이어지기 때문이다. 이렇게 유럽적인 것들을 긍정하고 우선시하는 태도에 맞서, 알베르디는 '야만'이 본래적인 것이 아니라 특정한 사회경제적 조건의 결과물이라는 것이다. 알베르디의 입장에 따르면, 이런 사회 경제적 조건을 없애는 것이 아르헨티나의 국가 발전을 위해 바람직하다는 것이다. 야만성의 상징인 팜파스와 카우디요를 제거하는 것이 아니라 적극적으로 수용하면서 아르헨티나성을 추구해야 한다고 주장한다.

국가 정체성을 둘러싼 지식인들의 고민

1830년대 로사스 정권이 들어서면서 아르헨티나의 젊은 지식인들은 주로 자유주의적인 입장에서 로사스 독재체제를 비판한다. 살펴본 것처럼 이러한 흐름은 로사스 독재가 붕괴하고 우르키사 정권이 들어서면서 변화하게 된다. 이들 지식인 집단 내에 내연했던 아르헨티나 미래를 둘러싼 차이가 구체적인 정치적 갈등으로 나타나게 된 것이다. 이런 입장 차이를 가장 잘 보여준 것이 지금까지 살펴본 것과 같이 바로 사르미엔토와 알베르디의 논쟁이라고 할 수 있다. 그러나 통상 1852~1853년 직접적으로 진행된 알베르디-사르미엔토 논쟁보다는, 아르헨티나 정체성과 관련된 지식인들의 관점에 주목하기 위해 '문명과 야만'이라는 이분법을 중심으로 살펴보았다. 문명과 야만을 둘러싼 입장은 신생 공화국인 아르헨티나가 지향해야 할 이상에 대한 당대 지식인들의 입장 차이를 가장 잘 보여주기 때문이다.

아르헨티나의 발전을 위한 수단에는 두 명 다 비슷한 입장을 가지고 있다. 강의 자유로운 항해, 교역의 자유, 철도 건설, 이주자 확대 등을 주장했다. 즉 새로운 시장을 개척하여 국가 차원의 부를 늘리는 것이 국력을 확충하는 지름길이라고 본 것이다. 또 이를 위해서 이주민의 적극적인 수용이 필요하다고 보았지만, 이주에 대해서 서로 간의 강조점이 다소 차이가 있다. 두 사람 모두 유럽 이주자들을 끌어들여 아르헨티나의 팜파스를 개간하는 것이 필요하다고 인정한다. 알베르디는 "통치하는 것은 거주시키는 것"이라는 개념을 통해 팜파스 지역에 관한 관심을 표명하고 있다(Mantaras Loedel, 432). 물론 그가 유럽적인 것을 긍정적으로 평가하고 있는 것은 사실이지만, 원래 거주하고 있던 원주민들을 통해 팜파스를 변화시키는 것이 중요하다고 지적하고 있다. 반면 사르미엔토는 토착적인 요소들을 배제하고 유럽 이주자들로 채우자는 더욱 급진적인 입장을 취하고 있다.

근대 국가 형성을 위한 교육을 둘러싸고도 둘 사이에 입장 차이가 존재한다. 사르미엔토는 변화의 동인으로서 체계적인 교육의 역할을 강조했지만, 알베르디는 제도 교육에 대한 강조보다는 유럽적인 문물들을 소개하고 알리는 실사구시적인 입장을 취한다. 이런 알베르디의 입장은 고등 교육이 이 시기의 필요성에 부합하지 않는다는 입장으로 이어진다. 지금 단계에서 필요한 것은 사상이 아니라, 실제에 대한 이해라는 것이다(Orrego Penagos, 123). 사르미엔토는 아르헨티나가 근대 국가로 발전하기 위해서는 제도 교육과 정치적 자유를 실현하는 것이 중요하다고 보았던 것이다. 반면, 알베르디는 제도 교육이 확대되면서 몇몇 부문들에서 변화 욕구가 급격하게 분출되는 것을 원하지 않았다. 이에 반해 사르미엔토는 이성적이고 체계적인 방식으로 욕구들을 구체화하고 이를 달성할 수 있도록 교육하는 것이 필요하다고 보았다(Ferreyra, 2). 둘 사이의 입장 차이들이 국가 형성과 아르헨티나의 정체성을 둘러싼 입장 차이로 나타난다. 알베르디가 보다 현실적인 국가 형성에 주력하는 흐름을 대표한다면, 사르미엔토는 더욱 이상주의적인 입장을 주장하는 있는 것이다.

살펴본 것처럼 이 두 사람은 19세기 초반 당시 지식인들이 가지고 있던 자유주의 이데올로기의 토대에서 성장했다. 정치 경제적 자유주의, 진보에 대한 무한한 신뢰, 유럽 중심주의적 태도, 미국에 대한 선망 등을 드러내고 있다. 이런 지적 태도들이 스페인 식민주의에 맞서 독립을 추구하고, 새로운 라틴아메리카 정체성을 추구하는 것으로 이어졌던 것이다. 그러나 독립 이후 국가 형성을 둘러싼 구체적인 정치 과정 속에서 국가의 미래상을 둘러싸고 서로 다른 입장을 내보인다. 이는 독립 이후 새로운 정치 경제적 조건 속에서 크리오요 계층이 분화되고 있음을 잘 보여준다.

제 4 장

독립과 내셔널리즘:
칠레 국민국가 형성 시기의 논쟁

독립과 국가 정체성

　라틴아메리카 대부분 지역이 스페인으로부터 독립을 쟁취했지만, 식민시기의 정치 사회적 구조와는 완전한 단절을 이루지 못했다. 식민 유산이 청산되지 못하고 지배계층의 대체에 불과했다는 한계에도 불구하고 라틴아메리카의 독립은 이 지역에 많은 변화를 가져왔다. 신생 독립국의 지식인들은 국가 정체성과 관련한 치열한 고민을 시작한다. 엔리케 로도의 『아리엘(Ariel)』에서 알 수 있듯이 라틴아메리카 문화의 정체성은 이미 라틴아메리카 지식인들의 주된 관심사였다. 라틴아메리카 고유의 문화적 정체성을 모색하려는 이런 경향은 독립 이후 개별 국가에서 더욱 강력하게 분출되기 시작했던 것이다. 독립 이후 다른 지역과 차별되는 국가를 건설하려는 욕구는 내셔널리즘의 추구로 이어졌고, 특히 문화 영역에서 강력하게 나타났다. 문화 영역에서 내셔널리즘은 라틴아메리카 독립과 시기적으로 겹치는 낭만주의를 통해 전개되었다고 할 수 있다. 라틴아메리카 낭만주의는 정치적인 측면에서 독립을 추구하면서, 라틴아메리카의 지역적 정서에 관한 관심을 통해 유럽과 차별되는 라틴아메리카적인 정체성을 구축하고자 했다.

19세기 초반 라틴아메리카 각 지역에서 진행된 독립운동은 일련의 신생국 탄생으로 이어졌지만, 이들의 운명은 그리 순탄한 것만은 아니었다. "선거는 단지 전쟁에 불과하고, 자유는 무정부 상태이고, 살아있다는 것은 고문이다"라는 시몬 볼리바르의 비관적인 표현은 독립 이후 라틴아메리카의 신생 공화국들이 겪고 있는 사회적 혼란을 잘 보여준다(벤자민 킨, 193). 대부분의 신생 독립국들은 당시 유럽의 자유주의 이데올로기를 받아들여 공화주의 정부와 의회 제도를 채택했다. 그러나 이러한 형식적인 민주주의 제도 이면에는 군사적 실권을 장악한 카우디요의 독재나 과두제라는 엄혹한 현실이 존재하고 있었다. 군사력을 지닌 몇몇 카우디요 세력들이 정치와 경제를 전제적인 방식으로 지배했다. 따라서 공화국이라는 정체를 가진 신생국에서도 내부의 갈등들은 '정치적인' 방식으로 해소되지 않고, 물리적인 충돌을 통해 더욱 심화되었다. 독립이후 정치 상황은 공화국이 꿈꾸었던 이상과는 전혀 다른 양상으로 전개되었던 것이다. 벤자민 킨은 이 시기의 이러한 갈등의 이면에는 '자유주의 대 보수주의' 그리고 '연방주의 대 통합주의(unitarismo)' 등 이후 벌어질 사회적이고 이데올로기적인 대립의 맹아가 숨어있다고 말하고 있다(벤자민 킨, 195).

보수주의가 기존의 질서를 유지하여 자신의 이해관계를 관철하고자 한다면, 자유주의는 식민시대가 남긴 유산을 제거하고 새로운 질서를 건설하고자 했다. 보수주의와 자유주의의 대립은 여러 세력이 자신들의 이해관계에 유리한 방식으로 공화국의 정치지형을 구성하려는 데서 시작한 대립 과정이라고 할 수 있다. 베르나르도 오이긴스(Bernardo O'Higinns)가 독립을 쟁취한 후 일련의 개혁조치를 강력하게 추진했던 칠레의 경우에도 이런 정치적 대립으로 인해 혼란을 피할 수 없었다. 오이긴스는 대토지 소유 계층과 교회의 기득권을 제어하기 위해 과감한 개혁조치를 펼쳤는데, 이것이 보수파의 반발뿐만 아니라 자유주의 세력 내에도 반대 세력을 만들어 내는 결과를 가져왔다. 결국, 오이긴스는 1823년 아르헨티나로 망명하게 되고, 1830년 선거에서 보수파인 호아킨 프리에토(Joaquín Prieto)가 승리하면서 칠레 정치는 다소간 안정을 되찾는다. 프리에토 집권기 동안 정치를 실질적으로 지배한 인물은 그의 각료 중 한 명인 디에고 포르탈레스(Diego Portales)였다. 1937년 암살될 때까지 그는 대지주와 소수 과두 계층의 이익에 중점을 둔 정책을 펼쳤고, 교회를 자신들의 이익을 지키기 위한 정치적 수단으로 이용했다. 이 과정 속에서 보수주의 세력은 과두층의 이익을 극대화하는 1833년 헌법을 통해 자신들의 집권을 항구화하고자 했고, 자유주의 세력은 점차 폭력적인 방식으로 이에 대항했다(벤자민 킨, 214).

칠레의 혼란한 정치지형은 1841년 마누엘 불네스(Manuel Bulnes)가 대통령이 되고, 1846년 재선되면서 변화하게 된다. 페루-볼리비아와의 전쟁(1836~1839년)을 승리로 이끌었던 보수 세력은 전쟁승리와 국내의 정치적 안정을 바탕으로 일련의 유화 정책을 채택했기 때문이다. 이 시기에는 또한 상업과 광업, 농업의 유례 없는 성장으로 경제 발전이 이뤄졌다. 경제 활성화의 주된 수혜자들은 가파른 땅값 상승으로 인해 이익을 본 대지주들이었다. 이런 한계에도 불구하고, 전통적인 농업부문이 아닌 신규 경제 영역이 확대되면서 새로운 경제 주체가 성장했다. 결과적으로 광산, 무역, 금융,

농업과 여타 산업 분야에서 신흥 자본 세력이 등장했고, 이들은 정치를 포함한 사회 모든 영역에서 자신들의 이익을 보장하기 위해 자유주의적인 정책을 실현하려고 했다. 동시에 자본주의의 급격한 성장에 두려움을 느낀 대토지 귀족들은 구체제를 유지하여 자신들의 이익을 보호하고자 했다(벤자민 킨, 212-213).

자유주의와 보수주의의 공존에도 불구하고 자본가 계층이 확대되고 여기에 기반을 둔 자유주의 지식인들이 성장하게 되면서, 칠레의 국가적 정체성에 대한 지식인들의 고민이 본격적으로 나타나기 시작한다. 물론, 지식인들의 고민이 칠레의 정체성과 직접적으로 연결된 것은 아니다. 그러나 독립 이후 스페인의 문화유산을 어떻게 할 것인가 그리고 라틴아메리카의 지역성을 어떻게 바라볼 것인가 등의 문제의식을 보여주고 있다는 점에서 연관성을 갖는다. 국민국가의 형성이 국가 정체성을 만들어가는 일종의 상상 공동체 만들기라는 베네딕트 앤더슨의 입장에 따르면, 독립 이후 국가 정체성을 만들어가는 이 과정 역시 내셔널리즘이 작동하는 과정이라고 할 수 있다. 독립 이후 국가 형성과정에 개입해 있는 지식인들이 정치 영역뿐만 아니라 문화 영역에서 타자와 구별되는 '우리'의 모습을 모색하는 과정이 내셔널리즘의 작동 과정이라면, 1840년대 칠레에서 벌어진 일련의 논쟁은 이를 보여주는 구체적인 사례라고 할 수 있다. 이 시기 등장했던 논쟁 중에서 언어논쟁과 낭만주의 논쟁은 새로운 국가 정체성이 형성되어가는 과정을 잘 보여준다.

독립 이후 문화적 배경[1]

칠레 역사에서 1840년대는 앞에서 설명한 경제 성장을 배경으로 문화적으로 가장 풍요로운 시기 중의 하나였다(Stuven V., 1990, 229). 칠레 대학과 같은 다양한 교육 및 문화 기구의 설립, 그리고 문학 잡지 창간 등에서 볼 수 있듯이, 이 시기는 안정된 정치 경제를 기반으로 하여 다양한 문화 활동이 전개되던 시기였다. 지식인들의 역할과 활동 공간 또한 그만큼 확대되었다. 국가 형성과 관련해 이 시기 지식인들의 입장과 활동을 가장 잘 보여주는 사례가 바로 일련의 논쟁이라고 할 것이다. 이 논쟁을 통해 지식인들은 자신들의 정치적 입장에 따라 칠레의 정체성이 구성되는 나름의 방식을 드러낸다. 1840년대 들어 '언어논쟁'과 '낭만주의 논쟁'이 지식인들 사이에 진행된다. 언어논쟁은 1842년 5월부터 6월 사이에 진행되었고, 두 번째 논쟁은 같은 해 7월부터 8월 사이에 진행되었다(Fitzgerald, 1966, 4-5). 이 논쟁들은 국가 운영을 둘러싼 자유주의와 보수주의 이데올로기의 대립을 배경으로 하여, 문화 영역에서 국가 정체성 혹은 내셔널리즘을 어떻게 구현할 것인가라는 문제와 밀접한 관련을 맺고 있다. 지배 엘리트 계층은 독립이라는 혼란 속에서 자신들의 이상적인 정치 체제를 세우기 위해 투쟁했고, 같은 맥락에서 지식인들은 국민국가의 내용을 채우기 위해 문화의 영역에서 다양한 논쟁을 진행한 것이다(Stuven V., 1990, 230).

앞에서 말한 것처럼 칠레 지식인들이 독립된 칠레의 모습에 대한 구체적인 고민을 시작한 것은 1840년대로, 더욱 정확하게는 마

---

[1] 제4장에 나타난 칠레 독립 시기의 논쟁은 이성훈(2012), "칠레 국민국가 형성 시기의 논쟁에 나타난 내셔널리즘"에 발표된 내용을 포함하여 새롭게 구성하였다.

누엘 불네스(Manuel Bulnes)가 정권을 장악하고 난 후부터이다. 따라서 논쟁에 드러난 다양한 입장들은 국민국가와 국가 정체성 형성이라는 맥락에서 당대 지식인들이 어떠한 고민을 하고 있는지를 잘 보여준다. 1840년대 진행된 논쟁을 이해하기 위해서는 논쟁을 적극적으로 이끌어 갔던 두 세대를 이해하는 것이 필요하다. 아르헨티나의 이른바 1837세대와 칠레의 1842년 세대이다. 아르헨티나의 1837년 세대는 "아마도 라틴아메리카에서 가장 다변적이고 자의식을 갖춘 세대"라는 평가에서 알 수 있듯이, 아르헨티나뿐만 아니라 라틴아메리카 여러 나라의 지적 영역에 많은 영향을 끼쳤다(Velleman, 2004, 35). 후안 바우티스타 알베르디(Juan Bautista Alberdi), 에스테반 에체베리아(Esteban Echeverría), 도밍고 F. 사르미엔토(Domingo F. Sarmiento) 등으로 구성된 이 세대는 리오데 라플라타 지역에서 독립 움직임이 활발해지는 시기에 태어났다. 따라서 이들은 독립 이후 아르헨티나에서 벌어지는 다양한 형태의 갈등들을 직접적으로 체험하고, 자신들의 지적 활동의 자양분으로 삼은 세대라고 할 수 있다. 독립 이후 아르헨티나에서는 연방주의 대 통합주의라는 정치적인 대립 이외에도, 스페인의 전통적인 가치를 옹호하는 입장들과 유럽의 자유주의적인 이상을 수용하려는 입장이 서로 대립했다. 이 과정에서 1837년 세대의 지도자격인 에스테반 에체베리아가 유럽에서 학습한 사회주의 이념과 내셔널리즘을 가지고 귀국하면서, 아르헨티나에 새로운 지적 경향이 만들어지게 된다(Vellemen, 2004, 36). 에체베리아를 중심으로 한 1837년 세대와 이상주의적인 젊은 지식인들은 1830년대 내내 로사스(Rosas)의 독재 정권에 대항하여 싸웠다. 로사스 정권과 그의 폭압성은 그들 세대의 논리를 따르면 '문명과 야만'의 대립 속에서 야

만에 속하는 것이다. 로사스 정권에 저항했던 이들 세대는 결국 로
사스의 탄압으로 인해 몬테비데오나 칠레로 망명의 길을 떠나야
했다. 칠레로 망명한 사르미엔토는 칠레 청년 지식인들과 교류하고
칠레 내부의 논쟁에 적극적으로 참여하면서, 칠레의 국민국가 형성
과 내셔널리즘 확장에 기여하게 된다. 사르미엔토가 라틴아메리카
와 아르헨티나를 중심으로 자신의 견해를 제시하였기 때문에, 칠레
의 정체성과 직접적으로 연관시키기에는 다소 한계가 있다. 그러나
그의 '독립주의적'인 태도는 당대 칠레의 젊은 지식인들의 칠레성
(chilenidad) 모색에 많은 영향을 주었다.

  1837년 세대의 입장에 따르면 한 나라의 제도나 특정 영역의 수
준은 전체 사회의 발전 상태나 단계를 반영해야 한다. 따라서 아르
헨티나가 독립 이후 국가로서 체계를 갖추기 위해서는 정치적 독
립에 그치는 것이 아니라, 그에 상응하는 문화적인 측면이나 지적
인 영역의 독립을 가져와야 한다고 주장했다. 이것은 스페인의 지
적 문화적 전통과의 단절을 의미하는 것으로, 스페인의 문학적 언
어적 유산에서 벗어나는 것이야말로 정치적 독립의 완성이라는 것
이다. 이런 맥락에서 에체베리아는, "문학에 있어서 스페인적이 되
고, 정치적으로 아메리카적이 된다는 것은 우리에게 부조리해 보인
다. 아르헨티나의 언어는 스페인의 언어가 아니다"라고 주장했다
(Vellemen, 2004, 37).

  사르미엔토 역시 같은 맥락에서 논지를 전개하는데, 당시 아르헨
티나의 로사스 정권이 보여주고 있는 폭력성을 스페인의 문화적
유산과 연결시켜 설명한다. 스페인의 종교재판이 보여주었듯이, 로
사스 정권이 보여주고 있는 야만은 스페인 식민 유산의 반영이라
는 것이다. 그는 스페인의 문화적 유산이 라틴아메리카 신생국들의

발전을 가로막는 장애물이며, 아르헨티나의 국민국가 형성을 위해서는 이와 단절하는 것이 필요하다고 주장했다. 이와 같은 맥락에서 스페인어 역시 근대적인 사상들을 표현하기에 적절하지 않은 죽은 언어라는 입장을 보여준다. "스페인은 우리를 교육할 수 있는 단 한 명의 작가도, 우리에게 유용한 책들도 갖고 있지 못하다"라고 주장한다(Velleman, 2004, 38).

앞서 언급한 것처럼 1840년대 초반은 칠레 지식인들의 성장에 있어 특별한 의미를 가지고 있다. 1820년대와 1830년대에 독립이라는 대의에 자신의 열정을 쏟아부었고 독립 이후에는 정치적인 혼란에 휩쓸렸던 칠레의 젊은 지식인들은 1840년대에 이르러 상대적인 정치적 안정을 얻게 된다. 이 시기가 되어서야 비로소 그들은 문학과 예술이라는 지식인 본연의 지적 도구에 전념할 수 있었던 것이다(Torrejón, 1989, 535). 이들이 문학적 입장을 통해 자신의 정치적 입장을 표명했던 1840년대 논쟁의 주인공들로, 이들의 논쟁은 칠레 국민문학과 칠레 문화의 형성에 있어 중요한 의미를 갖는다. 이 젊은 지식인들은 대부분 당시 강력한 지적 영향력을 발휘했던 안드레스 베요(Andrés Bello)의 제자들로, 이들의 주된 관심은 독립 이후의 칠레 사회와 문화였다. 당대 자유주의 이데올로기의 세례를 받았던 이들은 자신들의 지적 능력을 지식과 교양의 고양뿐만 아니라, 정치 분야의 발전을 위한 중요한 수단으로 인식했다. 따라서 문학, 교육, 예술, 정치, 사회 조직 등 지적인 영역뿐만 아니라 사회 전반에 걸쳐 변화가 진행된 1840년대에 이들 지식인의 역할이 지대했다.

이들 세대의 태도를 가장 잘 보여주는 것이, 칠레 국민문학의 필요성을 강조한 1842년 호세 빅토리노 라스타리아(José Victorino

Lastarria)의 문인협회(Sociedad Literaria) 창립선언문이다. 1842년 세대 구성원 대부분이 속해 있던 문인협회의 창립선언문을 기점으로, 칠레 고유의 것을 이해하고 표현하기 위한 열망이 나타나기 시작한다. 그리고 이것이 자연스럽게 칠레 사회의 정체성에 대한 고민으로 이어졌다(Stuven V., 1987, 62). 이제 이들은 정치 공간뿐만 아니라, 교육, 문화, 정체성 등의 주제를 가지고 새로운 공적 공간을 만들어 낸 것이다. 이 공간 속에서 칠레 정체성에 대한 지식인들의 고민이 구체화되었다.

언어논쟁과 '스페인' 스페인어의 유산

언어와 철자법을 둘러싼 논쟁은 독립 이후 정치 영역에서 나타나고 있는 변화가, 문화 영역에서 어떻게 변주되고 있는지를 잘 보여주는 대표적인 예이다.[2] 국민국가 형성 시기 문화 영역에는 두 가지 대립적인 태도가 나타난다. 친스페인적인 입장과 반스페인적인 입장의 대립이 그것이다. 즉 독립 국가들이 스페인의 흔적을 지우는 것은 불가능하고 바람직하지 않다는 입장과, 스페인이 아닌 다른 유럽 국가들의 모델을 지향하면서 스페인의 문화유산과 단절하려는 입장 간의 대립이다. 이러한 스페인주의(hispanismo)와 반스페인주의(anti-hispanismo)는 라틴아메리카 국가 형성기의 결정적인 대립 요인이었다(Dávila, 2003, 8).

19세기 초반 라틴아메리카 지역의 독립이 구체화하면서, 자유주의 성향의 젊은 지식인들을 중심으로 문화적 층위에서도 독립에

---

2) 언어논쟁은 아르헨티나와 멕시코에서도 나타난다. 아르헨티나의 논쟁과 관련해서는 박병규 (2010), "19세기 말에서 20세기 초의 아르헨티나 언어논쟁"을 참고하시오.

대한 요구가 본격화되었다. 언어논쟁의 중심 주제라고 할 수 있는 '스페인에서 사용하는 스페인어'(이하, 스페인 스페인어)의 규범을 따를 것인가, 아니면 라틴아메리카의 지역적인 언어가 갖는 특징들을 인정할 것인가라는 갈등 또한 스페인 식민 유산과의 단절이라는 맥락에서 이해될 수 있다. 즉 라틴아메리카에서 지역적인 언어 관습이 확산되면서, 스페인 스페인어에 대한 언어적 충성도가 점차 약화되거나 변화를 요구받고 있었던 것이다. 이러한 상황에서 독립 이후 라틴아메리카에서 '새로운' 언어에 대한 지식인들의 욕구는 신생국들의 개별적인 언어 규범에 대한 요구로 나타났다. 1842년 칠레에서 진행된 언어논쟁은 그 배경에 이처럼 스페인 스페인어에 대한 언어적 충성도를 둘러싼 인식의 차이가 있었고, 부분적으로 이러한 충성도를 완화시켰다(Torrejón, 1989, 541).

스페인 스페인어가 갖는 단일성과 규범성을 옹호했던 입장과 스페인 스페인어와 차별되는 라틴아메리카적인 언어 관습의 적법성을 주장했던 입장의 차이는, 어찌 보면 식민 유산과 개별 국가의 정체성에 대한 문제와도 밀접하게 연결된다. 베요로 대표되는 지식인들은 주로 스페인의 고전적인 작품들에 의존한 범스페인어권 언어 규칙을 지지했다. 이에 반해 사르미엔토로 대표되는 반대 입장은 유럽 문화의 영향을 적극적으로 수용하는 라틴아메리카 나름의 언어 규범을 제안하면서, 스페인 문화와의 차별성을 강조했다.[3]

'언어논쟁'의 시작은 1842년 국립학교(Instituto Nacional)의 라틴어 교사였던 페드로 페르난데스 가르피아스(Pedro Fernández

---

[3] 베요가 스페인 스페인어로 대표되는 식민 문화유산의 일방적인 수용을 강조했던 것은 아니라는 견해도 있다. 스페인의 문화유산에 기반하여 아메리카적인 문화를 만들어 나가자는 점진적인 입장으로, 스페인 유산과의 단절이 아니라 나름의 방식을 통한 완성이자 스페인 유산의 극복이라는 것이다(Dávila, 2003, 7).

Garfías)가 「스페인어의 대중적인 사용(Ejercicios Populares de la Lengua Castellana)」이라는 제하의 글을 발표하면서부터이다. 이 글에서 가르피아스는 오늘날 일반적으로 사용되지 않지만, 교육 수준이 높지 않은 칠레 서민들이 주로 사용하는 단어들을 나열했다. 그는 이러한 말들이 칠레의 언어를 황폐하게 하고 있다면서, 이를 막기 위해서 올바른 언어 규칙이 필요하다는 점을 강조했다. 이런 가르피아스의 견해를 처음 비판한 사람은 사르미엔토였다. 그는 민중이 역사적으로 만들어 온 언어적 전통과 관습을 막는 것은 보수적인 태도라는 입장을 취하는데, 그 배경에는 스페인과의 문화적 단절을 통해 새로운 국가 문화를 만들어야 한다는 그의 목표가 놓여 있다. 이런 태도는 새로운 언어적 현상들을 수용하지 못하고, 기존의 규범에 집착하는 문법학자들에 대한 비판으로 이어진다. 물론 그의 비판은 그의 의도와는 상관없이 당대 칠레 지식인 사회에서 지배적인 영향력을 행사하고 있던 베요에 대한 비판으로 이해되기도 한다(Fitzgerald, 1966, 26). 사르미엔토는 스페인의 문화유산이라 할 수 있는 스페인 스페인어를 하나의 역사적인 구성물로 간주하고, 독립 이후 라틴아메리카에서는 민중들의 요구를 수용한 일정한 변화가 필요하다고 본다. 이처럼 사르미엔토는 페르난도 가르피아스의 글로 인해 시작된 논쟁을 확장하여 정치의 영역으로 의미를 확장하고 있으며, 더 나아가 철자법 또한 민중들의 음성학적 발음에 나타나는 변화를 충실하게 적는 방식으로 변화해야 한다고 주장한다.

이런 사르미엔토의 입장과 가장 대조되는 경우가 바로 안드레스 베요라고 할 것이다. 이에 대해 안드레스 베요는 키담(Quidam)이라는 필명 아래 자신의 의견을 개진한다. 그는 언어에서 "학자들의 조직이 존재해야' 하고, 이들이 언어 사용에 필요한 "규칙들"을 만들 수 있다고 주장한다. 나아가 이러한 규칙을 민중들에게 맡기는 일은 "우스운 일"이라고 폄하한다(*El Mercurio*, 1842년 5월 12일 자).[4] 라틴아메리카에서 나타나고 있는 언어적 현상들을 어떻게 바라봐야 하는가라는 문제는, 이제 이러한 변화들을 기술하고 규범을 정하는 역할을 누가 할 것인가라는 보다 '정치적인' 문제로 확장된다. 다시 말해, 베요는 이러한 변화들을 인정하는 데 있어 소극적일 뿐만 아니라, 변화를 만들고 결정하는 사람은 민중이 아니라 지식인이라는 입장을 취하는 것이다. 언어논쟁은 단순하게 언어의 규범을 누가 어떻게 정할 것인가에 한정되는 것이 아니라, 독립 이후 라틴아메리카에서 나타나는 변화 전체를 어떻게 바라볼 것인가라는 층위의 담론으로 해석될 수 있다.

언어 규범과 내셔널리즘

스페인의 문화유산을 강조했던 베요의 태도는 그의 교육 환경과 연관성을 갖고 있다. 어린 시절 식민시기 카라카스에서 스페인과 라틴어 고전 작품들을 읽으면서 성장했던 베요는, 이후 런던에 체류하면서 스페인과 라틴아메리카 출신 지식인들, 그리고 영국 지식인들과의 교류 속에서 자신의 지적인 경험을 확대했다. 이후 칠레에 정착한 베요는 제도 안팎에서 다양한 젊은이들에게 자신의 지적인 경험을 전수하면서, 문인으로뿐만 아니라 행정가로도 활동했다. 이 시기 그의 입장을 가장 잘 보여주는 사례가 『스페인어 문법

---

4) Torrejón 1989에서 재인용. 언어논쟁에 등장하는 문헌들은 원문 자료에 대한 접근성 제약으로 인해 이차 문헌을 이용하였다.

(Gramática de la lengua castellana destinada al uso de los americanos)』이다(del Brutto 2008, 310-311).

언어학자로서 라틴아메리카의 언어적 혼란을 막기 위한 나름의 기준을 세우기 위해 저술한 이 책은, 독립 이후 라틴아메리카 문화가 가야 할 방향에 대한 그의 태도를 상징적으로 드러낸다. 즉 베요는 기본적으로 스페인어의 전체적인 통합성을 강조하고, 고전주의 작가들과 17, 18세기 스페인 작가들의 스타일에 기초한 범스페인권 언어 규범을 마련하고자 한다(Moré, 2004, 67). 이런 맥락에서 그는 라틴아메리카에서 만들어지고 있는 신조어들을 비판한다. 신조어들이 "스페인어의 구조를 바꾸고 있으며, 스페인어를 수많은 비정상적이고 야만적인 지방 언어들로 변화시키고 있다"라는 것이다(Andrés Bello, *Gramática de la lengua castellana*, 9. Torrejón, 1989, 543에서 재인용).

이런 태도는 더 나아가 스페인 스페인어의 순수한 보존을 주장하는 것으로 이어진다. 그는 스페인어를 "순수하게 보존하는 것"이 중요하다고 주장하며, 이 스페인어가 "신이 주신 소통의 수단이자 두 대륙 위에 자리 잡은 스페인 기원의 수많은 국가들"을 "형제애적"으로 결합하는 수단이라고 강조한다(Andrés Bello, 8. Torrejón, 1989, 543에서 재인용). 즉 그의 주장은 스페인 스페인어가 범스페인어권에서 유일한 규범이 되어야 하고, 이를 통해 모든 스페인어 사용자들이 분열되지 않고 하나의 공동체를 이루자는 것이다(Torrejón, 544). 이를 위해 그는 라틴아메리카 각 지역의 언어적 관습을 조절하고, 고전적인 스페인어 규범에 따라 언어 활동을 할 수 있도록 이 책을 편찬한 것이다. 물론 그의 입장이 라틴아메리카에서 사용되는 지역적 언어 관습들을 맹목적으로 거부하고 스페인 스페인어를 독점적인 모델로 삼자는 것은 아니라는 반론이 가능하지만, 그가 스페인어의 해체와 분열을 막고 스페인 스페인어의 규범성을 유지하고자 한 점은 명확하다.

언어의 규범성과 관련해 사르미엔토는 베요의 입장과 매우 다른 입장을 취한다. 베요가 언어와 관련해 보수적이고 귀족적인 태도를 보여준다면, 사르미엔토는 민중적이고 민주주의적인 입장을 취한다. 그에 의하면 규범을 만들고 완성해가는 것은 문법학자들이 아니라 민중이라는 것이다. 따라서 사르미엔토는 스페인 스페인어가 그랬듯이 스페인어의 라틴아메리카적인 변주들 역시, 라틴아메리카의 주권을 가진 민중들이 역사적 과정을 통해 만들어 낸 문화적 산물로 마땅히 존중받아야 할 것이라는 입장을 취한다(Torrejón, 1989, 550). 그의 이러한 태도는 철자법과 관련해 더욱더 과감한 주장을 하는 것으로 이어진다. 문어 형식과 구어 형식 사이에 존재하는 차이를 잘 이해했던 그는 문어의 우월성을 주장하는 문법학자들의 태도를 비판했다.

그는 교육을 받지 못한 민중들이 사용하는 구어들 중 상당수는, 그것이 재현하는 문어 형식과의 음성학적 일치를 잃어버릴 정도로 많은 차이가 있다고 본다. 민중들의 구어가 갖는 생산적인 성격을 간과하고, 문법학자들의 문어에 맞춰 구어를 재단하는 것은 바람직하지 못하다는 것이다. 따라서 사르미엔토는 베요로 대표되는 "고전적인" 문법학자들의 과도한 형식주의를 비판한다. 1843년 칠레대학의 인문학부에 제출한 「아메리카 철자법에 대하여(Memoria sobre Ortografía Americana)」에서 이런 그의 입장은 더욱 분명해지는데, 여기에서 그는 칠레의 독립성을 표현해내는 수단으로 스페인 스페인어와 차별적인 다른 철자법을 제안한다. 그의 제안에는 발음되지 않는 글자들을 문어에서 과감하게 제거하는 방안이 포함되었는데, 이는 칠레 민중들의 발음과 표현 방식을 존중한 것이다.

이런 맥락에서 그가 주장하는 음성법 체계에서는 단지 /b/ 만을 허용했는데, 이는 문어 규범에 따른 /s/ 와 /θ/ 사이, 그리고 /b/와 /v/ 사이의 인위적인 구별을 없애는 것이다. 또한, 음성법 체계에서 세세오(seseo) 현상은 잘못된 것이 아니라, 아메리카 스페인어의 특수성을 표현하고 있다는 입장을 취한다. 사르미엔토와는 달리 베요는 음성학적인 측면에서 세세오현상과 예이스모(yeismo)의 사용을 부정적으로 생각했으며, /b/와 /v/를 구별하도록 제안했다. 또한, x 발음에 대해서도 texto(téhto), explicar(ehplikár) 같은 발음을 비판했다. 이런 이유로 해서 사르미엔토가 제안한 x를 s로 대체하는 것에도 반대했으며, 보세오(voseo) 현상에도 반대했다(Stuven V., 2000, 186-187).

이처럼 베요는 스페인의 레알 아카데미아(Real Academía)의 규범에 신뢰를 부여하는 반면, 사르미엔토는 이것을 스페인어 절대주의의 도구로 간주한다. 베요가 신조어들이 어떤 특정한 조건에서만 수용 가능하다고 주장하면서 신조어들을 비판적으로 보았다면, 사르미엔토는 이와 달리 라틴아메리카의 개별 국가 언어들은 이것들을 받아들일 수밖에 없다는 입장을 취한다. 이는 스페인이 아니라 유럽의 더욱 발전한 나라들의 문화와 새로운 사유들을 받아들이는 것이 필요하다는 사르미엔토의 평소 논리와 부합하는 것으로, 신생 국가들은 자신들의 언어에 유럽 국가 문물들을 수용하는 과정에서 생겨난 새로운 언어적 형식들을 포함해야 한다고 주장하는 것이다(Torrejón, 1989, 553).

베요는 개혁의 점진성과 혼란을 막기 위해 스페인 스페인어에 기반을 둔 형식의 지속성을 주장한 반면에, 사르미엔토는 언어의 형식과 정치적 변화 사이의 연관성을 주장한다. 즉 정치적 독립을 문화적으로 표현하기 위해 언어에서도 일정한 변화가 필요하다는 것이다. 결국, 사르미엔토가 말하고 싶은 것은, 스페인 스페인어로 대표되는 식민 유산에서 벗어나는 것이 일상에서 독립을 현실화하는 하나의 방식이라는 것이다. 사르미엔토의 이런 입장은 독립 이후 칠레가 국가 정체성을 만들어 나가는 과정에서 내셔널리즘이 작동하고 있음을 보여준다. 또한, 칠레 민중들의 언어 관습을 적극적으로 받아들이고, 스페인 스페인어와의 차별성을 주장하는 그의 태도는 아메리카주의에서 내셔널리즘 단계로 나아가는 입장을 보여준다고 할 수 있다. 이처럼 언어뿐만 아니라, 문화 전반에서 스페인과의 차이를 강조하는 입장은 많은 부분 칠레 지식인 사회를 관통하고 있는 내셔널리즘의 성장과 밀접한 관련을 가지고 있다.

낭만주의 논쟁과 식민 유산의 극복

1842년 5월에 진행된 낭만주의 논쟁 역시 언어논쟁과 비슷한 양상을 보여준다. 낭만주의가 라틴아메리카에 실질적인 문예 사조로 존재했는지, 그리고 개별 국가 층위가 아니라 라틴아메리카 대륙 차원의 동질적인 흐름이었는지에 대해서는 부정적인 견해가 많은 것이 사실이다(Crovetto, 1999, 91). 그러나 낭만주의가 식민 유산을 극복하고 라틴아메리카의 정체성을 모색하기 위한 수단으로 등장했다는 평가 역시 존재한다. 즉 낭만주의가 정치적이고 문화적인 층위의 독립을 완성하려는 지식인들들의 요구에 부합했다는 것이다(Grillo Cuello, 2006, 24).

따라서 낭만주의를 둘러싼 논쟁에는 국가 정체성에 관한 입장 차이들이 잘 나타나 있다. 이 논쟁은 언어논쟁과 마찬가지로 아르헨티나 망명객인 비센테 피델 로페스(Vicente Fidel López)가 자신이 편집장으로 있던 『발파라이소 저널(Revista de Valparaíso)』의 1842년 5월호에 게재한 「고전주의와 낭만주의(Clasicismo y Romanticismo)」라는 글에서 시작된다. 피델 로페스의 글이 낭만주의에 대한 논의를 충분하게 전개시키지 못했으며, 논지가 명확하지 않은 완성된 형태의 글이 아니라는 지적이 있다(Pinilla, 1943, 32). 그러나 피델 로페스는 이 글에서 각각의 사조는 그것이 만들어진 시기의 시대정신을 담고 있는 것으로, 지금 상황에서 고전주의를 따르는 것은 형식을 모방하는 것에 불과하다고 본다. 피델 로페스와 함께 사르미엔토가 낭만주의를 지지하는 입장을 취했고, 안드레스 베요의 지지하에 살바도르 산푸엔테스(Salvador Sanfuentes)를 위시한 그의 제자들이 낭만주의에 반대하는 입장을 취했다.5) 이 논쟁에서 베요는 직접적인 개입을 하지는 않았지만 젊은 세대의 스승으로서 자신의 존재감을 드러냈다.6)

낭만주의 논쟁의 기본적인 내용은 언어논쟁과 마찬가지로 스페인의 문화유산에 대해 어떤 입장을 취할 것인가의 문제였다(Fitsgerald, 1966, 5). 즉 낭만주의를 옹호하는 입장은 칠레가 정치적 독립에서 나아가 문화적으로 독립하기 위해서는 낭만주의를 통해 기존의 문학적 전통과 결별하는 것이 필요하다고 보

---

5) 이들은 대부분 문인협회(Sociedad Literaria)의 구성원들이었고, 『주간 산티아고(Semanario de Santiago)』라는 잡지를 통해 자신들의 의견을 개진했다(Torrejón, 1898, 534).
6) 베요가 낭만주의에 대해 반대되는 입장을 취했다는 점에 대해서는 논란의 여지가 많다. 모네갈의 경우가 대표적으로, 그는 베요를 신고전주의적으로 보는 태도는 잘못되었다고 지적하고 베요를 아메리카의 1세대 낭만주의자로 간주한다(Emir Rodríguez Monegal, "Andrés Bello y el Romanticismo"). 제임스 G. 피츠제럴드(James G. Fitzgerald)는 1842년 사르미엔토가 보여준 낭만주의에 대한 이해는 베요가 보여준 것보다 수준이 낮다는 평가를 내리고 있다(Fitzgerald, 1966, 15).

앉다. 아르헨티나에서 보는 것처럼 낭만주의 운동은 과거와의 단절이라는 태도를 취했고, 사르미엔토는 '정신적인 해방'이라는 관점에서 낭만주의의 문제 제기를 긍정적으로 평가했다. 이런 낭만주의 움직임은 당시 스페인의 작품들을 정전화하던 고전주의적인 태도에서 벗어나, 독립된 국가의 국가 문학을 진작해야 했던 독립 이후의 문화 흐름과 밀접하게 상관관계를 갖고 있다. 이런 국가 문학에 대한 요구는 칠레의 경우에도 예외가 아니어서, 앞에서 말한 라스타리아의 창립선언문이 이를 잘 표현하고 있다(del Brutto, 2008, 317). 라스타리아는 스페인 식민시기에 정전이었던 "스페인의 과거를 단호하게 거부"할 뿐만 아니라, 독립 이후 많은 지식인들이 "국가 문학으로 간주하고 모델로 삼기를 원해왔던 스페인 문학은 우리 것이 아니고", 더 이상 "길잡이"가 되어서는 안 된다고 선언하고 있다(Stuven V., 1990, 238에서 재인용). 이런 칠레 지식인들의 태도는 민중의 언어 현상을 적절하게 표기하려는 새로운 철자법의 모색과 과거 역사를 통해 국가 역사를 구성하려는 일련의 흐름 속에서 일관되게 나타나고 있다.

낭만주의를 통해 지식인들이 표현한 스페인 문학 전통과의 단절, 정치·문화적 독립의 의지, 진보적 교리, 국가적 정체성 모색 등은 당대 라틴아메리카 전역에 퍼져 있던 자유주의 이데올로기와 유사했다(Stuven V., 1990, 237). 자유주의자들은 유럽 낭만주의의 내용을 차용하여, 기존의 스페인 문학 전통과 단절하고 독립 이후 크리오요 계층의 이해에 기반을 둔 새로운 국가 정체성을 구성하고자 했던 것이다. 물론 1842년 문학 논쟁이 시작했을 때 유럽에서 낭만주의는 이미 쇠퇴했고, 칠레에서 낭만주의를 지지했던 사람들 역시 낭만주의는 문학적 흐름으로는 소멸되었다고 간주했다. 그럼에도 불구하고 칠레의 낭만주의 옹호자들은 프랑스 낭만주의를 모델로 삼았는데, 이는 언어논쟁과 마찬가지로 스페인과의 단절에 대한 열망과 연결된다(Stuven V., 1990, 238). 구체제적인 과두층과 차별되는 자유주의적인 정치인들이 주도하는 공화국을 만들기 위해서는 스페인으로 대표되는 모든 과거와 단절하는 새로운 국가 정체성을 모색해야 한다는 것이다. 이런 맥락에서 프랑스의 낭만주의는 지배 엘리트들의 문화적 전통과 식민 유산에 균열을 내고자 하는 전략으로 채택되었다.

결국, 낭만주의 논쟁은 문학적 권위에 대한 문제 제기와 함께 정치적인 맥락에서 이해된다. 이 논쟁을 시작했던 비센테 피델 로페스는 "낭만주의는 문법적이고 수사적인 규칙의 우스꽝스러운 전제주의를 파괴했다"라는 표현을 통해, 이 주제가 갖는 첫 번째 의미를 정리했다. 즉 낭만주의는 고전주의로 대표되는 문학작품의 규율을 거부하는 것이다. 이어서 라틴아메리카에서 낭만주의가 의미하는 바를 사회적 질서와 관련하여 설명한다. "하나의 새로움은 의심, 반성, 각성을 유발한다. 이 모든 것은 동시에 낡은 체제가 유지해온 평온한 지배에 대해서 치명적인 증상이다"라고 말하면서, 낭만주의가 목표로 하는 것이 궁극적으로는 식민 지배의 유산과 구체제적인 사회 질서의 혁파임을 보여준다(Stuven V., 1990, 238-239).

피델 로페스의 글에 대해 살바도르 산푸엔테스는 『주간 산티아고』지 7월 21일 자에 낭만주의의 과도함을 비판하는 글을 게재한다. 그는 엄격한 의미에서 신고전주의자가 아니며, 스페인에서 생산되는 신고전주의적인 작품들에 대한 비판적인 견해를 드러낸다. 그러나 빅토르 위고의 『루이 블라스』에 대한 조롱 섞인 비판이 보여주듯이, 당대 낭만주의가 보여주는 과도한 변화에 대한 욕구에 대해서도 비판적인 거리를 보여주고 있다. 제임스는 이러한 그의 태도를 과도함에 대한 거부로 읽어 내고 있다. 즉 특정 진영에 속한 것이 아니라, 어느 진영이든지 양식에 대한 과도한 집착을 비판하고 있다는 것이다(Fitzgerld, 1966, 45). 살바도르 산푸엔테스 역시 낭만주의를 직접적으로 급진적인 사회적 변화와 연결시키고 있는데, 『루이 블라스』에 대한 비판적인 해석에도 잘 드러나 있다. 그는 작품 속에 등장하는 여왕과 사랑에 빠진 루이 블라스를 비판적으로 묘사하고 있다(Stuven V., 1990, 239). 이런 비판은 사회의 규범들을 정하고 사회적 계층 관계를 만들어 온 전통적인 가치와 질서를 전복하려는 태도에 대한 거부로 이해된다. 즉 낭만주의가 야기하는 단절과 체제 전복적인 사유에 대해 거부감을 드러내는 것이다.

호타베체(Jotabeche, José Joaquín Vallejo) 역시 낭만주의를 "사회주의적 정신"이라고 비난한다. 이처럼 칠레의 보수적인 지식인들은 낭만주의가 기존의 사회 질서를 흔들고 있으며, 정치적으로 민주주의나 사회주의와 같은 의미를 갖고 있다고 받아들였다. 또한 "사랑에 빠졌다고요? 당신은 낭만주의적이네요. 사랑에 빠지지 않으셨다고요? 낭만적이시네요. 유행에 맞춰 사신다고요? 정말 낭만적이네요. 그냥 막 사신다고요? 마찬가지죠"라는 표현을 통해 당대의 낭만주의가 명확한 개념 없이 혼란스럽게 사용되는 것에 대해서 풍자적으로 비판한다 (*El Mercurio*, 7월 23일 자).

이에 반해 사르미엔토는 산푸엔테스의 글이 실린 이후에 7월 25일부터 9개의 글을 통해 피델 로페스의 입장을 옹호한다. 그는 고전주의의 엄격함과 낭만주의의 과도함을 비판하고 있다는 산푸엔테스에 대해, 낭만주의의 과도함을 비판하는 행위는 낭만주의에서 창조성과 과도함을 혼동하는 잘못된 입장이라고 비판한다

(Fitzgerald, 1966, 47). 나아가 유럽의 낭만주의가 만들어진 역사적 배경을 강조하면서 라틴아메리카적인 맥락에서 유럽 낭만주의의 적극적인 수용이 갖는 의미를 설명하고 있다. 중세 기사도에 주목했던 낭만주의는 가톨릭적인 세계관이 지배하던 사회 내에서 기존 체제와 제도적이고 문화적인 단절을 시도했다는 것이다(Stuven V., 1990, 240). 유럽 낭만주의가 보여주었던 전복적 기능은 라틴아메리카 당대 사회에서도 나름의 의미를 갖는다. 사르미엔토는 "과거에는 의심할 수 없는 유일한 법이 존재"했는데, "캘빈과 루터가 종교의 영역에서" 이 법을 거부했다면, 문학의 영역에서 "낭만주의 드라마는 문학적 프로테스탄티즘"이라고 주장했다 (*El Mercurio*, 1841. 8. 29일 자).

안드레스 베요가 직접적으로 이 논쟁에 참가하지는 않았지만, "문학에서 고전주의자들과 낭만주의자들은 정치 영역의 전통주의자들과 자유주의자들과 같은 유사성을 가지고 있다"라고 지적하면서 문학과 정치가 밀접하게 관련되어 있음을 밝힌다. 그리고 "전통주의자들에게 있어 과거의 봉인을 갖고 있는 규범들과 관행들의 권위는 훼손할 수 없는 어떤 것"인 반면, 낭만주의자들은 "기존의 질서를 전복"하려는 특징을 가지고 있다고 한다. 그러나 낭만주의자들의 특징인 주어진 질서를 전복하려는 태도를 방종과 연결시켜 설명함으로써 사르미엔토와는 차별성을 보여준다(Stuven V., 1990, 241에서 재인용).

결국, 낭만주의 논쟁은 독립 이후 문화와 사회를 전체적으로 관통하고 있는 일련의 변화들을 어떻게 바라볼 것인가의 문제라고 할 수 있다. 사회적 변화를 원하지 않는 보수주의자들은 낭만주의가 갖고 있는 변화에 대한 시도를 부정적으로 평가했다. 반대로 낭만주의자들은 문학에서의 자유로움을 강조하면서, 정치적인 영역에서의 자유로움을 동시에 달성하고자 했다. 이처럼 낭만주의 논쟁은 고전주의 세력과 낭만주의 세력 사이의 갈등이자, 귀족주의적인 정신과 자유주의적인 정신 사이의 갈등을 드러낸다고 할 수 있다. 그러나 이런 낭만주의를 둘러싼 갈등이 '국적' 문제로 치환되면서 낭만주의 논쟁이 갖는 생산적인 성격은 일정 부분 훼손되고, 칠레 사회의 미래에 대한 문제 제기 성격을 잃게 된다. 호세 마리아 누녜스(José María Nuñez)가 보여주었듯이, 아르헨티나의 사례를 칠레에 대입시키는 것은 부적절하다고 지적하면서 사르미엔토의 국적 문제를 제기한다(Fitzgerald, 1966, 36-38). 즉 낭만주의를 반대했던 몇몇 참여자들이, 외국인들이 칠레의 문학이나 정치에 개입하는 것은 부조리하다는 입장을 개진했다. 다시 말해 그들 사이의 내적인 적대감을 공동의 적, 즉 사르미엔토로 대표되는 아르헨티나인이라는 외부의 대상으로 돌리면서 갈등의 수위를 조정한 것이다. 이렇게 되면서, 초기의 낭만주의 논쟁이 가지고 있던 문제의식은 일정하게 그 영향력을 상실하게 된다.

또한, 이 논쟁은 낭만주의와 고전주의라는 개념을 가지고 시작되었지만, 문학 논쟁의 측면에서 보면 그리 성공적이지는 못했다는 평가도 가능하다. 많은 부분 칠레 지식인들은 아르헨티나 낭만주의가 갖는 문제의식을 제대로 받아들이지 못했고, 주로 낭만주의가 갖는 과도한 표현과 사회적 질서의 전복에 주목하면서 그 한계를 드러냈다는 것이다(Fitzgerald, 1966, 51). 그럼에도 불구하고 스페인 문학적 전통의 극복과 현실 정치에서 지배 질서를 어떻게 전복할 것인가라는 문제를 던졌다는 점에서, 향후 국민국가 형성과 관련한 토대를 마련한다고 할 수 있다.

독립과 내셔널리즘

국민국가를 일종의 '상상의 공동체'로 간주한 앤더슨은 라틴아메리카에서 내셔널리즘이라고 하는 국민적 의식이 독립전쟁 전에 존재했고, 또 독립 이후 등장하는 국가들의 경계를 결정했다고 주장한다. 그러나 앤더슨이 상정한 국민국가는 1810년경 독립을 획득한 이후에도 수십 년 동안 '실재'라기보다는, 오히려 여전히 '열망'으로 존재했다고 보는 편이 더 설득력이 있다. 즉 유럽과 달리 라틴아메리카에서는 "국가가 국민보다 먼저 존재"했다는 것이다. 그리고 오랫동안 "국민성을 찾는 국가들"의 형태로 남아 있었다는 것이다(Castro-Karén & Chasteen, xviii). 이 오랜 기간 동안 국민성의 내용을 찾기 위해 내셔널리즘이 작동했다는 것이다(이성훈, 2008, 116).

이렇게 식민시기에 이미 내셔널리즘이 형성되어 있었다는 앤더슨의 견해와 달리, 라틴아메리카에서 내셔널리즘은 독립 이후 국민국가를 형성하기 위해 크리오요 계층에 의해 가공되고 내면화된 기제이다. 이렇게 보면 라틴아메리카에서 내셔널리즘이 강화된 시기는 독립이전이나 독립 시기가 아니라 오히려 1850년대 이후이다. 라틴아메리카에서 독립이 어느 정도 일단락되고 국민국가가 안정화되어 가던 1850년대 이후, 수출 확대에 따른 경제 성장이 그 배경이다. 경제 성장은 자연스럽게 지배 엘리트들의 성장을 가져왔다. 수출 증가는 새롭게 세수를 증대시켰고, 다양한 사회적 인프라 및 학교, 종교, 군대, 경찰과 같은 국가 기구를 효율적으로 운영할 수 있는 지식인들에 대한 수요를 마련해 주었던 것이다(Castro-Karén & Chasteen, xviii).

이런 시대적 배경 속에서 칠레의 낭만주의 논쟁은 지배계층 내에 서로 다른 두 개의 대립적인 입장이 출현하고 있음을 보여준다. 신흥 자본 계층이 형성되면서 과두층으로 대표되는 기존의 질서가 약화되었고, 새로운 질서를 모색하는 자유주의 지식인들이 등장했던 것이다. 낭만주의는 문학의 영역에서 기존의 문학 전통을 부정하고 새로운 문학을 모색했다는 점에서, 기존의 질서를 부정하고 새로운 질서를 추구했던 신흥 세력의 정치적 입장을 드러내는 방식이라고 할 수 있다. 이처럼 낭만주의 논쟁은 칠레의 정치 사회적인 상황을 반영하면서, "진보와 혁신, 그리고 현상 유지와 전통주의자" 사이의 치열한 대립을 표현한다(Stuven V., 1990, 240). 여러 산업 분야에서 자본을 축적한 새로운 세력이 등장했고 이 신흥 자본가 계층 출신의 자유주의 지식인들이 성장하게 되면서, 국가 정체성을 둘러싼 논쟁이 나타났던 것이다.

라틴아메리카에서 내셔널리즘이 강화된 시기가 산업 발전에 따른 자본가 계층의 성장과 이에 기반을 둔 자유주의 지식인이 등장했던 시기라고 한다면, 지금까지 살펴본 칠레에서 진행된 언어와 낭만주의 논쟁 역시 같은 맥락에서 이해할 수 있다. 유럽의 문화적 유산에서 벗어나 아메리카가 갖고 있는 다양한 조건들을 긍정적으로 해석하는 데서 출발하고 있기 때문이다. 언어논쟁에서 칠레의 구체적인 음성학적 조건들을 통해 스페인과 다른 규범을 만들려는 시도는 이런 현상을 가장 잘 보여주는 구체적인 사례이다. 낭만주의 논쟁 역시 기존의 사회 질서를 전복하고 새로운 질서를 모색했다는 점에서 새로운 국가 형성을 꿈꾸던 지식인들의 태도와 밀접하게 상관관계를 갖는다. 이처럼 국가를 구성하는 내재적인 본질은 주어지는 것이 아니라 구성되는 것이라고 한다면, 자유주의 지식인들이 독립 이후 공간에서 진행해온 언어와 낭만주의를 둘러싼 논쟁은 '국가적인 것'을 어떻게 구성할 것인가를 둘러싼 갈등으로 내셔널리즘이 작동하는 과정인 셈이다(이성훈, 2008, 111-115). 즉 독립 시기 '파트리아(patria, 고향)'라는 이름으로 자신들이 태어난 곳에 대한 귀속감을 갖고 있던 라틴아메리카 각 나라가 '국가(nación)'를 만들어가는 과정이 바로 내셔널리즘의 구현 과정이라는 것이다.

제 5 장

미학적 근대와 사회적 근대화:

근대성과 모데르니스모

19세기 중반 이후 라틴아메리카의 변화

라틴아메리카 국가들은 대부분 1820년경 독립을 달성하고 스페인의 지배에서 벗어나게 된다. 그러나 이러한 독립은 식민 질서와의 명실상부한 단절이 아니라, 지배 세력이 스페인 사람에서 크리오요 계층으로만 교체되는 불완전한 독립이었다는 한계를 갖는다. 독립이 식민 질서의 본질적인 변화를 가져오지 못하고, 식민적 지배 질서가 라틴아메리카에 여전히 유지되었던 것이다. 경제적인 측면에서도 크리오요 계층의 기대와 달리 독립 후 19세기 중반까지는 라틴아메리카에 별다른 변화가 없었다. 이런 상황에서 19세기 중반 이후, 특히 1870년경부터 라틴아메리카 사회에 급속한 변화가 나타나게 된다. 유럽에서 시작된 산업혁명의 여파가 라틴아메리카에 큰 영향을 끼치게 된 것이다.

독립 이후 각종 산업 부문에서 스페인 자본이 빠져나갔기 때문에 이를 대체할 자본이 필요했지만, 정치적 혼란으로 인해 해외 자본의 유입은 쉽지 않았다. 이런 상황에 변화를 가져온 것이 바로

산업혁명이었다. 산업혁명과 함께 유럽 선진국에서 급격한 산업화와 도시화가 진행되고 인구가 증가하게 되면서, 원자재와 식량의 수요가 폭발적으로 증가했던 것이다. 이렇게 산업혁명의 여파로 라틴아메리카는 원자재 및 식량 수출지로서의 역할이 강화되었다. 외부와의 교역이 점차 증가하면서 독립 이후의 혼란했던 정치 상황도 다소 안정되었다. 정치적 영향력을 놓고 다투던 각 지역의 카우디요 세력들이 자신들의 정치 경제적 영향력을 보호하기 위한 수단으로 과두제 정치를 선택하면서, 이전 시기의 폭력적인 정치 행태는 다소간 타협적인 양상을 보이게 된다.

과두제 정치를 통해 정치가 안정되고 자유주의적 경제 정책이 실시되면서 영국 자본을 선두로 한 많은 유럽 자본이 라틴아메리카에 유입되었다. 이렇게 유입된 유럽 자본은 원자재와 식량 수출을 원활하게 하기 위해 철도, 항만 등 사회적 기반 시설과 가공 공장 건설에 주로 투입되었다. 이 과정을 통해 라틴아메리카는 유럽 선진국에 원자재와 식량을 수출하고 대신 유럽과 미국의 상품을 수입하는 세계 경제 시스템에 편입된다(벤자민 킨, 596-597). 그러나 원자재를 수출하고 소비재를 수입하는 새로운 세계 무역 체제는 라틴아메리카에 또 다른 종속을 가져왔다. 독립이전 스페인과 포르투갈이 라틴아메리카에서 했던 역할을 영국과 미국이 대신하면서 라틴아메리카에서는 종속적 상황이 지속되게 된 것이다. 결국, 지역에 따라 다소 차이가 있지만 산업혁명이 본격화한 1870년부터 1차 대전까지 라틴아메리카 경제는 원자재와 식량 수요 증가의 결과로 급속히 성장했지만, 오히려 종속은 심화되었다.

이렇듯 근대화와 경제 발전은 라틴아메리카 스스로 발전된 결과물이 아니었다는 점에서 한계를 갖는다. 독립 이후에도 라틴아메리카에는 새로운 종속 구조가 뿌리 내리고 있었고, 지배계층은 자신들의 이익을 위협할 수 있는 독자적인 발전 정책을 시도하지 않았다. 독립 이후에도 자신들의 이익을 우선시하던 크리오요 엘리트 집단은 "공적 재원을 사유화하고, 정부 지출을 줄이고, 국가 관료제를 해체하고, 외국 투자자에게 인센티브를 제공하고, 수출 무역 장려의 필요성을 강조하는 자유주의적 발전 신조"를 강조했다(벤자민 킨, 599-600). 따라서 아르헨티나, 멕시코, 브라질의 경우처럼 일부 라틴아메리카 지역에서 급속한 산업화와 경제 발전이 진행되었지만, 농민을 비롯한 국민 대다수는 성장의 과실을 나누지 못했다. 오히려 정치 엘리트들은 농민 계층의 불만을 폭력적인 방식으로 다룸으로써, 사회적 경제적 불만은 점차 심화되게 된다. 이런 사회적 불만은 멕시코 혁명에서 보듯이 자주 폭력적인 사회 운동을 촉발했다(벤자민 킨, 664).

외국 자본의 유입과 1차 생산물 수출을 통한 경제 성장은 라틴아메리카 사회에도 많은 변화를 가져왔다. 유입된 자본은 1차 생산물 수출을 위한 각종 기반 시설에 주로 투자되었다. 아르헨티나의 사례에서 보는 것처럼 항만이나 철도 분야에서 영국 자본의 역할이 절대적이었다. 부에노스아이레스를 중심으로 부설되기 시작한 철도망은 1878년까지 2,200km에 불과했으나 1890년까지 9,400km, 1900년에는 16,400km로 대폭 확장되었고, 1913년에는 부에노스아이레스에 라틴아메리카 최초로 지하철이 개통되었다. 철도망 확충이 상징적으로 보여주듯이 라틴아메리카는 1870년대 이후 산업화와 도시화가 진전되면서 근대화를 경험하게 된다. 경제 발전과 함께 인구도 대폭 증가했다. 19세기 중반 30,381,000명이었던 라틴아메리카 인구는 1912년 77,456,000명으로 약 2.5배 증가했다. 또한,

아르헨티나를 중심으로 유럽 이주민들이 급증하여 유럽의 문물이 라틴아메리카에 급속도로 유입되게 된다. 인구의 증가는 자연스럽게 라틴아메리카에서 도시화를 촉진시켰다. 멕시코시티의 경우 1895년부터 1909년 사이에 인구가 약 3배로 늘어 100만 명의 도시로 팽창했고, 부에노스아이레스 역시 1918년에 인구가 약 70만 명으로 늘어나 유럽의 도시와 같은 화려한 대도시로 변모했다(마스다 요시오, 206-207).

도시화와 인구 증가에서 볼 수 있는 것처럼 1870년대 이후 라틴아메리카에는 산업화와 근대화를 통해 이전과는 다른 삶의 속도와 일상의 경험에서 변화가 나타나게 된다. 또한, 토대에서의 변화는 자연스럽게 문학과 예술의 영역에도 영향을 끼쳤다. 19세기 말 사회경제적 변화 속에서 라틴아메리카에 등장한 모데르니스모(modernismo)는 이러한 근대성이라는 시대적 조건과 밀접한 연관 관계를 갖는다. 따라서 모데르니스모를 라틴아메리카 고유의 문학 양식인가 아니면 유럽적 양식의 모방인가라는 관점에서 접근하는 방식은 모데르니스모가 갖는 의미를 적절하게 파악하지 못한다. 오히려 라틴아메리카 근대성의 경험이자 문학적 표현으로 바라보는 것이 모데르니스모가 갖는 생산적인 성격을 잘 보여준다.

근대성과 모데르니스모[1]

19세기 후반 산업화와 도시화를 통한 라틴아메리카의 '근대화'가 진행되면서 사회경제적 변화뿐만 아니라 미학적 층위에도 영향

---

1) 이 장은 이성훈(2003), "중남미 모더니티의 경험으로서 모데르니스모"에 발표된 내용을 포함하여 새롭게 구성하였다.

이 나타났다. 19세기 말 라틴아메리카에 등장한 모데르니스모는 미학적 층위에서의 근대성 경험과 밀접하게 연결된다. 물론 모데르니스모가 근대성의 경험이자, 사회경제 구조의 변화에 따른 미학적 결과물이라는 해석은 지나치게 일면적인 해석이다. 그럼에도 불구하고 모데르니스모가 19세기 후반 라틴아메리카에서 벌어진 시대적 변화와 밀접한 상관관계를 갖는 것은 부정할 수 없다.

모데르니스모가 등장하게 된 것은 1888년 루벤 다리오(Rubén Dario)의 『푸르름(Azul)』이 출판되면서부터였다. 이렇게 등장한 모데르니스모와 관련된 많은 논의는 주로 모데르니스모의 미학적 독자성 여부에 관한 것이었다. 즉 모데르니스모의 미학이 유럽의 미학적 틀을 모방한 것인지, 아니면 라틴아메리카 고유의 것인지가 주된 관심사였다. 이런 관심은 주로 모데르니스모가 가지고 있는 형식적 자질에 초점을 맞추면서, 모데르니스모가 라틴아메리카 문학 최초로 코스모폴리탄적 성격을 획득했다거나 혹은 유럽적 요소들의 종합에 불과하다는 정반대의 결론으로 이어진다. 이렇게 형식적인 측면에서 모데르니스모의 독창성이나 모방성을 정의하는 흐름은 모데르니스모가 가지고 있는 성격을 충분히 드러내지 못하는 일면적인 해석이다. 따라서 라틴아메리카의 사회적 근대화라는 관점에서 모데르니스모를 보다 복합적으로 이해하려는 흐름이 필요하게 된다.[2]

---

[2] 국내에서는 남영우가 라틴아메리카 모데르니스모와 유럽 상징주의 사이의 유사성을 밝히면서, 조심스럽지만 "모데르니스모의 명칭이 상징주의라는 명칭으로 전환될 가능성"까지 언급하고 있다(남영우, "Modernismo: 새로운 명칭이 사용 가능성에 관하여", 『서어서문연구』, 14호). 이런 입장과 달리 모데르니스모를 직접적으로 다루지는 않지만, 19세기 말 20세기 초의 라틴아메리카 문학 생산을 모더니티 경험의 외화로 간주하고 라틴아메리카 모더니티의 성격과 미학적 변용 과정에 주목하는 연구 또한 존재한다(우석균, "『부에노스아이레스의 열정』: 보르헤스와 근대성의 경험", 『서어서문연구』, 16호).

물론 모데르니스모를 명확하게 정의하는 것이 쉽지 않다. 따라서 모데르니스모의 정의와 관련하여 다양한 입장이 존재한다. 실제로 앤더슨 임버트(Anderson Imbert)는 모데르니스모가 존재하지 않는다고 주장한다. "우리가 다양한 양상들을 쉽게 이해할 수 있도록 해주는 정신적인 형식에 불과하다"라는 것이다(Anderson-Imbert, 399). 이와는 달리 리카르도 구욘(Ricardo Gullón)은 모데르니스모가 실재하는 문학 흐름이지만 두 가지 입장으로 구분된다고 본다. 하나는 단기간 존속했던 시 중심의 문학 움직임을 모데르니스모로 간주하는 입장이고, 다른 하나는 낭만주의나 르네상스 같은 하나의 시기로 보는 입장이다(Gullón, 11). 이처럼 모데르니스모가 특정한 문학적 흐름이 아니라는 입장부터 하나의 시기로 보는 입장까지 다양하고, 그만큼 모데르니스모를 정의하는 것은 쉽지 않다는 것을 보여준다.

문학적 형식에 강조를 두고 모데르니스모를 정의하려는 기존의 흐름과 달리, 라틴아메리카 근대성과의 관계 속에서 모데르니스모를 정의하려는 움직임 또한 존재한다. 이렇게 모데르니스모를 라틴아메리카 문학의 근대성이라는 관점에서 파악하는 입장이 새롭게 나타난 것은 아니다. 앙헬 라마(Ángel Rama)가 『루벤 다리오와 모데르니스모(Ruben Dario y el modernismo)(1970)』에서 보여주었던 입장의 연장이라고 할 수 있다. 그는 모데르니스모를 19세기 말 라틴아메리카의 경제적 토대가 변화하면서 나타난 사회문화적 변화 양상이라는 관점에서 분석했다. 라마는 이런 관점에서 다소 거칠지만, 경제적 토대 변화가 야기하는 여러 조건의 변화를 면밀하게 관찰하여 작품 생산과정과 소비과정의 변화를 추적했다. 이어서 이런 변화에 대응하는 작가들의 감수성 변화가 모데르니스모에 끼친 영향을 분석하고 있다. 그는 경제적 토대 변화에 주목하면서 근대성

자체를, 변화를 경험하는 하나의 양식으로 정의한다. 라틴아메리카 모데르니스모가 이러한 양식의 문학적 외화라는 것이다.

페데리코 데 오니스(Federico de Onís)는 모데르니스모를 "1885년경 19세기의 해체가 가져온 문학과 정신의 보편적인 위기에 대한 스페인적인 형식"이라고 정의하고 있다(de Onís, xv). 데 오니스는 이처럼 모데르니스모를 예술, 과학, 종교, 정치 등 다양한 영역에서 나타난 서구 문화의 세기말적 현상과 결부시켜 설명하고 있다. 그러나 이러한 위기의 근거와 변화의 구체적인 상에 대해서는 언급하지 않고 있다. 이런 측면에서 데 오니스의 진단은 다소간 추상적이고 '인문주의적'이다. 반면 모데르니스모를 "사회적 근대화의 결과로서 미학적 혁신"이라고 간주하는 앙헬 라마의 설명 방식은 더욱 구체적이고 '사회학적'이라 할 수 있다(Ortiz, 14).

이처럼 라마는 모데르니스모를 라틴아메리카의 사회경제적 변화와 관련하여 설명하면서, 모데르니스모를 포함한 '라틴아메리카적인 것'은 스페인적인 전통과 단절하고자 하는 라틴아메리카 지식인들의 욕구에서 비롯했다고 본다. 그러나 라마에게 있어 보다 중요한 것은 이제 근대성을 일상적으로 경험하는 라틴아메리카 작가들이 갖는 미학적 자의식의 변화 양상이다. 다시 말해, 근대성이라고 하는 새로움에 대한 작가들의 반응, 즉 사회적 변화가 가져오는 '불안'과 '기대'를 작가들이 어떻게 작품 속에 형상화하고 있는가에 주목했던 것이다. 이러한 이해 방식은 라틴아메리카 모데르니스모를 라틴아메리카 근대성의 미학적 형식으로 간주한다. 따라서 모데르니스모에 관한 쟁점은 형식의 모방성 혹은 독창성 문제에서, 모데르니스모 시인들이 근대성에 대해 가지고 있는 정서적 상태와 미학적 대응 전략으로 변화하게 된다(이성훈, 2003, 447).

모데르니스모에 대한 두 입장

앞서 설명한 것과 유사하게 19세기 말 나타난 모데르니스모에 대한 논의를 크게 두 개의 경향으로 살펴볼 수 있다. 첫 번째는 모데르니스모를 서구 문화 내에서 진행된 미학적 혁신과정과 관련하여 파악하는 입장이다. 다른 입장은 근대성이라고 하는 광의의 사회경제적 변화에 대응하는 미학적 자의식에 주목한다 (Schelling, 3). 모데르니스모가 유럽적인 요소들의 모방인지 아니면 라틴아메리카 고유의 것인지라는 기존의 쟁점은 첫 번째 입장과 관련되어 있다. 그러나 모데르니스모를 19세기 말 라틴아메리카 산업화 과정에서 형성된 근대성을 경험하는 하나의 형식으로 간주하는 태도가 라틴아메리카 사회와 문화의 변동을 보다 효과적으로 포착할 수 있다. 이것이 두 번째 경향이라 할 수 있다. 다시 말해, 19세기 유럽에서 유행하고 있던 미학적 경향인 상징주의나 고답주의 등이 라틴아메리카에 어떻게 수용되었는가라는 관점에서 시 형식이나 시어를 통해 분석하는 것이 아니다. 모데르니스모를 당대 라틴아메리카 사회가 경험하고 있던 근대성에 대한 미학적 태도로 파악하는 것이다. 그러나 모데르니스모를 당대 근대성과 관련하여 파악하는 입장에도 어려움은 있다. 근대성 개념 자체를 정의하기가 어려울 뿐만 아니라, "다양한 근대성" 혹은 "근대성들"이라는 표현에서 알 수 있듯이 라틴아메리카 근대성을 정의하는 것은 더더욱 쉽지 않기 때문이다(피터 웨이드, 96). 또한 근대성 일반과 라틴아메리카 근대성의 관계를 어떻게 설정할 것인가라는 문제 역시 쉽지 않은 과제이다.

앙헬 라마가 이야기하는 것처럼 근대 사회와 전근대 사회를 나누는 가장 큰 구분 방식은 개별 영역의 분화와 이에 따른 전문화이다. 전체로부터 구획되는 각각의 공간은 상대적 자율성과 함께 개별화한다(이성훈, 2001, 400). 그러나 이런 현상은 개별 공간에 종사하는 사람들의 전문성을 강화하는 효과가 있지만, 다른 한편으로 사회 속에서 개인이 지금까지 가져왔던 안정성과 통합성을 보장하는 '연관'과 '지속성'의 가치를 파괴한 것도 사실이다. 또한, 근대성이 가져온 빠른 변화와 확장의 속도는 인간에게 무한한 진보와 변화의 가능성을 제공했다. 동시에 이러한 급속한 속도감은 인류에게 '파편화'와 '뿌리뽑힘'이라는 강렬한 경험을 하게 한다. 마샬 버만의 말처럼 근대성은 인간에게 지속적인 확장과 갱신, 갈등과 모순, 애매함과 불안이 공존하는 혼란, 다시 말해 "견고한 모든 것은 대기 속에 녹아" 내리는 경험을 하게 한다(마샬 버만, 425). 따라서 19세기 말과 20세기 초 근대성을 경험하면서 느끼는 정신적, 사회적 위기 속에서 새로운 소통 수단이 등장하게 되고, 이 과정에서 예술 활동은 새로운 경험이 표현되는 중요한 위치를 차지하게 된다.

라틴아메리카 모데르니스모 역시 이런 맥락에서 해석될 수 있다. 그러나 라틴아메리카 근대성이 갖는 특수한 성격으로 인해 더욱 복합적인 측면을 가진다. 라틴아메리카 근대성은 오랜 식민의 경험과 불균등한 개발 과정 등으로 인해 근대와 근대 이전이 공존하거나 겹쳐진다는 측면에서, 근대와 근대 이전이 단절되는 서구의 근대성과는 차별된다. 호르헤 라라인(Jorge Larrain)은 식민의 경험과 유산으로 인해 라틴아메리카 근대성은 왜곡될 수밖에 없었다고 본다. 독립 이후 근대성 추구과정도 정치와 경제 영역의 제도적인 측면보다는 더욱 형식적이고 문화적인 그리고 담론적인 측면에서 두

드러진다고 설명한다(Larrain, 182). 비슷한 맥락에서 『혼종문화: 근대성 넘나들기 전략』의 가르시아 칸클리니(García Canclini) 역시 라틴아메리카의 경우 사회, 경제, 정치적인 면에서 근대성이 불완전한 반면, 문화적인 측면에서는 풍부함을 보여주고 있다고 지적하고 있다. 이 점은 라틴아메리카 예술이나 근대 사상이 뛰어난 성취를 보여주고 있지만, 아직도 민주주의나 인권 등 실체적 근대성의 영역에서는 한계를 보여주고 있다는 점에서 잘 드러난다. 그러나 이것은 라틴아메리카 근대성이 유럽의 근대성에 비해 열등하다는 의미는 아니다. 셸링이 지적하고 있듯이 라틴아메리카 근대성을 어떤 차이를 가진, 다시 말해 근대성과 전통 간의 복합적인 절합에 의존하는 "또 다른" 근대성으로 인정하는 것이다. 이는 단일한 근대성을 상정하여 그것의 무차별적인 수용을 상정하던 유럽의 근대성 인식에서 벗어나, 다양한 근대성의 존재 가능성으로 이어진다.

이렇게 라틴아메리카적인 근대성의 가능성을 상정한다면, 이러한 근대성의 미학적 경험 역시 차별성을 갖는다. 이런 맥락에서 앙헬 라마가 주목하는 것은 19세기 후반 라틴아메리카에 나타난 일부 대도시들의 성장이다. 통상 라틴아메리카 근대성의 경험은 20세기 초반 등장했던 미학적 전위주의와 연결하여 설명하는 것이 일반적이다. 앙헬 라마는 이와 달리 라틴아메리카 근대성이 대도시의 일상 속에서 경험되고, 이 경험이 모데르니스모 작품 세계에 영향을 끼쳤다고 본다. 다시 말해 모데르니스모가 전위주의보다는 라틴아메리카 근대성의 경험과 밀접한 관련을 가지고 있다는 것이다. 19세기 말 라틴아메리카 예술가들이 경험했던 근대성이라는 사회적 변화와 정신적 위기에 대응하기 위한 예술적 수단으로 모데르니스모가 등장했다는 주장이다. 이는 보들레르가 보여준 것처럼 근대성이 서구에 나타난 이후, 서구 지식인 계층이 취했던 태도와 유사했다. 그러나 유럽에서는 전위주의의 사례에서 보는 것처럼 유럽 문명의 위기의식과 밀접하게 연결되어 격렬하고 파괴적인 형태로 진행된 반면, 라틴아메리카 모데르니스모의 경우 라틴아메리카 역사적 경험과 전통을 긍정적으로 재평가하는 쪽으로 진전되었다는 점에서 차별성을 갖는다.

이렇듯 근대성 문제는 19세기 말 모데르니스모를 이해하는 데 있어 중요한 개념이다. 그러나 앙헬 라마가 이 시기 라틴아메리카 문학을 설명하기 위해 사용하는 두 가지 대립적인 개념, 즉 '독립적 열망(el afán automómioco)'과 '보편주의적 욕구(el impulso universalista)'에 주목한다면, 라틴아메리카 주변부 근대성의 특징뿐만 아니라 모데르니스모의 특징 또한 잡아낼 수 있다(Ortiz, 33-34). 독립적 열망은 라틴아메리카가 겪고 있는 특수한 상황에 대한 명확한 인식에서 나온다. 즉 라마가 보기에 라틴아메리카가 근대성에 편입되면서 나타나는 문제는 유럽의 경우보다 훨씬 더 심각하다. 이것은 정복 이후 라틴아메리카가 당면해야 했던 종속적이고 식민적인 성격과 매우 밀접한 상관관계를 맺고 있다. 결국, 라마는 라틴아메리카에서 근대성을 추구하는 행위는 필연적으로 라틴아메리카가 가지고 있는 모순적인 요소들을 인식하고, 이 모순을 극복하려는 의지에 기반하고 있다고 본다. 라틴아메리카 근대성이 가지고 있는 모순적인 요소와 특수성을 파악하고, 이것을 미학적으로 드러내고 극복하는 과정이 바로 '독립적 열망'의 표현인 것이다.

'보편주의적 욕구'는 근대성의 경험을 미학적으로 표현하는 과정에서 등장하는 '형식의 보편화'라는 차원으로 이해된다. 즉 보편화는 유럽으로 대표되는 대도시 문학과 라틴아메리카의 주변부 문학에서 표현되는 경험의 동질화를 의미하고, 더 나아가 이러한 경험을 표현하는 미학적 형식의 유사성을 의미한다. 따라서 형식의 보편화는 라틴아메리카 신대륙과 구대륙 사이에 경험이 동질화하고 있음을 보여주는 지표로 읽힐 수 있다. 라틴아메리카와 유럽의 작가들이 서로 비슷한 일상의 경험을 공유하고, 이 유사한 경험을 표현하는 수단으로서 서로 유사한 미학적 양식을 공유하게 된다는 의미이다. 따라서 모데르니스모가 유럽의 문학적 경향과 가지고 있는 형식적 유사성은 보편주의적 열망으로 이해될 수 있다. 그러나 모데르니스모가 라틴아메리카 근대성의 경험을 통해 독립적인 문학적 표현수단을 모색했다는 점은 강조해도 지나치지 않다. 이런 관점에서 보면 모데르니스모는 라틴아메리카적 근대성의 경험을 통해 독립적 열망과 보편주의적 열망을 동시에 표현하고 있다고 할 수 있다(Ortiz, 37).

모데르니스모와 새로운 시학

앞서 살펴본 것처럼 모데르니스모를 프랑스 상징주의의 이식이자 단순한 모방이라는 입장과 라틴아메리카 고유의 문학적 생산물이라는 입장의 대립적인 관점에서 바라볼 수 있다. 마테이 칼리네스쿠는 『모더니티의 다섯 얼굴』에서 모데르니스모에 유럽적인 미학 모델을 모방하는 태도가 존재하고, 라틴아메리카 밖에서는 모데르니스모를 프랑스 상징주의의 변형으로 평가하는 경향이 있다고 설명한다(칼리네스쿠, 88). 엔리케스 우레냐(Max Henríquez Ureña)는 모방이라는 관점보다는 수용과 전유라는 태도를 취한다. 모데르니스모 시인들이 유럽의 다른 문학적 전통에서 문학 형식을 빌려와, 나름의 전통으로 가다듬었다는 것이다. 따라서 그는 모데르니스모를 낭만주의에 대한 반발이라고 해석했다. 라틴아메리카 작가들이 고답주의 및 상징주의 등 19세기 프랑스 시학의 미학적 요소들을 수용하여 발전시켰다는 입장인 셈이다(Ureña, 12).

이런 관점들은 모데르니스모의 형식적인 측면에 초점을 맞추고 있다는 한계를 갖는다. 모데르니스모가 출현하게 된 사회경제적 상황에 대한 고민이 드러나지 않는 것이다. 이런 측면에서 19세기 후반 라틴아메리카의 사회 변화와 관련하여 모데르니스모를 해석하는 앙헬 라마의 모데르니스모 이해가 의미를 갖는다. 앙헬 라마는 모데르니스모의 선구자인 루벤 다리오의 작품 속에서 식민 과거와 단절하고 라틴아메리카의 시적 독립을 달성하려는 라틴아메리카 지식인들의 욕망을 본다. 또한, 라마는 루벤 다리오의 미적 주관성과 시 창작을 결합하는 능력이 19세기 후반 라틴아메리카에서 등장했던 자유주의 개념을 반영한다고 본다(Rama, 5-13). 그의 입장에 따르면 루벤 다리오와 모데르니스모는 세계 시장을 위한 라틴아메리카 문학의 역사적인 생산자이자 생산물이라는 결론도 가능하다. 이렇게 해서 루벤 다리오와 모데르니스모는 라틴아메리카 문학에서 전환점이 된다. 미학적 관점의 해석보다는 사회학적 관점이 강조되는 해석 방법이지만, 당대 문학이 갖는 소비주의적인 성격을 통해 모데르니스모의 특징을 잘 보여준다.

이와는 반대로 많은 연구자는 모데르니스모 시에 빈번하게 등장하는 아메리카와 관련이 없는 동물, 보석 등의 어휘, 그리고 먼 시간과 이질적인 공간의 사용에 주목하면서 모데르니스모를 당대 현실에 대한 회피주의적인 예술적 움직임으로 파악했다. 이는 근대화와 불가분의 관계를 갖는 자본주의 경제 질서에 대해 모데르니스모가 취한 이중적인 태도를 고려하면 충분히 이해되는 측면이다.

루벤 다리오의 작품 경향은 유럽에서 나타났던 시대적 움직임과 밀접한 관련을 갖는다. 당시 유럽에서는 산업혁명 이후의 급격한 근대화로 인한 사회 전반에서 진보적 흐름이 나타났고, 여기에 대응하여 독자적인 문학예술의 흐름이 나타났다(Rama, 19). 보들레르의 시 세계가 대표적이다. 라마는 보들레르가 보여준 것과 같은, 19세기 중엽 이후 유럽의 사회경제적 변화에 직면했던 당대 예술가들의 실존적 고민이 라틴아메리카에도 유효하다고 본다. 보들레르는 급격하게 변해가는 유럽 사회내에서 현재 자신이 살고 있는 세계와 과거에 살았던 세계 사이의 괴리에 주목하는 독자적인 시 세계를 구축했다. 다시 말해, 변화된 시대상을 포착하기 위해 새로운 언어로 새로운 형태의 현대적이고 도시적인 이미지를 그려낸 것이다. 모데르니스모 역시 라틴아메리카에서 이와 유사한 과정을 재현한다는 것이다(Rama, 24). 서구 자본주의가 라틴아메리카 지역에서도 급격하게 팽창하면서, 이러한 움직임은 문화의 영역에서도 변주되었다.

라틴아메리카 시인들이 단순하게 유럽 시인들을 모방하는 것에 그치는 것이 아니라, 당시 산업적 문화적 중심인 유럽과 동일한 문화적 경험을 하고 있다는 점에서 이러한 변주의 토대는 마련되었다. 즉 경제 영역에서 강요되는 경쟁 원리, 노동의 분업, 시장교환 등의 원칙은 유럽에서와 마찬가지로 라틴아메리카에서도 문학의 영역에 많은 영향을 끼치게 된다. 라틴아메리카 대도시 경제 중심 지역에 등장한 자유주의 경제의 작동원칙은 라틴아메리카 사회를 구조적으로 변화시켰다. 또한, 자본주의 정신은 '독창성'과 '새로움'이라는 근대 예술의 기본적인 가치를 작동시킨다. 이 과정을 통해 지적 자유주의에 반하는 과거의 모든 가치 체계는 비판되고, 인간의 집단적이고 공동체적인 움직임 또한 위기를 맞이하게 된다. 나아가 노동의 분업화로 인해 직업의 전문성을 강화하기도 하지만, 이와 동시에 인간의 삶을 통합적으로 해석하고자 하는 '종합적인' 시각을 상실하게 된다(Rama, 44-45). 이제 시인은 자신을 둘러싸고 있는 물질주의적인 세계에서 자신의 영혼마저 '판매'될 수밖에 없다는 인식을 하게 된다. 시인은 과거의 문학이 가졌던 수사적 가치의 균열이 문학 자체의 소멸이 아니라, 또 다른 문학적 가치를 산출해 낼 것이라는 전략적 사고를 통해 새로운 현실에 대응해야만 했다. 다시 말해, 더 이상 그 유효성을 상실한 과거의 형식에 집착하지 않고, 새로운 현실과 현실의 변화에 대응하기 위해 새로운 감수성에 기반을 둔 전략이 필요했다.

19세기 말 20세기 초 모데르니스모 시인들이 활동한 시기는 이처럼 더 이상 시인들에게 기존의 정신적인 가치가 위엄을 보장해 주지 않는 실용주의적이고 경제적인 목적이 지배하던 시기였다. 아우라가 찢긴 시인들은 "시인이 된다는 것이 부끄러운 시기"를 견디어야 했다. 시인을 고립과 파편화로 이끄는 사회에 대한 적대감이 생기고, 이러한 경멸에 대해 시인은 또 다른 경멸로 대응해야 했다. 의도적인 무시에 대해서는 조롱으로, 대중적인 무관심에는 아이러니와 '귀족적인' 고립을 통해 자신들의 상처받은 자의식을 위로하려 했다. 이제 시인들은 '천박한' 사회에 거리를 두고, 자신들만의 상아탑을 쌓기 시작한다. 여전히 시라는 형식을 버리지는 못했지만, 그 안에서 자신들이 우월하다고 믿는 가치들을 보존하고자 했다(Rama, 62-63).

이렇게 새로운 시학을 모색했던 모데르니스모의 많은 고민은 19세기 말 사회경제적인 조건 속에서 나타난 것이다. 급격한 변화의 시대를 경험하면서 시대가 제공하는 다양한 대응 방안에 따라 새로운 시학을 모색하고 시를 써야 했기 때문이다. 다시 말해, 누구도 그의 시대로부터 자유로울 수 없다는 것이다. 라마는 이런 조건에 대응하는 시적 형태로서 모데르니스모 시학을 이해했다. 라마 자신이 모데르니스모 시학에 대한 구체적인 정의를 시도하지는 않고 있지만, 모데르니스모를 당대 경제, 사회, 문화 전반에 걸친 변화의 과정 즉, 근대성을 경험하는 형식으로 간주하고 있다. 그렇지만 모데르니스모를 지나치게 반영론적이고 결정론적인 입장에서 이해하고 있다는 혐의 역시 유효하다.

모데르니스모와 근대성의 불안

앙헬 라마의 결정론적 입장은 모데르니스모가 나타나게 된 맥락을 사회경제적 층위에서 잘 설명하지만, 모데르니스모의 자의식을 설명하기에는 충분하지 않다. 이런 관점에서 캐시 흐레이드(Cathy L. Jrade)의 관점은 모데르니스모를 이해하는 데 있어 중요한 시사점을 준다. 흐레이드 역시 모데르니스모를 라틴아메리카가 근대성과 대면하는 매우 복합적이고 지속적인 일련의 관계 속에서 등장하는 것으로 이해한다(Jrade, ix). 근대성의 도전에 대응하는 첫 번째 라틴아메리카 문학운동으로서 모데르니스모는 시인과 언어의 역할, 더 나아가 문학 자체의 기능에 있어 매우 중요한 변화를 의미한다고 본다. 산업화, 도시화, 자본주의적 생활양식의 일반화 등으로 상실감, 소외, 파편화에 대한 자각들이 일반화되는 상황에서 문학은 새로운 역할을 요구받게 된다는 것이다. 그러나 보다 근본적인 갈등은 물질적 욕망과 정신적 가치 추구 사이에 존재하는 갈등이라고 할 수 있다. 과학기술의 발전과 진보, 그리고 경험주의에 대한 신뢰와 이상적이고 정신적인 가치 사이에서 작가들은 자신들을 둘러싼 세계 사이에서 단절되어 있다는 느낌을 표현하기 시작한다. 유럽 낭만주의에서도 표현된 이런 정서적 단절감은 근대성의 등장과 함께 문학의 주된 주제로 등장한다. 다시 말해 근대성의 등장과 함께 과거 신에 의존한 인식의 질서가 동요하게 된 것이다. 이러한 정신적 동요 속에서 세기말 라틴아메리카 작가들은 유럽 낭만주의의 문학적 발자취를 따르게 되는 것이다. 근대적 일상에서 주도권을 쥐고 있던 과학과 경제적인 것에 유럽 낭만주의가 저항했던 것처럼, 라틴아메리카 모데르니스모도 나름의 대응과정을 통해 19세기 세계 경제체제에 편입하면서 라틴아메리카를 지배했던 실증주의가 주는 기술적, 물질적, 이념적 충격에 저항한 것이다(Jrade, 3-4).

이런 평가에 따르면 모데르니스모 시인들은 라틴아메리카에서 근대성이 가져온 일상의 변화를 경험하고 미학적 대응을 시도했던 최초의 작가들이다. 식민 이전부터 라틴아메리카의 일상생활을 지배하던 종교적인 세계관이 과학과 경제로 대체되는 것을 경험한 사람들이라는 것이다. 이런 변모된 상황에서 라마가 언급한 것처럼 시인들은 더 이상 사회 내에서 특권적이고 보호받는 위치에 머무는 것이 아니라, 새롭게 상업적으로 재편되는 사회체계에 저항하여 자신의 존재감을 드러내야 하는 존재로 변모하게 된 것이다. 유럽 낭만주의의 전범을 따라 모데르니스모가 추구했던 정신적 가치들은, 당대 라틴아메리카 근대성이 촉발한 사회적 위기에 대응하고자 하는 시인들의 자의식의 발로인 셈이다(Jrade, 5). 이러한 자의식이 모데르니스모가 근대적 일상에 대응하고자 하는 미학적 새로움을 구성하는 요소인 동시에 모데르니스모를 보다 보편적인 문학 흐름 내에서 바라볼 수 있게 하는 근거가 된다.

낭만주의와 모데르니스모의 상관관계를 정식화한 옥타비오 파스(Octavio Paz)의 경우도 이런 흐름에 포함시킬 수 있다. 그 역시 라틴아메리카 비평이 "실증주의와 모데르니스모를 결합하는 모순된 변증법을 이해할 수 없었기 때문에, 모데르니스모를 단순히 하나의 문학적 경향성, 특히 세계 시민적이고 피상적인 스타일"로 간주했다고 지적하고, 모데르니스모를 하나의 '정신상태'로 간주한다. 다시 말해, 당대 현실에 대한 "상상력과 감성의 응답"이자, "정신의 한 상태로서, 진정한 시 운동"이었다고 본 것이다(옥타비오 파스, 112-113). 그러나 파스는 라틴아메리카의 경우 자본주의의 발전과 실증주의의 영향보다 지식인 집단이 정신과 감성에 대해 가지고 있는 영향력이 더욱 강력했다고 강조함으로써, 모데르니스모를 19세기 자본주의의 진전과 연결시키는 라마와는 다른 자세를 취한다. 19세기의 시대적 변화가 모데르니스모의 출현에 일정한 영향을 끼쳤지만, 더욱 중요한 것은 이러한 변화에 대응하려는 시인의 시적 자의식이라는 것이다.

이렇게 모데르니스모를 근대성에 대한 대응으로 간주하는 것은 모데르니스모에 대한 보다 폭넓은 이해를 제공한다. 모데르니스모는 라틴아메리카가 세계 경제에 편입되는 과정과 근대적 일상의 경험에 대응하고자 하는 문학적 시도로, 라틴아메리카적인 특성을 잘 드러내는 것이다. 결국, 모데르니스모는 19세기 후반 라틴아메리카의 급격한 근대화에 의해 야기된 사회적, 정치적 변화의 파장을 징후적으로 읽을 수 있게 한다.

마테이 칼리니스쿠에 따르면 근대성에 대한 두 개의 개념을 분리해서 살펴볼 수 있다. 하나는 근대성에 대한 사회경제적 개념 즉 진보, 물질주의, 과학기술의 신뢰 등을 나타내는 개념이고, 다른 하나는 미학적 근대성이라는 개념이다. 그는 근대성에 대한 사회경제적 개념을 부르주아적 근대성이라 명명하고, 미학적 근대성과 부르주아적 근대성을 상호 대립적인 것으로 파악하고 있다. 미학적 근대성은 낭만주의에서 시작하여 전위주의를 관통하여 흐르는 급진주의적인 반부르주아 이데올로기를 드러내는 것으로, 중산층의 가치에 대한 혐오와 이들이 신뢰하고 있던 진보에 대한 회의를 직접적으로 표현한다고 본다. 즉 미학적 근대성은 부르주아 근대성에 대한 직접적인 거부이며, 반근대성 기획의 일종으로 작동된다는 것이다(칼리니스쿠, 44-45).

흐레이드는 모데르니스모를 이러한 두 개의 모더니티가 대립하는 과정에서 나타난 첫 번째 라틴아메리카적인 형태라고 간주한다. 즉 라틴아메리카에서 기존의 종교나 정신 등 형이상학적 가치보다는 물질주의적이고 부르주아적인 가치가 강조되면서 나타나는 일종의 정신적, 미학적 진공상태에 대한 대응으로 모데르니스모가 나타났다는 것이다(Jrade, 19). 따라서 모데르니스모 작가들이, 근대성이 가져올 진보에 대한 낙관보다는 근대성이 야기할 소외와 불안감을 노래하고자 할 때, 자신들에게 익숙한 유럽 문학의 유사한 시적 패러다임에 기댔던 것은 당연한 일이다. 따라서 모데르니스모 시인들은 영국과 독일의 낭만주의, 프랑스의 고답파와 상징주의 시에서 근대적 일상을 경험하는 작가들의 정신적 고뇌와 여기에 대응하고자 하는 시적 노력을 발견했던 것이다.

근대성의 불안을 넘어서기

　유럽의 시적 경험들처럼 모데르니스모는 주체의 파편화와 외부와의 단절이라는 존재론적 불안감을 보여주고 있다. 전통적인 종교적 믿음뿐만 아니라 실증주의적 세계관도 실존적 안정감을 부여해 주지 못하는 상황에서, 모데르니스모 시인들은 시 속에서 새로운 이상향을 찾아야 했다. 모데르니스모 시인이 이상향에서 추구하는 것은 어떤 '통합성', 예를 들어 기능성, 물질주의, 진보에 의미를 부여하는 실증주의적이고 부르주아적 가치 체계와 절연된 하나의 '낙원'을 꿈꾸게 된다. 이러한 '낙원'에 대한 갈망은 통합과 갈등의 해소에 의해 가능하다. 이런 맥락에서 낭만주의자들이 오랫동안 추구했던 자연과 주체의 통합은 모데르니스모에게서 '회복과 통합'이라는 이미지로 나타난다. 모데르니스모의 대표적인 시인인 루벤 다리오는 이런 회복과 통합이라는 이미지를 사용하여, 근대성이 만들어 낸 실존적 불안을 극복해내고 있다.

　루벤 다리오는 1886∼1889년 동안 칠레의 산티아고와 발파라이소에 체류했다. 칠레 체류 기간 동안 그는 19세기 말 라틴아메리카 일부 도시의 급격한 팽창과 자본제적 생활양식이 가져온 변화를 직접 경험할 수 있었다. 대도시에 거주하고 있던 많은 작가 및 지식인들과의 교류뿐만 아니라 도시화에 따른 행동 양식, 음식과 의상 등의 소비행태를 비롯한 광범위한 영역에서 진행되는 일상생활의 변화를 경험함으로써, 그의 시 세계는 많은 변화를 보여준다. 이런 변화를 다룬 대표적인 작품이 바로「부르주아 왕(El rey burgués)」이다. 이 작품에서 루벤 다리오는 변화된 사회, 경제적 조건 속에서 시인이 겪어내야 할 일상의 엄혹함을 부르주아로 대표되는 새로운 계층에 대한 대조와 풍자를 통해 적나라하게 드러낸다. 결국, 부르주아 계층이 지배하는 세상에서 시인이 겪어내야 하는 모진 세상살이를 결국 한겨울 동사하는 것으로 표현해내는 그의 의식에는, 세상과의 불화가 극단적으로 자리 잡고 있다. 이렇게 개념적 차원에서 진행되는 '새로움'에 대한 불편함은 도시의 구체적인 생활상, 예컨대 전동차 소음, 많은 사람들, 호객행위 등 도시 일상에 대한 불편함으로 나타난다(Dario, 125).

시인은 근대화한 일상을 벗어나 아름다운 풍경을 찾아 세로 알레그레(Cerro Alegre)를 오른다. 시인의 뒤에는 자동차와 시장의 소음, 신문들로 대표되는 근대화된 도시의 일상이 놓여 있다. 시인은 이러한 일상이 주는 피로에서 벗어나기 위해 '다른' 풍경을 찾아 도시를 벗어나려고 했던 것이다. 물론 이 풍경은 시인에 의해 이상화된 자연이라 할 수 있다. 이런 상황은 일상의 피로, 도피, 예술이라는 기계적인 도식으로 설명될 수도 있지만, 보다 적극적으로 예술을 통한 삶의 '통합성'의 확보라는 측면에서 이해될 수 있다. 즉 주인공인 리카르도는 "지고한 푸르른 공간(el inmenso espacio azul)"을 찾아 근대 도시가 주는 번잡함을 떠나고자 한다. 그러나 이 공간은 단지 자유롭고 깨끗하고 평화로운 하늘로 대표되는 것에 그치는 것이 아니라, 작가로 하여금 근대 도시가 주는 상업화된 일상이 아닌, 본질적으로 조화롭고 아름다운 존재이자, 시인으로 하여금 그 존재의 심연을 드러내게 하는 예술적 영감의 근원인 것이다(Rama, 69).

그의 작품 내에서 '푸르름'의 장소는 대안적 공간으로 위치하고 있지만, '푸르름'의 세계는 더 이상 유럽 낭만주의에 나타나는 것과 같은 순수한 자연의 세계가 될 수 없다. 자신의 시적 감성을 자

연이라는 외적 요소에 투사해 노래하던 주관성에 기초한 낭만주의
적 요소는 더 이상 모데르니스모에 부합하지 않기 때문이다. 푸르
름은 자연의 본질적인 상징이 아니라, 보다 기능적이고 근대적인
새로운 질서를 포착해 내기 위한 모티브로 사용되기 시작한 것이
다. 감수성의 공간 또한 전원에서 도시적 분위기로 바뀐다. 문화적
인 것, 다시 말해 인공적인 것을 통해 미적인 분위기를 경험하는
것이다. 이것은 독립 시기부터 19세기 전반을 통틀어 문학적 모티
브로 작동해 온 도시와 농촌의 대립이라는 주제가 변화했음을 의
미한다. 도시적인 풍경이 시적 형상화의 대상이 됨으로써 라틴아메
리카 일상성의 공간이 농촌에서 도시로 바뀌게 된 것이다(Dario,
18-19). 루벤 다리오는 이런 도시의 성장과 이에 수반되는 일상의
변화가 주는 감수성의 변화를 포착해 내고 있다. 그리고 19세기
중반의 프랑스 시인들처럼 이 낯선 상황에서 시인은 '푸르름'의 공
간으로 퇴각한 것이다. 정서적인 교류 없이 오직 기능적인 동거에
불과한 도시 생활과 인간이 겪어야 하는 소외감 앞에서, 시인이 선
택해야 했던 것은 바로 회복과 통합의 공간이었다. 이런 퇴각은 흔
히 말하는 현실 회피적인 태도가 아니라, 앞서 파스의 지적처럼
'일치와 통합성'을 회복하여 '새로움'의 불안을 위무하고자 하는
모데르니스모 시인들의 낭만주의적 전략의 일환으로 이해될 수 있
다(Rama, 84).

『세속적 산문(Prosas Profanos)(1896)』의 서문과 이어지는 세 편
의 시에도 모데르니스모에 관한 그의 입장이 잘 드러나고 있다. 서
문에서 모데르니스모 시인들이 가지고 있는 예술적 자의식, 즉 대
중들의 미학적 둔감함과 현실에 매몰된 중산층의 미학적 저급함을
비판하고 있다. 19세기 말 근대화와 산업화라는 시대적 조건하에

서 시인들이 갖고 있는 불안과 불만을 드러내고 있다고 할 수 있다. 이어지는 세 편의 시도 본질적으로 현실 세계의 제약에 대해 문제를 제기하고 있다. 이 시편들에 성적인 이미지들이 나타나는데, 현실 세계의 제약을 넘어서는 도구로서의 의미를 갖는다고 할 수 있다. 이러한 에로틱한 열정은 흐레이드에 의하면 성적 에너지를 통해 근대적 삶의 단절을 극복할 모티브로 이해될 수 있다. 그의 에로티시즘에는 일종의 신비주의적 요소가 있다는 지적에도 불구하고, 다리오의 시에 있어 이러한 섹슈얼리티는 사회적 제약에 대한 저항으로 독해될 수 있다는 것이다. 다시 말해 채워지지 않는 심연의 존재를 인정하고 이 심연을 매울 기제로 성적 에너지를 설정하고 있는 것이다(Jrade, 69).

다리오의 작품 속에는 이처럼 세기말의 낙관과 불안 사이의 긴장이 표현되어 있다. 절망의 언저리에서 흔들리며, 이제 '근대' 시인은 자신 앞에 존재하는 모든 위험과 함정을 충분히 인지하고 등장하는 것이다. 시인이 미처 경험하지 못한 새로운 현실은 그만큼 더 낯설고 불안한 것이어서, 시인의 통합에 대한 열망은 심대하지만, 그 좌절의 가능성 또한 크다. 이러한 상황에서 시인이 결국 선택하는 것은 예술을 통한 구원의 길이고, 그가 추구하는 절대미, 예술 등의 추상적 가치는 일상의 남루함을 가리는 외투 역할을 하는 것이다. 그러나 그의 작품 세계는 회피주의적 태도가 아니라, 모순적 가치들이 병존하는 라틴아메리카 모더니티를 경험하는 명민한 시인의 시적 대응이라고 할 수 있다.

모데르니스모와 시대정신

　19세기 말 라틴아메리카에서 산업화와 도시화가 진전되면서 모더니티의 경험이 나타나기 시작했다. 모데르니스모를 모더니티의 경험으로 이해하는 입장은 앞서 언급한 것처럼 라틴아메리카의 사회문화적 변화를 강조한다. 물론 모데르니스모가 갖는 미학적 태도를 회피주의, 미학주의, 엘리트주의로 평가하는 입장도 존재한다. 또한, 모데르니스모의 미학을 독립적이고 혁신적인 미학을 통해 식민시대와의 단절을 시도하는 '독립에의 열망'으로 이해하기도 한다. 즉 식민시대의 헤게모니 체제가 부과한 수사적인 시 형식에서 벗어나 새로운 시 형식을 시도했다는 것이다. 이 과정은 라틴아메리카의 고유한 문화적, 사회적 정체성을 모색하는 과정으로, 라틴아메리카의 자연과 역사적인 요소 같은 '라틴아메리카적인 것'의 존재를 적극적으로 포함한다.

　살펴본 것처럼 모데르니스모에 관한 많은 연구들은 시의 형식적인 측면과 이미지들에 주목하면서 유럽 특히 프랑스 시의 영향을 강조했다. 이러한 시 형식, 운율, 새로운 리듬의 도입, 그리고 상징과 주제에 있어서의 유사성에 근거하여 유럽의 미학적 영향을 밝혀내는 작업이 모데르니스모 작품 연구의 주된 흐름이었다. 이러한 유럽주의적인 태도는 다른 측면에서 '근대적'이고자 하는 모데르니스모의 욕구를 설명할 수도 있다. 즉 유럽 특히 파리의 지식인들과 동시대적이고자 하는 욕구를 가진 모데르니스모 시인들이 지역적인 라틴아메리카 현실에서 눈을 돌리고 싶어 했다는 해석이다. 이런 과정을 통해 모데르니스모는 라틴아메리카 시적 전통과 문화가 갖는 한계에 대한 자각 혹은 당면한 라틴아메리카 현실에서의 도피로 이해된다는 점에서 일종의 '회피주의'로 해석될 수 있다. 그러나 우리가 더욱 주목한 것은 라틴아메리카 모데르니스모가 배태하게 된 사회문화적인 맥락이었다.

근대성의 도래라고 할 수 있는 19세기 말 라틴아메리카 현실의 변화에 대해 모데르니스모는 보편주의 태도와 지역적인 성격이 혼재된 양상을 보여준다. 이것을 라틴아메리카 근대성이 갖는 보편적 성격과 그것의 지역적 특성이 결부된 까닭이다. 이렇게 모데르니스모는 다소 모순적이라고 할 수 있는 라틴아메리카 근대성의 경험을 통해 라틴아메리카 문화 정체성을 추구하고자 하는 욕구 속에서, 유럽의 문화적 양식들을 적극적으로 수용하여 새로운 문화적 종을 배태했다고 할 수 있다. 이런 맥락에서는 모데르니스모가 보여준 미학적 자율성에 대한 열망은 의미를 갖는다. 라틴아메리카적인 정체성을 구성하려는 시도들은 항상 외래적인 것의 영향력에서 자유롭지 않았기 때문이다. 그 결과로 고유한 미학성의 모색은 주로 유럽 제국들이 만들어 놓은 제한된 틀 내에서의 진전이라고 할 수 있다.

독립 이후로 라틴아메리카 지식인들이 가지고 있던 문화적 독립에 대한 열망은 지속적으로 나타났다. 모데르니스모 작가들의 미학적 시도는 이렇게 라틴아메리카의 미학적 독립이라는 배경 속에서 등장한 것이다. 모데르니스모가 추구하는 미학적 독립은 단순하게 표현의 혁신과 주제적인 새로움만을 나타내지는 않는다. 모데르니스모가 등장하게 된 배경 속에는 경제적 사회적 변화가 있기 때문이다. 라틴아메리카 모데르니스모는 라틴아메리카 지역이 경제적인 측면에서 세계적인 생산 시스템에 포함되고, 19세기 후반 자본주의적인 분배 시스템에 포함되던 시기에 출현했던 것이다. 이런 경제적 구조의 변화 속에서 라틴아메리카 시인들은 근대성의 경험과 근대성의 불안을 동시적으로 경험했고, 이 경험을 작품 속에 담아냈다. 또한, 근대성의 경험과 불안이라는 말에서 알 수 있듯이, 당대 모데르니스모에는 독립적인 미학적 모델에 대한 열망과 유럽적 모델의 잔존이라는 현실이 공존하고 있다. 그러나 보다 두드러진 것은 변화된 시대적 조건과 유럽적 미학적 틀 속에서 고유의 미학적 모델을 추구했던 모데르니스모의 '독립적 열망'이었다.

제 6 장

원주민과 내셔널리즘:
인디헤니스모 논쟁

원주민 유산과 인디헤니스모의 출현

　20세기에 들어서도, 식민시기 착취의 주된 대상이었던 흑인과 원주민들의 고통은 여전했다. 라틴아메리카의 독립이 식민시기의 정치경제적 구조와 단절하지 못하고, 지배 세력의 교체에 불과했던 까닭이었다. 라틴아메리카가 독립하여 새로운 국가가 만들어진 지 거의 1세기가 지난 후에도, 명목상의 평등과 정의조차도 크리오요 계층의 것이었고 흑인과 원주민 계층은 여전히 피지배 계층이라는 질곡에서 헤어나지 못했다. 원주민들이 처한 사회경제적 조건에서는 별다른 차이가 없었지만, 원주민들의 과거에 관한 관심은 상대적으로 부각되었다. 원주민들에 관한 관심이 20세기 들어 처음 등장한 것은 아니었다. 독립 이후 국가 형성기에 정치 엘리트들과 지식인들은 국가 정체성의 토대로서 원주민 문화와 역사에 주목했다.

　정치 엘리트들은 인종에 따라 극단적으로 계층화하고 빈곤이 구조화한 사회에서 국가적 정체성을 만들려는 시도가 그리 쉽지 않다는 것을 인식했다. 식민시기 주된 착취대상이었던 원주민들과 흑인들은 독립 이후에도 여전히 정치적, 경제적인 착취의 대상이었다. 결국, 이들을 정치, 경제적 현실과는 다른 상징적인 층위에서 국가 구성원으로 포함할 필요가 있었던 것이다. 이런 맥락에서 원주민들의 과거가 신생 공화국의 통합을 위한 기제로 활용되기 시작했다. 독립 이후 19세기 동안 진행되었던 국가 형성과정에서 정복 이전 원주민 문화와 역사가 중요한 이데올로기 소재로 등장한 것이다. 즉 지식인들과 정치인들은 국가 내의 다양한 구성원들 사이의 갈등을 완화하고, 이들을 동일한 국가성 내에 포섭하기 위한 수단으로 식민 이전의 원주민 유산에 의존했다. 이들이 구사하는 통합화 수사는 상당한 영향력을 발휘하여, 라틴아메리카 신생 공화국의 시민들과 원주민 유산 사이에 상상적 결합을 만들어 냈다. 이 상상적 과정이 바로 국가 건설과정을 가능하게 하는 내셔널리즘의 작동 기제였던 것이다. 지배 엘리트 계층은 분열된 국가와 사회를 통합하기 위한 수단으로 원주민 과거를 소환하였고, 이를 국가 통합성의 근간으로 삼았다.

원주민의 유산과 함께 아메리카의 본질에 관한 관심 역시 증가했다. 아메리카에 관한 관심은 독립 이후의 정치적 불안과 관련이 있다. 독립 이후 신생 공화국이 추구했던 스페인과의 정치적 단절이 의도하지 않았던 정치적 불안 혹은 위기감을 만들어 냈던 것이다. 이러한 불안은 자연스럽게 정치적 변화에도 변하지 않고 안정감을 줄 수 있는 '본질'에 대한 욕구를 가져왔다. 크리오요 지식인들과 정치인들은 변화하지 않는 본질이자 자기 정체성을 바로 '아메리카성(lo americano)'에서 찾고자 했다. 아메리카성은 자기 존재의 정당성을 원주민 문명 즉, 원주민의 유산에 두고 있다는 점에서 서로 밀접한 관련을 갖는다. 식민시기 스페인의 문화적 영향을 받

은 아메리카가 아니라, 정복 이전의 원주민의 과거에서 신생 공화
국의 정체성 기반을 찾았던 것이다. 다시 말해, 정복 이전의 과거
혹은 원주민 문화가 유럽과 차별되는 신생 공화국들의 존재를 정
당화하는 자기 정체성의 원재료로 강조되기 시작했다(이성훈,
117-118). 또한 독립과 국가 건설과정에서 크리오요 엘리트들
은 아메리카성을 신생 공화국이 가지고 있는 식민 과거와의 단절
을 보여주는 상징으로 사용했다.

　식민 이전의 과거에서 신생 공화국의 정체성 뿌리를 찾아내고,
다양한 인종들 간의 사회적 차별을 넘어 통일된 정체성을 모색하
고자 했던 시도는 한계를 지닐 수밖에 없었다. 특히, 독립 이후 원
주민과 흑인들이 직면해야 했던 사회적, 정치적, 인종적 층위의 구
조적인 차별을 무시하거나 간과했다는 점에서 그렇다. 실제로 원주
민들을 중심으로 한 정치적, 사회적 갈등 그리고 토지 문제 등은
1850년대 이후 신생 공화국들에 많은 혼란을 가져왔다. 또한, 일부
지식인들은 19세기에 유행했던 자연과학이나 실증주의 이론을 통해
원주민들이 가진 자질들을 부정적으로 강조하고, 자신들의 정치적
주장을 정당화했다. 따라서 원주민의 과거를 통한 국가 정체성의
모색은 원주민에 대한 일련의 편견에서 벗어난 것이 아니라, 오히
려 보다 강화되면서 진행된 측면도 있다. 원주민에 대한 편견이 크
리오요 엘리트들이 주도하던 국가 건설의 이데올로기를 지배하고 있
었기 때문이다. 이런 상황에서 사회, 경제적으로 배제되었던 원주민
들의 다양한 권리를 주장하는 목소리인 인디헤니스모(indigenismo)
가 출현하게 된 것은 당연한 일이었다.

　원주민들의 문화와 권리의 정당성을 주장하는 인디헤니스모는
동질적인 현상이 아니고, 명확한 계급적 관점을 지닌 사유체계도

아니다. 인디헤니스모의 출현은 국가적 과제를 해결하기 위해서는 우선적으로 원주민 문제가 해결되어야 한다는 지식인 계층의 자각에서 시작되었다(Lynch, 12). 인디헤니스모가 가장 먼저 등장한 곳은 원주민 영향력이 강력했던 안데스 지역의 페루였다. 그러나 인디헤니스모가 페루에서 나타나게 된 결정적인 계기는 원주민들이 당면하고 있던 사회경제적 모순이 아니라, 칠레와의 태평양 전쟁이었다. 태평양 전쟁에서 페루가 패하면서 원인을 둘러싼 반성 속에서 원주민 문제에 대한 새로운 자각이 나타나게 된 것이다. 태평양 전쟁에서 패배하여 영토 일부를 잃게 된 충격 속에서 페루 지식인들은 크리오요 계층의 무기력함을 목격했다. 이들은 이제 무력한 지식인 계층이 아니라, 지금까지 주변화되고 배제되었던 원주민 집단을 "국가 부흥의 원천"으로 간주하기 시작했다.

이런 흐름 속에서 독립 이후 19세기 내내 원주민에 대해 인종주의적인 태도를 보여주었던 지식인들의 실증주의적인 전통을 비판하는 새로운 지식인 세대가 등장했다. 이들은 이제 원주민들에 대한 부정적인 속성들이 원래 원주민들이 가지고 있는 것이 아니라, 실은 크리오요 엘리트 집단들이 원주민들에게 부가한 것이라고 주장한다. 그러나 이들 지식인 세대 역시 원주민 집단을 긍정적으로 인식하기 시작했다는 의미에도 불구하고 나름의 한계를 보여준다. 인디헤니스모가 원주민들이 '아래로부터' 만들어 낸 운동이 아니라, 지식인들에 의해 '위로부터' 주어졌기 때문이다. 일부 지식인들은 원주민들이 가지고 있는 구체적인 경제적 조건들을 간과하고, 사회의 구조적인 변화보다는 자본주의 사회에 대한 적응 프로그램을 강조했다는 점에서 부르주아적이라는 비판 또한 가능하다(벤자민 킨, 281).

페루의 상황과 인디헤니스모

인디헤니스모는 지리적 요인, 분야, 이데올로기적 지향 등에 따라 매우 다양하지만, 통상 몇 가지 공통 요소를 가지고 있다. 원주민의 상황과 권리에 대한 문제의식을 가지고 있으며, 국가 정체성과 관련하여 원주민과 원주민성을 중요하게 여긴다. 또한, 인디헤니스모는 원주민이 아닌 크리오요와 메스티소 지식인들이 주도하고 있으며, 행동주의 혹은 논쟁의 형태로 등장하고 있다는 특징을 지닌다. 이렇게 인디헤니스모를 원주민들의 권리와 이익을 주장하는 흐름으로 정의할 수 있지만, 비원주민 지식인들이 주도했다는 한계를 갖는다. 물론 인디헤니스모가 독립 이후에 처음 출현한 것은 아니다. 인디헤니스모는 토착민을 뜻하는 인디헤나(indígena)에서 유래되었다. 당시 원주민들을 지칭하여 보다 광범위하게 사용되던 인디오(indio)가 아닌 인디헤나가 사용된 이유는 인디오가 부정적인 의미를 내포하고 있었기 때문이다(Tarica, 3). 또한 인디아니스모(indianismo)가 일반적으로 19세기의 낭만주의적인 관점에서 원주민들을 이국적으로 묘사했던 상황도 영향을 끼쳤다. 이런 경향과 달리 인디헤니스모를 원주민의 권리 운동과 관련하여 이해했을 때, 처음은 식민시기 정복자들에 맞서 원주민의 권리를 주장했던 라스 카사스 신부라고 할 수 있다(Los Andes, 5). 이렇게 시작된 인디헤니스모는 원주민 인구가 다수를 점하고 있던 안데스 지역과 멕시코에서 20세기 초반에 정점에 달했다.

특히, 태평양 전쟁에서 패배했던 페루의 경우 인디헤니스모에 대한 요구가 더욱 강력했다. 태평양 전쟁 이후 미국을 중심으로 한 제국주의 세력은 광물 탐사와 농업부문 수출을 위해 페루에 본격

적으로 진출했다. 이것은 자연스럽게 부르주아 계층의 분화를 촉진
시켜 상업 부문의 부르주아 계층이 등장했다. 이와 동시에 농업과
광업 부문에서 노동 계급이 등장하기 시작했다. 또한, 규모는 작지
만, 산업이 발전하기 시작하면서 제조업 분야에서도 노동 계급이
형성되었다. 이러한 페루 경제 구조의 변화는 국가 형성에 있어 물
적 토대의 변화를 의미한다. 국가 형성과정에서 외국 자본과 결부
된 상업 부르주아 계층의 이익이 중요한 역할을 하게 되었다는 것
이다. 이 계층이 이제 카우디요 세력과 결합하여 국가 형성에서 주
도권을 행사하게 되었다. 이렇게 페루 사회의 지배 세력 내에서 일
정한 변화가 나타났지만, 이들 역시 원주민에 대한 기존의 태도를
바꾸지는 않았다(Degregori, 23).

이들 새로운 정치 세력은 자신의 지배를 합법적인 것으로 만들
기 위한 이데올로기적인 층위에서, 페루 사회의 본질과 바람직한
국가 정체성에 대한 자신들의 관점을 정당화하고자 했다. 지배 세
력 내에서 자신들이 대표하는 집단이나 계층에 따라 다양한 입장
을 지닌 이데올로그들이 등장하여 이런 자신들의 입장을 구체화했
던 것이다. 이런 입장들은 "원주민들의 물리적인 제거를 주장하는
입장", "원주민의 태생적인 무능함을 대체하기 위해 유럽인들의 이
주를 주장하는 입장", "대토지 소유제를 유지하면서 자본주의 발전
을 위해 원주민들을 이런 기획에 포함시키려는 입장", "국민성 형
성에서 가톨릭의 본질적인 역할을 강조하는 입장"까지 다양하다
(Lynch, 13). 그러나 이러한 입장은 대부분 페루의 현실과 동떨어
진 비현실적인 것이었다. 20세기 초의 페루는 하나의 공통된 정체
성을 지닌 국가라고 볼 수 없었다. 페루에는 하나가 아니라 다양한
'민족성'들이 존재했다. 다양한 민족성들이 공통의 국가적 정체성

에 기반을 둔 하나의 국가 건설로 이어지지 못했다. 식민적 지배 구조가 여전히 유지되었고, 국가 형성과정에서 다양한 원주민 집단들은 배제되었던 것이다.

이에 대해 민주적인 소부르주아 세력들이 비판적인 태도를 보이기 시작한다. 페루 사회에 대한 문제의식, 특히 과두 세력의 권력 독점에 대한 문제의식을 통해 이들 소부르주아 집단은 대안을 모색하기 시작했다. 원주민들의 권리와 문화적 정체성을 강조하는 인디헤니스모가 소부르주아 출신의 지식인들을 중심으로 전개되기 시작한 것이다. 이들은 주로 대토지 소유자들의 권력 독점과 원주민에 대한 착취와 배제를 비판했는데, 가장 대표적인 인물이 마누엘 곤살레스 프라다(Manuel González Prada)이다. 그는 마리아테기와 마찬가지로 원주민 문제에 있어 경제적 측면을 강조했다 (Degregori, 34).

원주민에 대한 이러한 인디헤니스모의 문제의식은 신생 공화국들이 겪고 있는 모순적인 상황에서 기인한다. 신생 공화국이 원주민들을 포함한 구성원들의 '페루 국민' 만들기라면, 이런 목표는 차별과 배제라는 원주민들이 당면한 현실과는 괴리가 있었다. 페루가 공화국을 지향하면서 원주민들 역시, 페루 국민으로서의 동등한 권리를 보장받아야 하지만, 현실은 그렇지 못했던 것이다. 또한, 태평양 전쟁 패배 이후 국가는 극심한 분열 상태에 빠지고, 각 지역 간의 정치적 긴장은 극대화했다. 이런 지역적 차이들이 페루에서 서로 다른 지역적 인디헤니스모가 출현하게 되는 배경이 된다. 즉 지역적 특징에 따라 원주민들이 처한 상황이 달랐고, 원주민 문제의 해결방식 또한 다른 방식으로 제안되었던 것이다. 그러나 이러한 차이들에도 불구하고 원주민들의 권리 강화와 당시 지배 세력이었던 과두 세력에 대한 비판적인 태도는 공유되었다. 레기아의 공식적인 인디헤니스모나 마리아테기의 인디헤니스모는 그 내용에는 차이가 있지만, 기존 크리오요 정치 엘리트가 주도하는 과두제에 대한 비판이 들어 있는 것이다.

인디헤니스모의 초기 이론가라 할 수 있는 마누엘 곤살레스 프라다는 태평양 전쟁에서 패배하면서 무기력함을 드러낸 과두 세력을 직접적으로 비판했다. 나아가 「우리 원주민들(Nuestros Indios)」이라는 글에서 원주민 문제가 페루의 사회경제적 문제를 해결하는 데 가장 중요하다고 보았다. 또한 '진정한 페루'는 산악지역에 있고, 원주민들을 국가의 기본세력으로 복원해야 한다고 주장했다. 또한, 곤살레스 프라다는 원주민 문제에 대한 개량주의적이고 점진주의적인 접근에 반대하고, "원주민 문제는 교육의 문제가 아니라, 사회경제적 문제"라는 관점을 취했다(벤자민 킨, 282). 그의 문제의식은 식민시기 부왕령 체제 아래 존재했던 구조적인 모순이 여전히 계속되면서, 원주민들이 구질서의 희생자가 되고 있다는 것이다. 나아가 페루 사회에서 자본주의가 자리 잡게 되면서 착취에 기반을 둔 식민 질서가 오히려 악화되었고, 원주민들이 겪는 고통이 식민시기보다 심화되었다고 본다. 이런 관점에서 그는 "억압자들의 인류애가 아니라, 스스로의 힘을 통해서 해방될 수 있도록 원주민들에게 자존과 저항"을 말하고 있다(Chang-Rodríguez, 1984, 371).

이처럼 독립 이후 페루가 직면하고 있던 가장 큰 사회 문제는 원주민의 국가적 통합이었다. 그러나 20세기 초반 급속한 경제 성장으로 도시지역에 등장한 노동 계급의 요구 또한 지배 계급의 안전과 평화를 위협했다. 이러한 사회적 불안의 이면에는 러시아 혁명과 멕시코 혁명이라는 시대적인 흐름이 위치해 있다. 일부 과두 세력은 이런 상황에서 사회적 불만 세력을 제어하고 자신들이 원하는 방식으로 국가를 운영하기 위한 새로운 통치방식을 모색했다. 이렇게 등장한 것이 바로 아우구스토 B. 레기아(Augusto B. Leguía) 정권이었다. 그는 국내외 자본가들의 이익을 보장하기 위해 저항세력을 탄압하여 계급 간 평화를 이룬다는 선동적이고 조합주의적이며 민족주의적인 개혁프로그램을 주장했다. 그는 이런 주장으로 1919년 선거에서 승리하여 11년 동안 1인 독재체제를 이끌었다(벤자민 킨, 283-284).

레기아 정부 초기에 포퓰리즘적인 정책의 일부로서 원주민 문제에 대한 '공식적인 고려'가 나타나기도 했다. 이렇게 원주민 권리를 보장하는 다양한 정책들이 취해졌지만, 원주민 문제의 본질은 다뤄지지 못했다. 즉 원주민 문제를 본질적으로 해결하려는 움직임은 억압되었는데, 이러한 입장은 레기아 정부의 "인디헤니스모"가 갖는 이중성을 잘 보여준다(Lynch, 15). 원주민 공동체를 법인으로 인정하는 동시에, 토지에 대한 원주민의 권리를 선포했고, 원주민 자녀들에 대한 초등 교육을 약속했지만, 이런 헌법 조항들은 "페루가 도달하지 못한 이상"에 불과했던 것이다(벤자민 킨, 285-286).

전통적인 과두 세력은 레기아 독재에게 굴복했고 신생 노동 계급은 아직 세력이 약했기 때문에, 레기아 독재에 대한 저항 운동을 주도한 것은 주로 중산층 지식인들이었다. 이들 중산층 지식인들은 농민과 노동자들을 동원하여 레기아 정권에 저항하고자 했고, 그 동원 이데올로기는 사회주의, 반제국주의, 인디헤니스모 등이었다. 이 중에서 원주민 인구가 절대다수를 차지하는 당시 페루 상황을 고려할 때 인디헤니스모가 매우 중요한 역할을 수행했다. 특히 이들 중산층 지식인들은 곤살로 프라다의 주장을 따라, 페루를 새롭게 만들 수 있는 혁명은 산악지역에서 나와야 한다고 보았다. 레기아 정권의 폭압을 무너뜨리고 분열된 페루를 통합하여 옛 잉카의 화려했던 영광을 복원할 힘을 가진 대안 세력이 바로 이 지역의 원주민이라는 것이다. 이렇게 원주민이 가지고 있는 대안적 가치에 주목한 지식인들은 잉카 시기부터 존재했던 원주민 공동체의 중요성을 강조했다. 1920년대 들어 대부분 토지는 사유화되고 개별 경작되었지만, 이 원주민 공동체가 여전히 '페루 집단성의 확고한 근간'이 되고 있다고 생각했다. 따라서 지식인들은 원주민 공동체를 부활하는 것이야말로 진정한 페루성을 회복하는 길이라고 보았던 것이다. 이런 관점에서 원주민 공동체의 복원을 막는 자본주의 체제를 무너뜨리기 위해 원주민 봉기를 고무하고, 원주민 혁명과 노동자 중심의 도시 혁명을 결합하려는 시도가 나타나기도 했다(벤자민 킨, 287-288).

　인디헤니스모를 주창했던 대표적인 이론가인 마리아테기 역시 인디헤니스모와 마르크스주의인 과학적 사회주의를 결합하려 했다. 주요 저서인 『페루 현실을 해석하는 일곱 가지 에세이(7 Ensayos de interpretación de la realidad peruana)(1928)』에서 그는 마르크스주의 방법론을 이용하여 원주민들의 공동체적 관습과 전통을 연구했다. 그는 원주민 문제를 해결하는 방식으로 사회주의를 강조했다. 또한, 동시대 다른 인디헤니스모 주창자들처럼 마리아테기는 잉카 제국을 "역사상 가장 발달한 원시 공산 사회"로 이상화했다. 하지만 "잉카 사회주의를 재건하거나 재창조하려는 낭만적이고 반역사적인 경향"에는 반대했다. 잉카 공동체가 가지고 있던 협동성과 공동체적 생활방식을 긍정적으로 평가했지만, 잉카 공동체를 그대로 복원하는 것은 변화된 경제 구조와 부합하지 않는다고 본 것이다. 또한, 착취 구조를 변화시키는 데 있어 원주민들이 중요하지만, 자본주의 경제 구조로 인해 도시 프롤레타리아의 역할이 더욱 더 중요하다고 강조했다(벤자민 킨, 288). 이렇게 등장한 인디헤니스모는 문학뿐만 아니라, 인류학, 음악, 정치, 역사 등 다양한 영역에서 영향력을 드러내게 된다.

논쟁의 시대적 배경과 전사

인디헤니스모라는 용어는 명확하게 정의하기 어려운 개념이다. 시대적인 상황에 따라 매우 다양한 이론적인 입장들과 사회적인 경향들을 표현하기 위해 사용되었기 때문이다. 20세기 초반 인디헤니스모는 혁명적 내셔널리즘의 한 부분이자 미학적 아방가르드 운동의 일부였다. 인디헤니스모가 '공식적인' 국가 정책에 포함되는지 여부에 상관없이, 인디헤니스모를 주장하는 지식인들은 이른바 '원주민 문제'를 근대화 논쟁의 주된 주제로 간주했고, 원주민들을 국가 정체성의 핵심적인 요소로 삼았다. 따라서 이 시기 인디헤니스모는 "통합주의(integrationist), 근대화(modernizing), 반과두제(anti-oligarchical)"에 비판적이었다. 인디헤니스모 지식인들은 국가를 새롭게 만드는 작업은 원주민의 존재를 인정하는 것에서 시작해야 하고, 원주민들이 페루를 근대화하는 과정에서 중심에 있어야 한다고 주장했던 것이다(Tarica, 11). 따라서 1927년 진행된 페루의 인디헤니스모 논쟁은 원주민들을 국민으로 포함하려는 구체적인 주장을 담고 있다는 점에서 인디헤니스모의 문제의식을 가장 잘 보여준다.

앞서 말한 것처럼 인디헤니스모가 본격적으로 등장하기 시작한 것은 대략 20세기 초반으로, 주로 국가적 통합이라는 문제 틀을 가지고 원주민 문제를 어떻게 해결할 것인가에 주목했다. 당대 멕시코 혁명과 러시아 혁명의 영향으로 사회적 정의에 대한 관심이 제고된 상황 역시 인디헤니스모가 확산되는 데 중요한 계기가 되었다(Chang-Rodríguez, 2009, 103). 이런 측면에서 인디헤니스모가 본격화된 시대적 배경과 관련하여 두 가지 요인을 들 수 있다. 하나는 당시 유행하던 사회주의다. 사회주의와 관계를 어떻게 설정할 것인가는 당시 인디헤니스모 논쟁에서 중요한 문제였다. 이러한 입장 차이를 "내셔널리즘과 외래주의(extranjerismo)"로 정의할 수 있고, 두 입장은 1920년대 논쟁의 축을 이룬다(Zaldívar, 6). 두 개념 사이의 차이는 러시아 혁명 이후 강화된 국제 사회주의 운동 세력과의 관계를 어떻게 설정하느냐에 따라 나타난다. 아야 델 라 토레(Haya de la Torre) 같은 이론가들은 국제 사회주의 운동 세력과 단절된 일국적인 운동을 모색했고, 이에 반해 마리아테기를 비롯한 사회주의자들은 다소 차이가 있지만, 국제 사회주의 운동의 흐름 속에서 페루 사회의 변화를 모색했다(Zaldívar, 6). 따라서 아야 델 라 토레 등은 마리아테기를 유럽 사상에 물든 사상가로 비판했다. 이에 반해 마리아테기는 사회주의를 이론적 분석의 도구로 사용했지만, 교조적으로 수용한 것이 아니라 페루 현실에 부합하는 방식으로 전유했다는 주장을 하게 된다.

마리아테기는 유럽에서 돌아온 지 2년 후인 1924년 인디헤니스모와 사회주의를 결합한 「페루의 주된 문제(el problema primario del Perú)」를 발표하면서 인디헤니스모의 질적인 변화를 보여준다. 농업이 지배적인 페루가 근대성을 지향하기 위해서는 원주민 문제를 해결하는 것이 시급하다고 본 것이다. 그는 곤살레스 프라다의 인디헤니스모가 주장하는 문제의식을 심화시키고, 사회주의적인 해결 방안을 모색했다. 먼저, 페루 인구의 절대다수에 해당하는 원주민이 겪고 있는 문제는 수백만 페루 국민에게 큰 영향을 끼치고 있다고 보았다. 또한, 자본주의 경제 구조로 인해 원주민 상황이 더욱 열악해진 상태에서 교육을 통해서 원주민 문제를 해결하려는 시도는 적절한 해결책이 아니라는 것이다. 따라서 페루의 진정한 국가 건설과 국민성 형성을 위해서는 원주민들이 가지고 있는 중요성을 인정해야 하고, 원주민 문제를 해결하기 위해서는 더욱 본질적인 사회적 해결책이 마련되어야 한다는 것이다.

다음 해 마리아테기는 「지역주의와 중앙집권주의(Regionalismo y centralismo)」에서 이러한 원주민 문제에 대한 자신의 문제의식을 보다 발전시킨다(Chang-Rodríguez, 2009, 104). 원주민 문제를 토지 소유문제와 결합시켰고, 국가 행정의 분권화가 국가적 문제를 해결하기보다는 지방 호족 세력들의 힘을 강화시켰다고 주장했다. 이처럼 마리아테기는 사회주의를 적극적으로 수용하여 인디헤니스모의 질적인 변화를 가져왔다.

다음으로 레기아 체제를 들 수 있다. 특히 두 번째 임기 기간(1919-1930)은 인디헤니스모의 본격화와 밀접한 관련을 갖는다. 이 시기는 이른바 근대화 시기라고 할 수 있다. 레기아는 외국 자본의 유입을 대폭 늘렸고, 이를 통해 수출 부문이 확대되었다. 수출에 기반을 둔 신흥 부르주아 계층과 기존의 토지 소유주 계층 사이에 갈등이 나타났고, 안데스 산악지역의 원주민들이 일자리를 찾아 대규모로 도시로 이주했다. 또한, 정부는 인디헤니스모의 문제의식을 일정 부분 수용하여 수백 개 원주민 그룹들을 토지 소유권을 지닌 원주민 공동체로 인정했다. '친원주민 위원회(Comité Pro-Derecho

Indígena Tawantinsuyo)'의 활동을 지원하는 등 원주민 문제의 해결을 위해 노력했다. 그러나 이러한 레기아 정부의 입장은 이중적이었다. 지역 엘리트들이 주도하는 인디헤니스모의 주장을 일부 수용했지만, 반면 대토지 소유자에 대항하는 원주민 농민 운동을 지지하는 활동들을 탄압했다. 레기아 정부는 인디헤니스모를 '포섭'함으로써 인디헤니스모를 분열시키고 순치하려고 했다.

이런 레기아 정부의 모순적인 태도는 '도로사역법(Ley de Conscripción Vial)'에 잘 드러난다. 정부는 이 법을 통해 도로망 근대화 사업을 추진하고, 상품과 1차 생산물들이 더욱 자유롭게 유통되도록 함으로써 안데스 지역의 발전을 도모하고자 했다. 그러나 문제는 이 법이 원주민들의 토지를 강압적으로 수용하고 원주민들을 근대화 프로젝트에 동원함으로써, 원주민 노동력을 무상으로 사용하려는 데에 있었다(Coronado, 9). 이처럼 레기아 정부가 추진하는 원주민 정책은 식민 과거로부터 원주민들을 해방시키고 경제적 발전을 추구하고 있지만, 원주민 강제노동에 의존하고 있었다. 따라서 레기아의 원주민 정책을 둘러싼 지식인들의 입장 차이가 인디헤니스모 논쟁의 배경이 되었다.

원주민 문제를 둘러싸고 1927년 벌어진 이른바 인디헤니스모 논쟁은 태평양 전쟁의 패배 이후 페루 사회의 현재와 미래에 대한 지식인들의 집단적인 고민의 결과이다. 이 인디헤니스모 논쟁은 리마에서 발행되던 『문디알』을 중심으로 진행되었다. 주된 참여자는 마리아테기와 루이스 알베르토 산체스(Luis Alberto Sánchez, 1900-1994)였다. 직접적인 전사는 1926년 12월 『아마우타』 4호에 실린 엔리케 로페스 알부하르(Enrique López Albújar, 1872-66)의

「원주민 심리연구(Sobre la psicología del indio)」, 1927년 1월 3일과 26일 『문디알』에 실린 마리아테기의 「페루 문학에서 인디헤니스모(El indigenismo en la literatura nacional)」에 관련된 글 두 개, 그리고 마지막으로 1927년 2월 3일 『라 프렌사(La prensa)』에 실린 호세 앙헬 에스칼란테(José Ángel Escalante, 1883-1965)의 「우리 원주민들⋯(Nosotros, los indios⋯)」이었다(Chang-Rodríguez, 2009, 105).

법률가이자 신문기자였던 엔리케 로페스 알부하르는 「원주민 심리연구」에서, 원주민을 믿을 수 없을 뿐만 아니라 아첨을 잘하고 노예적인 성격을 지닌 부정적인 대상으로 폄하했다. 원주민을 "두 얼굴의 스핑크스와 같은 인물로 파악한다. 하나는 자신들과 같은 원주민들 사이에 사는 데 필요한 얼굴이고, 다른 하나는 낯선 사람들과 어울리기 위한" 것이다. 비록 원주민들이 몇몇 긍정적인 자질을 가지고 있다고 평가하기는 했지만, 원주민을 "위선적이고, 교활하고, 의심이 많고, 진실하지 않고, 이기적이고, 돈을 밝히며, 게으르며, 음탕하다"라고 묘사했다(Chang-Rodríguez, 2009, 105). 이런 로페스 알부하르의 시각은 범죄를 저지르고 처벌을 받기 위해 죄수석에 앉아 있는 원주민들을 다뤘던 자신의 경험에서 유래한 측면이 있다. 또한, 원주민에 대해서뿐만 아니라 모든 사람에게 비슷한 관점을 가지고 있다는 점에서 지나치게 확대해석할 필요가 없다고 주장하는 연구자들도 있다. 그러나 원주민을 부정적으로 폄하한 그의 글은 동시대 지식인들의 거센 반발을 끌어냈다. 원주민을 폄하하는 이 글이 『아마우타』에 실리게 된 사실로 인해 마리아테기 역시 비난의 대상이 되었다(Zaldívar, 8).

마리아테기는 「페루 문학에서 인디헤니스모」에 관한 첫 번째 글에서, 페루에서 인디헤니스모는 아직 전성기에 도달하지 않았고 형성 단계에 있다고 진단한다. 두 번째 글에서는 페루 사회의 기본적인 모순은 해안 지역의 크리오요와 산악지역의 원주민 사이의 구조화된 차이에 있다고 강조한다. 따라서 진정한 인디헤니스모는 정치적, 경제적 요구를 포함하여 원주민들의 권리를 회복하는 것이 필요하다고 주장한다. 결국, 마리아테기에게 있어 인디헤니스모는 식민시기 이래로 유지되어 온 구질서의 근본적인 변화를 의미한다. 인디헤니스모는 문학과 문화 영역에서 원주민 전통을 복원하는 데 그치는 것이 아니라, 원주민을 페루 사회의 주류로 인정하고 식민시기 이래의 착취 구조를 혁파하는 운동을 의미하게 된다. 반면 호세 앙헬 에스칼란테는 「우리 원주민들…」에서 인디헤니스모가 당시 레기아 체제를 허물고 있다고 비판한다. "원주민에 우호적인 레기아 체제"가 원주민 문제를 이제 거의 해결하고 있다고 주장하면서, 인디헤니스모를 과도한 주장으로 치부한 것이다(Chang-Rodríguez, 2009, 105).

이런 흐름 속에서 마리아테기는 점차 원주민 문제를 사회주의적인 관점에서 해결하려는 자신의 입장을 드러내기 시작했다. 페루 사회에서 착취당하는 노동자 계급의 대부분은 원주민이기 때문에, 원주민 문제를 해결하는 것이야말로 노동 계급의 문제를 해결하는 첩경이라는 것이다. 이렇게 원주민 문제를 정치 사회적이고 계급적인 관점에서 바라보고 있는 마리아테기의 입장에 대한 비판이 제기된다. 현실 정치인인 에스칼란테는 마리아테기가 공산주의라는 이론에 교조적으로 원주민을 이용하고 있으며, 원주민 문제를 해결하는 데 있어 전혀 구체적인 대안을 제시하지 못하고 있다고 비판한다. 마리아테기의 공산주의 이론이 페루 현실에 적절하지 않은 해결 방안이라고 보았던 것이다. 그는 레기아 체제가 원주민 문제를 실질적으로 해결할 수 있는 현실적인 방법이라고 주장한다(Zaldívar, 8).

이런 입장 차이들은 내셔널리즘적인 입장을 갖고 있던 산체스가 개입하면서 더욱 본격적인 논쟁으로 발전했다. 그의 주된 논지는 마리아테기의 인디헤니스모가 페루를 분열시키고 있다는 것이다. 「인디헤니스모의 진퇴양난(Batiburrillo indigenista)」에서 그는 마리아테기가 해안지대와 산악지대를 대립시킴으로써 국가의 통합을 막고 있으며, 원주민과 메스티소 및 크리오요를 대립시킴으로써 메스티사헤의 가능성을 막고 있다고 주장한다(Chang-Rodríguez, 2006, 106). 마리아테기는 산체스가 자신의 입장을 잘못 이해하고 있다고 비판하고, 이에 산체스가 마리아테기의 주장이 갖고 있는 이분법적인 태도를 재비판하는 것으로 이어진다. 또한, 마리아테기의 사회주의적인 해결방식이 페루 사회에서 원주민 문제를 해결할 수 있는 현실성 있는 방안이 아니며, 그의 원주민 공동체에 대한 강조 역시 페루 문제를 해결하는 데 있어 긍정적이지 못하다고 주장한다. 나아가 산체스는 원주민들 역시 원주민에 대한 착취자가 될 수 있다고 주장하면서, 원주민과 다른 집단을 대립적으로 파악하는 것은 단순한 이분법이고, 원주민 집단을 이상화하는 비현실적인 관점을 가지고 있다고 비난한다.

논쟁의 구체적인 내용[1]

이런 전사들을 바탕으로 논쟁이 시작하게 된 계기는 1927년 2월 11일 자『문디알』에 실린 산체스의 글이다. 「몰상식한 파괴적 욕망 (Un insensato anhelo de demolición)」에서 당시 페루 지식인 사회의 주된 화두인 인디헤니스모를 비판적으로 언급하고 있다. 그는 인디헤니스모를 "유행하는 원주민 숭배주의(indolatría reinante)"로 표현하면서 인디헤니스모에 대해 비판적인 태도를 내보이고 있다 (Aquézolo Castro, 10).[2] 1주일 후에 산체스는 다시『문디알』에「인디헤니스모의 진퇴양난(Batiburrillo indigenista)」이라는 글을 발표하고, 여기에서 원주민들을 부정적으로 묘사한 "로페스 알부하르의 잔인하고 파괴적인 설명들을" 비판한다. 또한, 산악지역과 해안 지역을 대립적으로 파악하는 것은 현실을 지나치게 단순화하는 태도라고 지적하며 인디헤니스모 주창자들이 가지고 있는 모순성을 지적한다 (Aquézolo Castro, 69-73). 나아가 식민주의와 인디헤니스모를 대립시키고 있다는 이유와,『아마우타』의 서문(presentación)에서 약속했던 것과 모순되게『아마우타』에 원주민에 대한 폄하 글을 게재했다는 이유로 마리아테기를 비판한다(Aquézolo Castro, 69-73).

산체스의 비판에 대해 마리아테기는 2월 25일 자『아마우타』에「논쟁적인 단문(Intermezzo polémico)」이라는 글을 실어 답을 한다. 그는 산체스가 비판하는 인디헤니스모 추종자들의 모순은 인디

---

1) 인디헤니스모 논쟁의 내용은 Eugenio Chang-Rodríguez의 "El indigenismo peruano y mariátegui" 와 "José Carlos Mariátegui y la polémica del indigenismo"의 요약을 상당 부분 재인용 하였음을 밝힌다.

2) 인디헤니스모 논쟁의 원문은 *La polémica del indigenismo*(Manuel Aquézolo Castro, 1976) 에 실려 있다. 여기에서는 Chang-Rodríguez(2009)의 pp.106-107에 실린 인용문과 서지를 재인용 했다.

헤니스모가 단일한 형태로 존재하는 것이 아니라 다양한 층위의 주장을 가지고 있기 때문이라고 설명한다. 나아가 산체스가 인디헤니스모의 긍정적인 점과 부정적인 점들을 뒤섞으면서 인디헤니스모를 정확하게 이해하지 못하고 있다고 비판한다. 또한, 로페스 알부하르의 연구는 '우아누케뇨(huanuqueño)' 원주민의 심리를 다룬 것으로, 원주민이 가지고 있는 심리적 이중성에 관한 단순한 연구에 불과하다는 입장을 보여준다. 그리고 그는 페루의 당면 문제를 해결하기 위해서는 원주민 문제를 해결해야 하고, 이를 위해서는 원주민이 노동 계급의 절대다수를 차지하고 있는 현실에서 사회주의가 필요하다는 입장을 보여준다(Aquézolo Castro, 73-77). 마지막에 "나를 내셔널리스트로도, 인디헤니스모 추종자(indigenista)로도 그리고 유사 인디헤니스모 추종자(pseudo indigenista)로도 부르지 말고, 그냥 단순하게 사회주의자로 불러달라고 요구"하면서 글을 맺는다(Aquézolo Castro, 214-218).

산체스는 다음 호인 1927년 3월 4일 자 『문디알』에 「호세 카를로스 마리아테기에 대한 답변(Respuesta a José Carlos Mariategui)」이라는 글을 싣는다. 이 글에서 그는 스스로 '페루 내셔널리스트(nacionalista peruanista)'임을 밝힌다. 그러면서 마리아테기의 인디헤니모가 특정 지역, 특정 계층 혹은 특정 종족만을 분리해서 강조하고 있다고 비판한다. 이는 인디헤니스모가 추구하는 원주민 권리 운동을 특정 집단만을 위한 것으로, 페루의 국가적 통합을 해치는 태도로 이해한 것이다. 이런 그의 관점은 인디헤니스모에 대해 "배제주의적인 것이 아니라, 권리 회복을 위한 운동(un movimiento de reivindicación)은 불가능할까"라는 그의 물음에 잘 드러나 있다(Aquézolo Castro, 81).

다음 주에 마리아테기는 『문디알』에 「루이스 알베르토 산체스에 대한 답변(Replica a Luis Alberto Sánchez)」을 발표하고, 여기에서 내셔널리즘을 두 가지로 구분하여 설명한다. 식민지 민중들의 내셔널리즘과 유럽의 내셔널리즘이 바로 그것이다. 이렇게 내셔널리즘을 두 개로 구분한 이후에 유럽의 내셔널리즘을 반동적이고, 오히려 반내셔널리즘적인 것으로 부정적으로 기술한다. 이에 반해 식민지 민중들의 내셔널리즘을 혁명적이고 사회주의와 일치하는 것으로 간주한다. 그 다음 자신의 인디헤니스모를 식민지 내셔널리즘적인 것으로 정당화하고, 페루 사회 문제를 해결하기 위한 적절한 이론적 모색이지 무분별한 서구 이론의 추종이 아니라고 주장한다. 산체스는 1927년 3월 1일 자 『문디알』에 실린 「'주의'에 대한 '주의'들('Ismos' contra 'ismos')」을 통해 인디헤니스모 내에 "내셔널리즘적인 경향, 민중 지향적 경향, 사회적 귀족 계층에 대한 경멸, 토착적인 것에 대한 선호, 혁명적 경향" 등 몇 개의 이질적인 그룹이 모순적으로 존재한다고 지적한 바 있다. 또한, 식민주의와 인디헤니스모 사이의 투쟁이 아니라, 이국주의자와 토착주의자 사이의 투쟁이라고 말한다. 마리아테기의 인디헤니스모를 서구 이론의 추종으로 비판하기 위한 프레임이었다(Aquézolo Castro, 97-100).

산체스는 2주 후인 1927년 3월 25일 『문디알』에 「동일한 문제에 대한 첨언(Más sobre lo mismo)」을 싣고, 자신의 입장을 최종적으로 밝힌다. 여기에서 그는 원주민 문제와 관련하여 가장 해결하기 어려운 문제가 바로 원주민 내부의 착취 문제라고 주장한다. 원주민 문제를 원주민과 지배 세력 간의 구조화된 모순으로 보는 것보다, 오히려 원주민 내부 간의 갈등에 주목했다는 점에서 그가 원주민 문제를 바라보는 시각이 잘 드러난다. 또한, 나아가 페루가 교육에 의해 계몽되고 통합되는 것이야말로 페루가 당면한 문제를 해결하는 현실적인 대안이라는 주장을 함으로써, 중산층 지식인의 전형적인 내셔널리즘적 입장을 보인다.

마리아테기 역시 1927년 『아마우타』 3월호에 「논쟁의 끝 (Polémica finita)」을 발표하여 이 논쟁을 끝내고자 한다. 여기에서 마리아테기는 『아마우타』에 인디헤니스모에 부합하지 않는 글들이 실려 있다는 산체스의 비난에 대해 『아마우타』가 갖는 성격을 들어 반론한다. 왜냐면 『아마우타』는 정치, 경제, 사회뿐만 아니라 예술 부문을 포함하고 있으며, 전체적으로 보아 "전투적인 입장"이 없는 한 지식인의 "부차적인 혹은 단지 에피소드적인" 이야기가 『아마우타』의 성격이나 지향성을 훼손하지 않는다는 것이다. 즉 『아마우타』는 폭넓은 방식으로 인디헤니스모를 추구했고, 산체스의 비판은 사소한 에피소드들을 과장되게 받아들이고 있다는 것이다(Chang-Rodríguez, 2009, 106).

이렇게 진행된 인디헤니스모 논쟁은 당대 원주민 문제를 해결하기 위한 방안을 둘러싼 입장 차이에서 기인했다. 그러나 본질적으로 인디헤니스모는 페루에서 크리오요주의가 가지고 있는 한계를 극복하는 움직임으로 이해된다. 국가 건설과정에서 주도적인 역할을 수행해온 크리오요 세력이 페루의 국가적 문제를 해결할 수 있는 능력을 갖지 못한다는 자각이 있었기 때문이다. 국가적 난제를 해결하기 위해 절대다수 인구를 구성하고 페루 역사의 토대를 이뤄온 원주민들에 주목하는 것은 필연적이었다.

따라서 마리아테기로 대표되는 인디헤니스모가 등장한 1920년대 페루 사회에 당연한 귀결이었다. 그는 인디헤니스모 경향이 "단순한 문학적 요인이 아니라 복잡한 사회경제적 요인에 의존한다"는 사실을 잘 인식하고 있다. 당대 페루 사회의 모순을 집약적으로 드러내는 집단이 바로 원주민들로 인구의 절대다수를 차지하고 있지만, "사회경제적으로 가장 열악하고 예속되어 있기 때문"이다. 따라서 원주민들이 이러한 사회경제적 구조의 변화를 추구하고 평등을 요구하는 것은 너무도 당연하다는 결론에 이르렀다(마리아테기, 2013, 4-6). 결론적으로, 원주민들의 권리 찾기는 식민시대의 봉건적 유산을 청산할 때 가능하다고 보고, 사회주의가 그 해결책이라고 보았다. 원주민이 권리를 회복하고 평등한 국민으로 페루 국가의 주인이 되었을 때, 비로소 진정한 국가성이 확보되고 진보가 가능하다는 것이다.

인디헤니스모의 한계

인디헤니스모는 19세기 말과 20세기 초 페루, 멕시코 등 원주민 인구가 많은 라틴아메리카 국가들에서 자유주의 부르주아 지식인들에 의해 만들어진 하나의 개념으로 등장했다. 페루의 경우 인디헤니스모가 본격적으로 등장한 것은 20세기 초반이었고, 앞서 지적한 것처럼 인디헤니스모에는 다양한 경향성들이 있기 때문에 서로 모순적인 측면 역시 존재한다. 1927년 진행된 인디헤니스모 논쟁은 인디헤니스모 내부의 차이를 잘 보여준다.

인디헤니스모는 크게 보아 네 가지로 구분해 볼 수 있다(Berrios Cavieres, 1). 먼저 과두 계층 출신의 지식인들이 주축이 된 인디헤니스모를 들 수 있다. 이들은 원주민 문제를 마약, 알코올, 문맹 등 주로 문화적인 층위에서 해석하고 있다. 두 번째는, 자유주의적인 인디헤니스모 경향으로 가부장주의적 태도를 보여준다. 이 경향은 원주민 착취를 비판하고 극복을 요구하지만, 구조적인 층위의 해결

보다는 국가가 이런 문제를 해결해 줄 것을 요구하는 수준에 머문다. 세 번째로는 레기아 정부가 보여준 것 같은 정부 주도의 관제 인디헤니스모이다. 비록 집권 초기에는 원주민들에 우호적인 태도를 취했지만, 개발 주도의 정책을 통해서 원주민들을 강제 동원하려는 이중성을 보여주었다. 네 번째로는 마르크스주의적인 관점의 인디헤니스모를 들 수 있다. 원주민들의 착취와 소외의 원인을 구조적인 층위에서 찾고, 근본적인 사회구조의 변화를 추구했다. 이런 네 가지 입장에서 보면 인디헤니스모 논쟁에서 주된 대립 축이었던 마리아테기는 마르크스주의적인 인디헤니스모를 주장했고, 산체스는 자유주의적인 인디헤니스모 경향이다.

1927년 페루에서 벌어진 인디헤니스모 논쟁은 태평양 전쟁 패배라는 시대적 분위기와 레기아의 개발 정책 속에서 국가의 미래에 대한 지식인들 고민의 결과이다. 즉 독립 이후 페루 국가가 추구하는 방향성 내에서 원주민의 위치는 무엇이고, 원주민의 현실은 이런 방향성과 일치하는가를 묻고 있는 것이다. 이렇게 원주민 현실에 주목하고 원주민의 권리를 주장했던 인디헤니스모 논쟁에서 산체스는 마리아테기의 입장을 '원주민 배타주의'라는 관점으로 비판한다. 즉 그가 해안지대와 산악지대를 대립적으로 분리하고, 산악지대의 원주민들에게 우선권을 부여하고 있다는 것이다(Tarica). 이런 태도는 페루 국가의 통합성에 도움이 되지 못한다는 것이 산체스의 비판이다. 산체스는 원주민을 우선시하는 마리아테기와 달리, 자신은 분열적이고 대립적인 페루가 아니라 통합된 페루를 추구한다고 주장한다. 원주민의 역사와 과거를 강조하는 "잉카 페루(Peru inkaico)"가 아니라, "통합된 페루(Peru integral)"가 바람직하다는 것이다(Beigel, 49). 태평양 전쟁의 패배에서 보듯이 분열된 상태로는 페루가 발전할 수 없으며, 분열된 페루를 원주민성을 강조하면서 더욱 분열시키기보다는 하나로 통합시키는 것이 필요하다고 본다. 페루를 하나로 통합시키기 위해서는 원주민성보다는 국민성을 강조하는 것이 바람직하다는 것이다.

산체스의 이러한 공격은 마리아테기의 입장을 과장한 측면이 있다. 마리아테기는 분열된 페루를 치유하고 통합된 페루를 만들기 위해서는 원주민 문제를 우선 해결하는 것이 필요하다고 본 것이다. 즉 페루가 분열된 이유는 바로 원주민 문제에 있다고 보기 때문이다. 페루가 당면한 주된 모순을 원주민 문제에서 찾고, 사회주의적 생산 방식을 통해서 해결이 가능하다고 본 것이다. 이 과정에서 잉카 시기부터 페루 산악지역이 존재했던 원주민들의 공동체적 생산 양식에 주목했다. 이렇게 인디헤니스모 논쟁은 일정 부분 정치적 경향성의 차이를 보여준다. 마리아테기가 인디헤니스모에 사회주의를 결합하려 했다면, 산체스의 경우에는 내셔널리즘을 강조했고, 에스칼란테의 경우에는 레기아 정부의 친정부적인 인디헤니스모를 주장했다.

인디헤니스모 논쟁은 독립 이후에도 여전히 배제되고 주변화되어 있던 원주민 집단에 주목하고, 원주민 문제의 해결 방안을 모색했다. 그러나 중산층 출신 지식인들을 중심으로 진행된 인디헤니스모는 원주민 문제를 본질적으로 해결하는 데 한계를 가질 수밖에 없었다. 따라서 1930년대 이후 인디헤니스모는 현실적인 영향력을 갖지 못하고, 문학이나 예술 영역에 머물며 박제화하게 된다. 20세기 말 멕시코, 볼리비아, 에콰도르, 과테말라 등에서 원주민 주도로 본격적으로 전개된 원주민 운동은 이런 상황을 역설적으로 잘 보여준다고 할 수 있다.

제 7 장

쿠바 혁명과 라틴아메리카의 정체성:
아리엘과 칼리반

상징으로서 아리엘과 칼리반

독립 이후로 라틴아메리카 국가들이 지속적으로 직면했던 과제 중 하나는 국가 정체성 문제였다. 스페인 식민 통치로부터 '해방' 이라는 정치적 명분이 독립을 끌어냈다면, 독립 이후로부터는 국가 건설을 위한 새로운 정당성이 요구되었던 것이다. 즉 독립과 국가 형성과정을 주도했던 크리오요 엘리트 집단은 자신들의 지배를 정당화할 수 있는 새로운 국가 정체성을 필요로 했다. 이런 크리오요 엘리트들의 새로운 정체성 찾기는 독립의 실질적 과정을 고려해 볼 때 딜레마에 봉착할 수밖에 없었다. 독립이 스페인 식민 지배와 본질적인 단절을 가져오지 않았기 때문이다. 결국, 크리오요 엘리트들이 추구했던 국가 정체성은 유럽적인 것과의 관계 속에서 형성될 수밖에 없었다. 따라서 식민 이전의 원주민 전통에서 새로운 정체성의 뿌리를 찾고자 하는 시도는 한계를 지니고 있었다. 원주민 전통에서 정체성을 찾았지만, 유럽적인 근대 국가를 지향한다는 점에서 이중성을 가질 수밖에 없었던 것이다. 독립이 식민시기와의 구조적 단절이었다면 신생 공화국의 국가 정체성은 원주민 전통을 적극적으로 수용했을 것이다. 그러나 크리오요 엘리트들은 독립된 근대 국가 발전과 유럽적인 것의 이식이라는 이중적인 욕망에 사로잡혀 있었다. 따라서 크리오요 지식인들은 독립 이후 국가 정체성 형성과정에서 원주민 문화에 주목했지만, 19세기 중반 이후 산업화와 근대화가 급속하게 진행되면서 이른바 '야만'보다는 '문명'을 우선시하게 된다. 이런 크리오요 계층의 기대는 인디헤니스모에서 알 수 있듯이 많은 문제를 야기할 수밖에 없었고, 라틴아메리카적인 것을 국가 정체성 내에 새롭게 담아내야 하는 과제에 직면했다.

20세기 들어서면서 라틴아메리카 정체성의 뿌리에 놓여있는 '야만적인' 요소들을 새롭게 해석하려는 흐름이 나타났다. 로베르토 페르난데스 레타마르(Roberto Fernández Retamar)의 칼리반(Calibán)에 대한 해석이 대표적이다. 라틴아메리카 정체성 논의가 이렇게 변화되었다는 사실은 호세 엔리케 로도(José Enrique Rodó)의 『아리엘(Ariel)』과 비교해보면 두드러진다. 이 두 명이 시기적인 차이로 인해 직접적인 논쟁을 벌이지는 않았지만, 각자가 주장한 정체성의 근거는 라틴아메리카의 정체성 패러다임에 나타난 변화를 보여준다. 로도와 페르난데스 레타마르가 생각한 라틴아메리카의 정체성과 라틴아메리카 문화의 지향점은 서로 달랐다. 이런 차이는 두 사람이 처한 역사적 배경의 차이에서 기인했다고도 할 수 있다.

이런 차이에도 불구하고 두 사람 모두 라틴아메리카적인 정체성의 뿌리를 찾고 있다는 점에서 주목할 만하다. 그러나 로도가 라틴아메리카적인 것을 미국의 앵글로색슨 문화와의 차이를 통해서 모색하는 반면, 페르난데스 레타마르는 유럽적인 것의 비판적인 전유를 통해서 가능하다고 본다. 이 차이는 셰익스피어의 『태풍(Tempest)』에 등장하는 아리엘과 칼리반에 대한 로도와 페르난데스 레타마르의 해석에서 잘 나타난다. 아리엘과 칼리반의 해석에 나타난 차이가 바로 라틴아메리카 정체성 논의에 있어 질적인 변화를 보여준다. 아메리카 대륙에서 미국의 영향력이 급증하던 시기와 쿠바 혁명이라는 서로 다른 시대적 배경의 차이로 인해, 로도가 라틴아메리카 정체성의 상징을 아리엘에서 찾았다면 페르난데스 레타마르는 칼리반에서 찾았던 것이다. 라틴아메리카를 상징하는 인물이 완전히 변화한 셈이다.

아리엘이 라틴아메리카 문화의 상징으로 등장하게 된 배경은 미국의 세력 확장이다. 19세기 후반 라틴아메리카는 자본주의 경제 질서에 편입되면서 외형적인 경제 성장을 이룬다. 그러나 자유주의와 보수주의 세력 간의 갈등으로 인한 극심한 정치적 혼란 그리고 종속적인 경제 구조가 가져온 경제적 불확실성 등으로 라틴아메리카는 진통을 계속 겪어야 했다. 이런 혼란 속에서 라틴아메리카 지식인들은 당시 북쪽에서 세력을 확장하고 있던 미국에 대해 부러움과 경계심이라는 이중적인 감정을 갖게 된다. 독립 이후에 경제적 부를 통해 영향력을 확대해 가고 있던 미국에 대해 부러움과 함께, 남아메리카와 중앙아메리카로 세력을 확대하려는 데 대해 경계심을 가졌던 것이다. 1900년 몬테비데오에서 출판된 『아리엘』은 라틴아메리카적인 정체성을 강조하면서 미국에 대한 이런 양가적인 감정을 드러내고 있다.

반면 페르난데스 레타마르가 주목한 칼리반은 쿠바 혁명이라는 시대정신과 밀접한 관련을 맺고 있다. 쿠바 혁명을 통해 등장한 카스트로 정권의 대표적인 이데올로그였던 페르난데스 레타마르는 칼리반을 새롭게 해석함으로써, 쿠바 문화뿐만 아니라 라틴아메리카 문화적 정체성을 새롭게 구성하고자 했다.

『아리엘』과 라틴 문화의 정신성

젊은이들에게 대한 강연 형식으로 된 『아리엘』은 당시 라틴아메리카 지식인들에게 많은 영향을 끼쳤다. 또한, 라틴아메리카 문화 담론과 관련한 최초의 이론적 시도라 할 수 있다. 로도는 이 책에서 그리스 라틴 문화와의 연관성을 통해 라틴아메리카 문화적 정체성을 모색했다. 유럽적인 것과의 단절을 언급하지 않지만, 라틴아메리카 정체성을 그리스 라틴 문화에 둠으로써 스페인과의 단절을 상징적으로 드러냈다.

로도가 책 제목으로 정한 아리엘은 셰익스피어 『태풍』의 등장인물에서 유래한다. 『태풍』의 주요 등장인물은 프로스페로(Próspero), 아리엘(Ariel), 칼리반(Calibán)인데, 로도는 이 중에서 아리엘을 라틴아메리카 문화를 상징하는 인물로 본 것이다. 라틴아메리카 문화를 미국의 앵글로색슨 문화가 가지고 있는 물질주의와 대립되는 정신주의 문화로 간주했기 때문이다. 『태풍』에서 아리엘의 성격을 정신성으로 간주한 로도는, 이 정신성의 뿌리를 그리스 라틴의 미적 이상주의에서 찾는다. 감각적이지 않고 통속성에 오염되지 않으며, 물질주의적 가치에 훼손되지 않는 본질적인 가치가 미적 이상주의라는 것이다. 이런 주장은 19세기 말 자본주의와 물질주의적 문화가 확산되는 시대적 분위기와 깊은 관련이 있다. 세속적 물질 문화가 강조되는 상황에서 정신주의적 태도의 중요성을 강조했던 것이다.

이런 태도는 물질주의적 문화가 지배하는 사회에서 이상주의적 교육을 받은 엘리트 계층이 정치를 이끌어 가는 것이 필요하다는 주장으로 이어진다. 엘리트 정치 체제가 물질주의적이고 감각적인 문화가 아닌, 보다 정신적이고 고급한 문화를 만들어 낼 수 있다는 것이다. 젊은 지식인들이 정신성에 기반을 둔 정치 체제를 이끌어 갈 엘리트 계층으로 성장하기를 원했다. 이들 지식인이 라틴아메리카가 당면한 정치 사회적인 문제에 대한 보다 적절할 해결책을 제시할 수 있다고 보았다. 로도가 이렇게 정신성에 기반을 둔 문화적 정체성을 강조하는 이유는 당시 아메리카 대륙에서 팽창하고 있던 미국의 물질주의에 대한 반명제라고 할 수 있다. 이런 자신의 주장을 위해 미국의 물질주의 문화를 상징하는 인물로 칼리반을 들고, 칼리반과 대립되는 아리엘을 라틴아메리카 문화의 정신성을 상징하는 인물로 강조했던 것이다.

물론『태풍』의 등장인물을 이용하여 당대 상황을 설명하려고 한 이론가는 엔리케 로도가 처음이 아니었다. 루벤 다리오(Rubén Dario)가 1898년「칼리반의 승리(El triunfo de Caliban)」라는 글을 통해 당시 미서 전쟁의 승자인 미국을 비판하고 패자인 스페인을 지지했다(Lopes, 1). 로도는 이와 달리 칼리반과 아리엘의 대립을 라틴아메리카 문화를 설명하는 주된 핵심어로 제시했다. 로도가 라틴아메리카 정체성을 설명하기 위해 가져온 아리엘과 칼리반이라는 인물을 이해하기 위해서는『태풍』을 간단하게라도 살펴볼 필요가 있다.

1611년 영국에서 공연된 이 작품에는 약 20명의 등장인물이 등장하지만, 주요 인물은 프로스페로, 아리엘, 칼리반이다. 프로스페로는 자신의 왕국에서 형제간의 권력 다툼 끝에 쫓겨 난 귀족이다.

아리엘과 칼리반은 프로스페로가 도착한 곳에서 종으로 삼은 인물들이다. 작품의 무대가 되는 곳은 카리브해로 추정되는 지역에 있는 반쯤 버려진 섬이다(Lopes, 3). 페르난데스 레타마르는 이 섬이 "아메리카를 암시"하고 있으며, "우리 아메리카의 섬 중 하나를 신화화하고" 있다고 주장한다. 이렇게 그는 『태풍』의 무대가 아메리카의 어느 섬이라는 것이 확실하다고 단언하고 있다(Fernández Retamar, 24-25). 이 작품에서 아리엘과 칼리반을 묘사하는 장면은 둘 사이의 차이를 잘 드러내고 있다. 프로스페로는 아리엘에게 그가 칼리반의 어머니인 시코락스(Sicorax)의 종이었다고 말한다. 뱃사람들이 시코락스를 이 섬에 데려왔을 때 칼리반을 임신하고 있었고 아리엘이 그녀의 종이었다는 것이다. 이런 아리엘을 시코락스의 마법에서 구하는 데 자신이 많은 애를 썼다고 주장한다(셰익스피어, 36-37). 또 칼리반을 "악마와 사악한 마녀의 자식"이자, "인정이 아니라 몽둥이찜질이 어울리는" 종으로 묘사한다(셰익스피어, 39-40). 이처럼 프로스페로가 밀란에 있는 자신의 왕국에서 형제간의 갈등과 배신으로 쫓겨나 배를 타고 표류하다가 좌초된 무인도에서 거느리게 된 두 명의 종은 묘사에서 드러나듯이 대립적인 차이를 갖는다.

프로스페로는 자신의 영토에서 쫓겨날 때 미란다(Miranda)라는 딸을 동반했는데, 칼리반은 미란다에게 계속 흑심을 보인다. 반대로 아리엘은 프로스페로가 형제간의 골육상쟁에서 당한 패배를 복수할 수 있도록 도와주는 역할을 한다. 아리엘이 이처럼 프로스페로가 구상한 복수 계획을 구체화하는 동안, 칼리반은 미란다를 겁탈하려는 자신의 야욕을 채울 궁리를 하는 것이다. 따라서 프로스페로는 아리엘과는 달리 칼리반을 부정적으로 대하고 있다. 그는 칼리반을 추악한 외모의 타고난 악마처럼 묘사하고 본성이 원래 악하기 때문에 아무리 교육시켜도 소용이 없다고 주장한다. 프로스페로가 칼리반을 측은히 여겨 말을 가르쳤고, 이것저것을 가르쳤지만 별로 소용이 안 된다는 것이다. 칼리반은 자신의 엄마인 "시코락스가 나에게 준 섬인데, 당신이 빼앗"었다고 불평하지만, 프로스페로와 아리엘의 힘 앞에 굴복할 수밖에 없었다(셰익스피어, 39-40).

프로스페로와 마찬가지로 로도가 긍정적으로 바라본 인물 역시 바로 대기의 정령인 아리엘이었다(Fernández Retamar, 44). 로도는 아리엘에게서 자신이 독자들 나아가 당대 젊은이들에게 고취하고자 했던 모든 가치의 체현을 보았다. 로도가 『아리엘』에서 라틴아메리카의 문화적 정체성에 대한 나름의 대안을 제시하게 되는 배경은, 미서 전쟁을 통한 스페인의 몰락, 미국의 세력 강화, 각국에서 진행되는 근대화 과정, 유럽 이주민들의 대규모 유입이라는 시대적 상황이었다. 로도는 라틴아메리카의 젊은이들에게 미래를 향한 새로운 시각을 제시할 필요성을 느꼈고, 이를 위해서는 라틴아메리카 문화적 정체성을 새롭게 구성해야 한다고 주장했던 것이다. 그가 추구하는 라틴아메리카의 정체성은 앵글로색슨의 물질성이 아니라 라틴 문화의 정신성이었고, 아리엘이 이것을 상징한다고 보았다.

『아리엘』과 라틴아메리카의 정체성

로도는 『아리엘』에서 학생들에게 강의하는 형식을 통해서 자신이 하고자 하는 메시지를 전달하고 있다. 아메리카의 젊은이들을 대상으로 한 고별강연 형태의 글에서, 그는 학생들에게 고전주의와 미의 중요성을 강조했다. 이 고전주의와 미를 대표하는 인물로 아리엘을 선택했는데, 이러한 선택의 배경에는 미국으로 대표되는 앵글로색슨의 물질주의에 대한 비판이 들어 있다. 로도는 『아리엘』을 "칼리반의 끈질긴 흔적"을 지우면서, "비이성의 낮은 자극"에 맞서 "이성과 감성 제국"의 가치를 일깨우기 위한 것이라고 밝히고 있다(Rodó, 2). 따라서 그는 스승인 프로스페로의 입을 빌려 청년들이 고취해야 할 정신적 고귀함과 도덕적 가치에 대한 깊은 성찰을 보여준다. 프로스페로는 자신의 강론을 시작하면서 "아리엘이 나의 영감의 원천"이라고 밝히고 있다. 아리엘이야말로 "고결한 열정, 행위의 고결하고 사심 없는 원동력, 문화의 정신성, 지성의 생동력이자 기품"이라는 것이다. 그는 나아가 지성을 감각과 천박함의 상징인 칼리반적인 속성을 넘어서 인류가 추구해야 할 이상적인 목표로 간주했다(Rodó, 24). 이처럼 로도는 칼리반이 아니라 아리엘을 라틴아메리카 정체성이 추구해야 할 상징으로 선택했다.

아리엘을 아메리카 젊은이들이 추구해야 할 가치의 상징으로 간주한 로도는, 칼리반을 이와 대립하는 가치의 상징으로 묘사하고 있다. 칼리반이 부정적으로 등장하게 되는 시대적인 배경은 바로 미서 전쟁 이후 아메리카 대륙에서 급격하게 팽창하기 시작한 미국과 밀접한 관련이 있다. 즉 로도의 『아리엘』에는 당대 라틴아메리카 국가들이 당면한 가장 큰 위험이 미국으로 대표되는 물질주의라는 인식이 들어 있는 것이다. 이러한 물질주의 혹은 실용주의는 단순하게 미와 이성이라는 고전주의적 이상의 대립적인 가치로 등장하는 것이 아니라, 미국이라는 신흥 강국에 대해 느끼는 실질적인 위협에 대한 대응 논리로 나타났다(Marsh). 실용주의를 문명을 가장한 야만성의 한 형태로 간주하고, 라틴아메리카가 여기에 빠지는 것을 경계하기 위해 『아리엘』을 썼던 것이다. 물질적인 발전 그 자체를 목적으로 하고 있는 실용주의에서 정신적인 가치들이 간과되고 있다고 보았기 때문이다.

나아가 로도는 물질주의가 문명의 진정한 가치인 미학주의와 이상주의를 훼손하고 있다고 지적한다. 그는 물질적인 발전을 강조하는 실용주의를 자연과학과 민주주의의 발전과 관련시켜 설명하기도 한다. 특히 로도가 주목하고 있는 것은 민주주의라는 정치 체제의 확산이다. 민주주의라는 정치 제도를 통해서 실용주의와 다수결의 중요성이 강조되면서, 평범함과 대중성을 우선하는 문화가 만들어졌다는 것이다. 이런 관점에서 로도는 19세기 말 아메리카의 문화 지형을 칼리반으로 상징되는 실용주의적 민주주의와 고급한 정신적 가치 사이의 대립으로 파악한다(Marsh). 이런 인식 아래 미국이 실용주의적 민주주의를 대표하는 새로운 강국으로 등장하는 상황에서 라틴아메리카 젊은이들이 실용주의의 유혹에 빠지는 것을 경계하고자 했다.

로도가 강조하는 정신성은 다수결 원칙의 민주주의가 추구하는 가치와는 정반대였다. 진정한 정신적 가치는 아리엘로 상징되는 선택된 소수 엘리트들이 이해하고 향유하는 것이다. 따라서 다수 대중의 선택을 우선시하는 민주주의 정치 체제하에서는 아리엘의 가치는 폄하되거나 간과된다고 보았다(Marsh). 미국의 실용주의와 민주주의를 비판하는 로도의 주된 논리는 문화를 '평범함'으로 이끈다는 것이다. 민주주의와 실용주의가 우선시되는 사회에서 이상주의와 같은 정신적 가치들은 부차적인 것이기 때문이다(Rodó, 20-21). 이런 입장에 따라 로도는 라틴아메리카의 젊은이들이 미국식 민주주의와 실용주의 그리고 세속성을 추구하기보다는 더욱 고전적인 가치들에 기반한 문화적 정체성을 추구해야 한다고 강조했다.

　로도는 이처럼 민주주의가 갖는 대중적 성격을 비판하는 엘리트주의적인 관점을 가지고 라틴아메리카 문화를 바라보고 있다. 이런 점에서 『아리엘』에서 로도의 입장을 대변하고 있는 프로스페로가 아메리카의 젊은이들, 특히 엘리트 계층의 젊은이들에게 일종의 "예언자적 집단(especies proféticas)"이 되도록 교육받고 행동하도록 요구하는 것은 당연한 귀결이다(Rodó, 39). 이 선택된 지식인 집단이라 할 수 있는 예언자적 집단이 가지고 있는 우월한 정신적인 능력이 실용적인 가치들보다 중요하다는 것이다. 로도는 프로스페로의 입을 빌려 아메리카의 엘리트 젊은이들이 물질적인 가치를 중시하는 야만적인 문화에 맞서, 정신적 가치를 우선하는 새로운 문화적 정체성을 만들어야 한다고 강조한다.

　미국의 실용주의적 문화에 맞서 로도가 라틴아메리카 젊은이들에게 강조하는 문명의 정신적 가치는 유럽의 고대와 연결된다. 그가 주목하는 것은 식민시기에 유입된 이탈리아 르네상스와 프랑스 계몽주의이다. 라틴아메리카 지식인들이 르네상스와 계몽주의를 통해 그리스와 로마의 지적 유산을 이어받았다는 것이다. 따라서 자연스럽게 유럽의 고대와 라틴아메리카 사이에 정신적 연관 관계가 있다고 간주했다. 로도는 물질주의적인 미국에 맞서 라틴아메리카적인 정체성을 모색할 때 정복 이전의 라틴아메리카 문명에 주목하지 않았던 것이다. 로도의 라틴아메리카는 정신적 기원을 스페인이나 아메리카의 원주민 문명에서 찾는 것이 아니라, 이상화된 고대 그리스라는 유럽적인 문명의 전형에 두고 있다. 그가 추구하는 라틴아메리카적인 문화 정체성의 뿌리는 정복 이전의 원주민 문명이 아니라, 정복과 식민으로 이식된 유럽적인 것이었다(Marsh). 이처럼 라틴아메리카가 유럽인들과 같은 문화적 기원을 가지고 있고 이를 통해서 물질주의적인 문화에서 벗어나야 한다는 로도의 입장은, 미국의 위협이라는 당대적 문맥에서는 의미를 가질 수 있다. 그러나 라틴아메리카적인 정체성 모색이라는 관점에서는 근본적인 한계를 갖는 것이 사실이다.

라틴아메리카의 문화적 정체성을 그리스 라틴 문화에서 찾는 로도의 입장은 미국의 물질주의 문화에 대항해 새로운 정체성을 구성하려는 시도이다. 그러나 라틴아메리카 원주민 문명을 간과하는 태도는 라틴아메리카의 진정한 기원에 대한 부정이다. 나아가 크리오요 지식인 계층의 역할을 강조하는 것은 원주민과 유색인종 등 라틴아메리카의 다양한 인종 구성을 고려하지 않는 것으로, 식민시기의 인종적 패러다임에 머물고 있다는 비판이 가능하다. 라틴아메리카가 오랜 식민의 역사에도 불구하고 라틴아메리카가 추구해야 할 문화적 정체성이 유럽에 있다는 입장 역시 유럽 중심적인 태도이다(Fredericao Oliveira Bentley, 20). 따라서 로도가 아리엘을 라틴아메리카 문화적 정체성의 상징으로 삼는 것은, 상징적 재현을 넘어서 식민주의적이고 유럽 중심주의적인 태도의 연장으로 라틴아메리카 원주민과 문화적 전통에 관한 부정이라 할 수 있다.

라틴아메리카 문화적 정체성을 아리엘이라는 상징으로 설명하려는 로도의 태도는 유럽 중심적이라는 혐의를 받는다. 무인도에 도착한 프로스페로가 종으로 삼았던 아리엘과 칼리반 중에서 아리엘이 주인에게 순종하면서, 주인의 운명을 바꾸는데 기여했던 점을 고려한다면 이런 비판은 설득력이 있다. 즉 식민지 피정복자들이 정복자들의 지배를 내면화하고 그들의 명령을 따라야 한다는 지배자들의 지배 담론을 체현하고 있기 때문이다. 따라서 유럽 지향적인 엘리트 계층의 정서를 상징하는 아리엘이 라틴아메리카의 정체성을 대표하기에는 부적절하다. 식민과 정복에 저항했던 식민지 민중의 투쟁과 기억을 억압하기 때문이다(Fredericao Oliveira Bentley, 21). 같은 맥락에서 로도의 『아리엘』에서는 독립 이후 라틴아메리카 국가 형성기의 문제 틀이라고 할 수 있는 '문명과 야만'이라는 패러다임이 변주되고 있다고 할 수 있다. 라틴아메리카 정체성에 대한 사유의 본질적인 전환은 쿠바 혁명과 함께 시작된 일련의 변화와 함께 나타난다.

쿠바 혁명과 칼리반적 전환

미서 전쟁 이후 라틴아메리카 지역에서 유럽 열강을 대체하고 있던 미국의 세력 팽창을 배경으로 한 『아리엘』과 달리, 「칼리반」은 쿠바 혁명을 배경으로 하고 있다. 1971년 발표된 「칼리반」은 이른바 '파디야 사태(Caso Padilla)'가 계기가 되었지만, 더욱 직접적인 배경은 쿠바 혁명이라는 시대적 사건이다(Lie, 573). 두 작품이 이렇게 시기적 차이가 존재하지만, 공간적으로는 공통점이 존재한다. 『아리엘』이 직접적으로는 쿠바를 언급하지 않고 있지만, 아리엘이 등장하는 『폭풍』이 공간적으로 라틴아메리카 특히 카리브해 지역을 배경으로 하고 있기 때문이다.

라틴아메리카 지역의 독립이 대부분 1820년대에 이뤄진 것과 달리, 쿠바 독립은 상대적으로 뒤늦은 1898년이 되어서이다. 또한, 국내의 독립운동 세력이 스페인에 맞서 투쟁으로 쟁취한 것이 아니라, 미서 전쟁이라는 외생적인 요인에 의해 주어졌다는 한계를 갖는다. 물론 다른 지역에 비해 상대적으로 독립이 늦었지만, 쿠바 내에도 독립을 위한 투쟁은 지속적으로 존재했다. 쿠바 내의 독립 움직임이 본격화한 것은 다른 지역의 독립이 마무리된 19세기 말에 이르러서이다. 특히 1890년대 들어 쿠바산 설탕에 대한 대외 수요가 급감하면서 나타난 쿠바 내의 심각한 정치, 경제적 위기의 영향이 컸다. 쿠바의 독립운동 세력은 이러한 위기를 스페인 제국주의 체제가 유발한 필연적인 결과로 돌리면서 독립의 명분으로 삼았다. 독립운동이 격화하면서 식민 당국인 스페인과의 갈등이 심화되자, 쿠바에 경제적 이해관계를 가지고 있던 미국의 자본 세력 역시 위기감을 갖게 된다. 따라서 애초 쿠바의 독립과 자치를 지지했던 미국 정부는 독립 이후 쿠바가 자국의 이익에 해가 될 수 있다는 쪽으로 입장을 바꾼다(벤자민 킹, 227-231).

독립 이후 아메리카 대륙에서 세력을 확장하고 있던 미국은 자국의 정치 경제적 이익을 위해서는 남진이 필요했고, 전략적 거점으로 카리브해에 있는 쿠바가 중요했다. 이렇듯 쿠바의 독립운동은 미국의 팽창주의적인 정서와 일정 부분 결부되어 있었다. 미국이 서반구에서 스페인을 밀어내고 자신이 주도적인 역할을 하기 위해서 쿠바의 독립을 은연중 지원했기 때문이다. 미국은 이러한 자신들의 입장을 먼로 독트린의 전례들을 언급하면서 정당화했다. 즉 아메리카 대륙에서 유럽의 식민주의를 용인하지 않고, 자국이 필요하다면 무력으로 개입할 수 있다는 것이다.

이런 상황 속에서 1898년 쿠바의 아바나에서 미국과 스페인의 전쟁이 발발하게 된다. 1898년 2월 15일 밤 아바나 항에 정박 중이던 메인호에서 폭발사고가 일어나 배가 침몰하고 260명의 선원이 사망한 사건이 계기였다. 곧장 양국 사이에 전쟁이 발발했고, 전쟁은 일방적으로 미국의 승리로 귀결되었다(벤자민 킹, 231).

1898년 12월 10일 체결된 파리 조약으로 미서 전쟁이 종전됐었고, 카리브 지역에서 미국의 정치, 경제적 이해관계가 보장되었다. 미국은 쿠바의 실질적인 지배권을 장악했고, 푸에르토리코와 괌은 미국에 양도되었다. 필리핀 역시 미국에 총합 2천만 달러에 팔렸다. 미서 전쟁에서 패배하면서 신항로를 개척하고 아메리카 대륙을 식민화했던 스페인 제국의 위용은 이제 흔적만 남고 사라지게 된다. 반대로 스페인을 격파한 미국은 스페인 식민지였던 지역에 세력을 확장하면서, 아메리카 대륙의 명실상부한 강대국으로 자리매김한다. 식민 지배에서 벗어나기 위해 독립전쟁을 일으켰던 미국이 처음으로 해외에 식민지를 소유하게 되면서 식민국가가 된 것이다.

미서 전쟁의 결과로 쿠바는 스페인의 식민 지배에서 벗어나 정치적으로 독립 국가가 되었지만, 실질적으로는 미국의 지배를 받게 된다. 특히 미서 전쟁 이후 쿠바의 정치와 경제는 미국 자본의 이해관계에 의해 좌우되었는데, 그 제도적 틀이 바로 플랫 수정안(Platt Amendment)이었다. 이 수정안에 따라 미국은 쿠바 내에 해군 기지를 장기 임대할 수 있었고, 쿠바가 미국의 이익에 반하는 동맹 관계를 맺을 수 없게 했다. 또한, 자국민들의 생명과 재산을 지키고 질서를 유지한다는 명분으로 무력으로 개입할 수 있는 권한을 확보했다. 미국의 압력 아래 쿠바는 플랫 수정안을 받아들였고 미군은 1902년에 철수했다. 미군이 철수했지만 플랫 수정안에서 보는 것처럼 쿠바는 명목상으로만 공화국이었다. 독자적인 외교 관계를 추진할 수도 없었고, 경제 역시 미국 기업들의 이익에 좌우되었다. 또한, 플랫 수정안에 따라 1903년 쿠바의 관타나모 만에 미국 해군 기지가 건설되었고 오늘날까지 유지되고 있다(벤자민 킨, 231-234). 프랭클린 루스벨트 미국 대통령이 1934년 플랫 수정안을 폐기했지만, 이미 쿠바는 실질적으로 미국의 영향권에 놓여 있었다.

이런 미국과 쿠바의 종속적인 관계는 피델 카스트로가 1959년 혁명을 통해 정권을 장악하면서 새로운 국면에 돌입하게 된다. 1959년 쿠바 혁명의 직접적인 원인은 바티스타 정권의 오랜 독재였지만, 그 배경에는 식민 시기부터 지속되어 온 쿠바의 오랜 종속의 역사가 놓여 있다. 카스트로가 쿠바 혁명의 상징으로 호세 마르티를 내세우는 것에서 알 수 있는 것처럼 쿠바 혁명은 쿠바 내에서 이어온 반식민의 전통을 계승한 것이었다. 따라서 쿠바 혁명은 미국의 실질적인 지배에 균열을 내었다는 정치 사회적인 의미뿐만 아니라, 라틴아메리카 문화적 정체성에 많은 영향을 끼치게 된다. 쿠바 혁명의 의미는 이렇게 정치 사회적 층위에 그치는 것이 아니라, 문화적인 층위에서 더욱 크게 자리하고 있다(벤자민 킹, 259-260). 특히 당시 쿠바 혁명에 적극적인 지지를 보냈던 라틴아메리카 지식인 집단은 쿠바 혁명에서 새로운 가능성을 발견했다. 쿠바 혁명이 반독재 투쟁이자 반식민 운동에 그치는 것이 아니라, 라틴아메리카 민중이 혁명을 통해서 역사의 주체로 등장하는 계기가 되었다고 본 것이다. 라틴아메리카 민중들이 식민의 피해자에서 벗어나 자신들의 존재를 긍정적으로 인식하기 시작했다는 점이 바로 쿠바 혁명의 대표적인 문화적 성취였다.

쿠바 혁명의 대표적인 이데올로그였던 페르난데스 레타마르는 라틴아메리카 민중의 변화된 존재를 바로 『아리엘』의 칼리반 모습에서 발견했다. 기존의 추악한 외모를 가지고 외부에서 온 정복자에게 구속되어 있던 칼리반의 모습이 쿠바 혁명을 계기로 새로운 의미를 갖게 된다. 자신의 땅을 빼앗기고 억압당하던 모습에서 벗어나 스스로 자기 땅의 주인임을 자각하는 인물로 변화한 것이다.

이러한 쿠바 혁명의 문화적인 성취를 '칼리반적 전환'이라고 한다. 나아가 쿠바 혁명의 칼리반적 전환은 역사적으로 쿠바에 존재했던 암묵적인 인종주의의 종식과 관련이 있다. 1959년 카스트로는 직접 "직장과 문화적 공간에서의 인종적 차별을 철폐"하자고 호소했다. 비록 "인종주의적 감성"이 쿠바 문화 내에 여전히 남아 있기는 하지만, 1959년 이래로 사회의 구조적 변화를 통해 "혁명은 인종적 평등을 달성했다"라는 평가가 가능하다(벤자민 킨, 273-274). 이렇게 인종적 차별 해소는 크리오요 중심의 라틴아메리카 사회에서 원주민과 여타 유색인종이 식민 이래로 겪던 배제와 차별에서 벗어나, 라틴아메리카의 새로운 주인으로 등장한다는 점을 의미한다. 이것이 쿠바 혁명의 칼리반적 전환인 것이다.

오랜 식민 경험과 다양한 혼종의 역사로 인해 라틴아메리카 정체성을 정의하려는 시도는 많은 어려움이 있다. 또한 '우리는 누구인가'라는 정체성 문제에 대한 답이 언어로 주어지기 때문에 더욱 복합적이다. 라틴아메리카에서 보는 것처럼 피식민의 역사적 경험을 정복자의 언어로 정의하려는 시도는 태생적으로 한계를 지닌다. 이렇게 정복자의 언어로 자신의 정체성을 정의해야 했던 라틴아메리카 지식인들의 고민이 바로 쿠바 혁명을 통해 '칼리반적 전환'으로 나타난 것이다.

「칼리반」과 라틴아메리카

페르난데스 레타마르의 「칼리반」은 로도의 『아리엘』보다 약 70년 후에 나타났다. 1971년 출판된 「칼리반」은 쿠바 혁명 이후 라틴아메리카가 경험하고 있는 새로운 정치적 지형의 결과라고 할 수 있다. 이런 정치적 지형의 변화로 인해 「칼리반」에서 칼리반은 로도의 해석과 달리 새로운 의미를 갖게 된다. 로도의 『아리엘』에서 칼리반은 미국을 상징했지만, 「칼리반」에서는 라틴아메리카의 수탈된 민중이자 정치적 자각을 상징하는 인물로 변화했다. 이렇게 페르난데스 레타마르의 「칼리반」이 라틴아메리카 정체성 담론에서 질적인 변화를 의미하는 중요한 텍스트이지만, 칼리반을 억압된 민중과 동일시했던 것은 「칼리반」이 처음은 아니다.[1) 칼리반에 주목했던 움직임 속에서 페르난데스 레타마르의 「칼리반」이 의미를 갖는 것은 쿠바 혁명이라는 시대사적 맥락과 깊은 관련을 가지고 있기 때문이다.

『아리엘』에서 미국을 물질주의 문화가 지배하는 국가로 간주하고 그리스 로마의 정신성을 강조하는 방법을 통해 라틴아메리카 문화적 정체성을 모색했다면, 「칼리반」은 전혀 새로운 접근 방법을 보여준다. 이런 변화의 배경에 반독재와 반식민을 추구했던 쿠바 혁명이 있었다. 쿠바 혁명을 통해 식민적 질서와의 단절을 모색했던 라틴아메리카 지식인들이 칼리반이라는 상징에 주목했던 것이다. 로도의 입장에 따르면 칼리반은 라틴아메리카 문화에서 배제되어야 할 것들의 상징이다. 칼리반은 정신적인 것을 위협하는 실용적이고 물질적인 욕망을 대표했다. 또한, 엘리트 계층의 세련된 문화와 교양과는 차이가 있는 대중의 통속성과 감각성을 상징한다. 나아가 민주주의 정치하에서의 대중의 통속적인 열망을 대표한다. 그뿐만 아니라 정복 이전 라틴아메리카가 가지고 있던 야만성을

---

1) Manuel Gálvez, *Calibán, tragicomedia de la vida política*(1943), Aníbal Ponce, *Humanismo burgués y humanismo proletario*(1953), John Wain, *El mundo vivo de Shakespeare*(1964) 등의 작품에서 칼리반을 수탈된 민중과 동일시하고 있다. Aimé Césaire의 *Une tempê*(1969)에서는 칼리반을 흑인 노예와 일치시키고 있다.

상징하기도 한다. 반면 페르난데스 레타마르는 칼리반을 완전히 다르게 해석했다.

페르난데스 레타마르는 칼리반이라는 이름의 어원을 통해서 칼리반의 의미를 확장한다. 셰익스피어의 『태풍』에서 칼리반은 프로스페로가 통치하는 섬의 원주민이었다. 이 칼리반(Calibán)이라는 이름이 카니발(cannibal)의 철자 바꾸기(anagram)인 것이다. 카니발은 카리브(carib)에서 유래되었는데, 원래 서인도제도에 살고 있는 호전적이고 식인적인 종족의 이름으로 알려졌다. 이 카리브족은 스페인 정복으로 사라졌고 카리브해라는 이름으로만 남아 있다. 페르난데스 레타마르는 프로스페로가 도착한 무인도가 아메리카의 한 섬이고 칼리반은 바로 아메리카의 카리브(carib)를 차용했다고 주장한다. 칼리반이라는 이름에서 정복자들에 의해 사라진 카리브족의 이름을 읽어 내면서 페르난데스 레타마르는 피식민의 관점에서 칼리반을 해석하는 것이다(페르난데스 레타마르, 19-21). 칼리반이야말로 오랜 식민의 경험을 비판하고 탈식민을 모색하는 아메리카의 진정한 상징이라고 본다. 유럽 정복자들의 후손들인 크리오요 엘리트들이 라틴아메리카의 주인 역할을 하는 것에 문제를 제기하고, 아메리카 대륙의 원주민이었던 원주민과 혼혈인들의 중요성에 주목한 것이다. 로도가 칼리반을 엘리트주의적인 관점에서 바라보고, 이상화된 유럽주의적인 아리엘의 타자로 인식했던 것과는 차별된다.

페르난데스 레타마르는 이런 관점에서 "우리들의 상징은 로도가 생각했던 아리엘이 아니라, 칼리반이다"라고 주장했던 것이다(Fernández Retamar, 37). 프로스페로로 대표되는 정복자들이 아메리카의 섬들을 침략했고, 우리들의 선조들을 살해했고, 칼리반을 노예로 만들었다. 그리고 칼리반과 의사소통을 위해 언어를 교육시켰다. 페르난데스 레타마르가 보기에 칼리반이 이 식민 상태에서 벗어나기 위해서 할 수 있는 일은 그리 많지 않았다. 칼리반이 그를 저주하기 위해, 그에게 천연두나 걸려 버리라고 말하기 위해 바로 그 언어를 사용하는 것 외에 다른 수단은 없었던 것이다(Fernández Retamar, 19).

이처럼 페르난데스 레타마르는 식민에서 벗어나기 위해 정복자들의 언어를 저항의 도구로 사용해야 하는 칼리반에게서 라틴아메리카인들의 모습을 읽어 낸다. 그는 칼리반의 문화, 칼리반의 역사 외에 라틴아메리카의 문화적 상황과 현실을 설명하는 보다 적절한 "은유"를 알지 못한다고 말한다(Fernández Retamar, 37). 여기에서 우리가 주목해야 할 점은 칼리반이라는 상징이 식민과 피식민이라는 대립, 혹은 유럽적인 것과 지역적인 것의 대립 속에서 피식민적이고 지역적인 것의 상징으로 단순하게 파악될 수 없다는 것이다. 라틴아메리카는 유럽적인 것과 토착적인 것의 대립만으로 명확하게 해결되지 않는 보다 복합적인 구성물이기 때문이다. 라틴아메리카 정체성을 설명하기 위해 사용되는 아리엘과 칼리반이라는 상징에서 알 수 있듯이, 라틴아메리카는 유럽적인 언어와 밀접한 관계를 맺고 있다. 즉 칼리반은 토착적인 것이 아니라 '외래적인 가공물'인 것이다. 나아가 칼리반 역시 식민 상태에서 벗어나기 위해 유럽인들의 언어를 탈식민의 도구로 사용하고 있다. 라틴아메리카를 구성하는 언어가 바로 유럽적이라는 점에 라틴아메리카 정체성의 특징이 있는 것이다.

유럽의 정복과 오랜 식민 과정으로 인해 라틴아메리카인들은 바로 '정복자들의 언어'를 가지고 소통해야 한다. 유럽 식민주의의 유산을 극복하는 과정 역시 정복자들의 언어를 사용해야 한다는 점에서 라틴아메리카 문화는 복합적이다. 정복자들의 언어를 사용하는 상황에서, 정복자들의 것이라는 이유로 유럽적인 요소를 배제하는 것은 불가능하다. 라틴아메리카인들은 정복자들의 언어로 자신들의 토착적인 역사를 드러내고, 자신들의 현재 역시 유럽적인 언어로 표현해야 했다. 따라서 페르난데스 레타마르에게 있어 유럽적인 요소는 로도의 입장과는 다르다. 로도가 라틴아메리카적인 것을 배제하고 유럽적인 뿌리에 주목했다고 한다면, 레타마르에게 있어 유럽적인 것은 라틴아메리카적인 것을 표현하는, 나아가 라틴아메리카의 일부로서 존재한다.

『아리엘』에서 칼리반은 물질주의적이고 야만적인 미국을 상징했고, 그리스 고전주의의 미와 정신성을 대표하는 아리엘이 라틴아메리카의 문화적 정체성이 지향해야 할 가치였다. 반면 「칼리반」에서는 칼리반이 라틴아메리카의 착취 받는 민중들의 상징으로 바뀐다. 칼리반이 자신의 말을 하지 못하는 추악한 괴물이 아니라, 정복자들이 파괴한 카리브이자 라틴아메리카 원주민의 전형으로 등장한 것이다. 이런 전환의 배경에는 쿠바 혁명이라는 시대사적인 사건이 있었다. 쿠바 혁명의 열기 속에서 라틴아메리카 지식인들은 라틴아메리카적인 것을 긍정하는 존재론적인 전환의 징후를 칼리반에게서 읽어 냈던 것이다.

아리엘과 칼리반 논쟁의 의의

라틴아메리카는 정복과 오랜 식민시기라는 역사적 경험으로 인해 인종과 문화 등에서 다양성을 보여준다. 이러한 다양성은 문화적 조형성의 근간이 되기도 하지만 현실적인 갈등의 계기가 되기도 한다. 라틴아메리카 정체성 역시 시기와 입장에 따라 서로 다른 모습으로 나타났다. 라틴아메리카 정체성에 대한 차이를 가장 잘 보여준 사례가 바로 로도와 페르난데스 레타마르의 경우이다. 로도와 페르난데스 레타마르는 각자의 시대정신을 가지고 라틴아메리카의 정체성을 말하고 있다. 로도의 경우에는 미서 전쟁 이후 아메리카 대륙에서 팽창하고 있는 미국의 물질주의에 맞서 미학적 이상주의에 토대를 둔 라틴아메리카를 꿈꾸었고, 페르난데스 레타마르는 쿠바 혁명 이후 변화된 시대정신을 칼리반을 통해 드러냈다.

이러한 차이들에도 불구하고 이들은 공통적인 문제의식을 지니고 있다. 주어진 시대적 조건 속에서 라틴아메리카 정체성을 어떻게 구성할 것인가라는 문제의식이 바로 그것이다. 다시 말해 아리엘과 칼리반으로 대표되는 라틴아메리카 정체성은 서로 대립적이다. 또한, 여기에는 시대적 조건의 차이로 인해 각 시대를 주도하고 있는 사회적 주체들에 대한 이데올로기적인 감수성의 차이가 내재해 있다. 그럼에도 불구하고 두 지식인은 '라틴아메리카적인 사회적, 문화적 정체성의 모색'이라는 문제의식을 공유하고 있다. 로도는 미국의 물질주의 문화가 아닌 정신성을 강조하는 엘리트적인 태도를 통해 아메리카 대륙의 새로운 정체성을 모색하고자 했다. 반면 페르난데스 레타마르는 맹목적이고 야만적인 실용주의를 나타냈던 칼리반을 새롭게 해석한다. 즉 억눌린 민중이자 피식민의 경험을 하고 있는, 아메리카의 '진정한 모습'으로 등장하게 된다.

역사적으로 『아리엘』은 라틴아메리카의 문화적 정체성과 이미지를 상상하는 과정에서 매우 중요한 계기가 되었다. 또한, 명확하게 미국을 칼리반과 동일시하지는 않았지만, 라틴아메리카 지식인들이 가지고 있는 미국의 이미지를 칼리반을 통해 드러냈다. 이 과정을 통해 20세기 동안 라틴아메리카인들의 상상력 속에 미국은 정신성과 이상주의를 결여한 실용주의적이고 물질주의적인 이미지로 자리 잡게 된다(Ruffinelli, 297-298). 물론 로도는 그리스 라틴적인 뿌리를 지닌 정신주의를 미국의 물질주의와 실용주의를 대비시키고 있지만, 미국을 부정적으로만 본 것은 아니었다. "그들을 사랑하지는 않지만, 그들을 존중한다("les admiro, aunque les amo")라는 표현에서 알 수 있듯이, 그의 미국에 태도는 다소간 모순적이라 할 수 있다(Rodó, 29). 이는 당대 라틴아메리카인들이 아메리카 대륙에서 무섭게 팽창하고 있던 미국에 대해 가지고 있던 모순적이지만 일반적인 태도였다.

『아리엘』로 대표되던 라틴아메리카 문화 정체성 담론에 변화를 가져온 것은 쿠바 혁명이라는 계기였다. 쿠바 혁명 이후 카스트로 체제를 붕괴하려는 미국의 다양한 이데올로기적 시도가 『문화 자유지(Cuadernos del Congreso por la Libertad de la Cultura)』와 『문도 누에도(Mundo Nuevos)』 같은 잡지를 통해 진행되었다. 미국의 이데올로기적 공세에 대응하기 위해 쿠바 내 지식인들의 움직임이 있었고, 이런 시대적인 맥락에서 「칼리반」이 쓰였다(이성훈, 336-339). 이렇게 『칼리반』이 쿠바 혁명을 배경으로 반미적인 경향을 띠고 있지만, 라틴아메리카적인 것을 구성하려는 새로운 시도였다. 쿠바 혁명의 이데올로기 속에서 라틴아메리카를 새롭게 해석하고 자기 정체성을 긍정하려는 움직임 속에서 칼리반이 상징으로 등장한 것이다.

앞서 말한 것처럼 로도의 『아리엘』과 페르난데스 레타마르의 「칼리반」은 서로 다른 시대정신을 대표한다. 1900년과 1971년이라는 출판 연도의 차이가 의미하듯이 두 작품 사이에는 엄청난 시대적 변화가 존재했다. 19세기 말 라틴아메리카에서 유럽 중심주의적인 크리오요 엘리트 계층이 여전히 지배적인 세력이었다면, 쿠바 혁명 이후에는 비판적인 지식인들이 대거 등장했던 것이다. 따라서 남성적, 백인, 엘리트 중심주의가 기저에 자리 잡고 있던 『아리엘』과 달리, 「칼리반」에서는 피식민의 경험을 지닌 민중적 주체가 등장한다. 페르난데스 레타마르의 칼리반은 바로 열등한 것으로 평가되던 원주민 문화에 대한 재해석을 상징한다. 또한, 자신의 땅에 뿌리내리고 살고 있던 민중들의 각성을 의미한다. 식민화된 원주민에서 자신의 운명을 개척하려는 새로운 주체로의 전환은, 그간 라틴아메리카 사회에서 배제되고 주변화된 세력의 정치적 성장과 밀접한 관계를 갖는다. 이들이 크리오요 엘리트가 주도하는 사회적 질서가 아닌, 민중적 주체가 주도하는 새로운 질서를 요구했던 것이다. 따라서 '칼리반적 전환'은 독립 이후에도 여전히 유지되고 있던 식민 질서와 유럽 중심적인 문화적 정체성의 균열을 의미한다(Ruffinelli, 301).

칼리반적 전환은 쿠바 혁명의 이데올로기적인 표현이자 혁명 이후의 사회적 변화를 정당화하는 담론의 일환이었다. 또한, 페르난데스 레타마르의 「칼리반」은 쿠바 혁명의 성과와 유산을 쿠바라는 일국적인 차원에서 맥락화하는 것에서 나아가, 라틴아메리카적인 차원에서 정당화하려는 담론적 행위였다(Ruffinelli, 302). 이렇게 페르난데스 레타마르의 칼리반적 전환은 당대 시대사적 문맥에서 의미를 가질 뿐만 아니라, 라틴아메리카 정체성 논의에서 질적인 변화를 가져왔다.

제 8 장

지역성과 보편성:
아르게다스와 코르타사르 논쟁

라틴아메리카 문화의 구심력과 원심력

라틴아메리카 문화의 정체성 문제는 독립 이후로 라틴아메리카 지식인들의 주요한 관심사였다. 독립 이후 지식인들이 지속적으로 추구했던 국가 정체성, 더 나아가 폭넓은 의미에서 라틴아메리카적인 정체성은 양면적인 측면을 가지고 있다. 라틴아메리카의 독립이 근본적으로 유럽과의 단절을 가져온 것이 아니라 지배 세력의 교체에 그쳤고, 정치, 경제, 문화적인 측면에서 식민 체제가 여전히 영향력을 유지했기 때문이다. 독립에도 불구하고 식민적 구조와 함께 스페인의 문화적 유산은 계속해서 라틴아메리카 정체성의 중요한 일부가 되었던 것이다. 따라서 독립 이후 라틴아메리카 문화는 스페인 문화와의 관계를 지속적으로 유지하려는 움직임과 여기에서 벗어나 독자적인 라틴아메리카 문화를 형성하려는 시도 사이의 긴장 관계 속에서 발전해 간다.

독립 이후 라틴아메리카 문화의 긴장 관계는 다른 측면에서 '구심력'과 '원심력'을 통해 설명할 수 있다. 구심력이 라틴아메리카 문화 정체성에서 스페인의 영향력을 강조하는 입장이라면, 원심력은 여기에서 벗어나 보다 라틴아메리카적인 문화를 추구하는 경향을 말한다.[1] 이런 구심력과 원심력의 긴장 관계 속에서 라틴아메리카 문화가 형성되었던 것이다. 낭만주의 시기부터 형성되기 시작한 라틴아메리카 지역 문화에 관한 관심은 이후, 내셔널리즘의 기반이 되어 국가 정체성 담론의 토대가 되었다. 이러한 국가 정체성 담론은 영토 안의 모든 다양성을 국민국가에 통합함으로써 문화 전반에 걸쳐 강력한 영향력을 행사하게 된다. 물론 이러한 국민 정체성 담론이 독립 시기부터 단일하고 고정적인 형식을 가지고 출현한 것은 아니다. 그럼에도 불구하고 독립 이후 국가 정체성을 구성해가는 데 있어 매우 중요한 축을 형성했으며 포괄적인 의미에서 내셔널리즘의 근간이 되었다.

라틴아메리카 문화 형성에서 이러한 내셔널리즘이라는 원심력에 대한 항력이 작용하고 있는 것 또한 사실이다. 내부적으로 존재하는 불균등한 발전과 종족적 다양성으로 인해 내셔널리즘에 대한 거부감이 존재했던 것이다. 또한, 외부적으로는 스페인 문화와의 관계가 보여주듯이 지속적으로 지역적 경계를 넘어서 다른 문화와 교섭하려는 움직임이 존재했다. 이런 경향이 바로 원심력에 대응하는 항력 즉 구심력이다. 한마디로 문화적 구심력과 원심력은 라틴아메리카에서 단수의 정체성과 복수의 정체성, 단일한 문화와 다양한 문화, 지역성과 보편성 사이의 긴장을 유발하는 동력인 것이다. 이렇게 문화적 원심력과 구심력은 시기와 지역에 따라 양상을 달

---

1) 원심력과 구심력은 어떤 입장에서 바라보느냐에 따라 달리 표현이 가능하다. 라틴아메리카를 중심에 놓고 보면 라틴아메리카적인 것에 대한 추구를 구심력으로, 스페인문화에 대한 강조를 원심력으로 표현할 수도 있다. 그러나 여기에서는 독립이후 스페인 문화 유산과의 관계에 주목하고 있기 때문에, 스페인 문화와의 보편성을 주장하는 태도를 구심력으로 표현했다.

리하지만, 라틴아메리카 문화를 구성하는 기본적인 기제로 작동하고 있다.

20세기 들어서도 라틴아메리카 문화 속 원심력과 구심력 사이의 긴장은 여러 계기를 통해서 잘 드러난다. 20세기 초반 등장했던 '지적중심 논쟁'과 '보편주의 대 국가주의 논쟁'이 대표적이다. 이 논쟁들은 20세기 후반 라틴아메리카 문화의 구성적 대립 원칙이자 구심력과 원심력의 또다른 이름인 보편성과 지역성의 원형적 형태를 잘 보여준다. 1927년의 '지적중심(meridiano intelectual)' 논쟁에서는 20세기 초반 라틴아메리카 지식인들이 스페인의 문화적 영향을 어떻게 이해하고 있는지가 잘 드러난다. 또한, 멕시코에서 1932년 진행된 '보편주의 대 국가주의(cosmopolita vs. nacionalista)'는 스페인 27세대와 혁명문학을 중심으로 문화 정체성의 대립을 보여준다. 지적중심 논쟁은 20세기 초반 여전히 스페인으로 대표되는 보편성과 독립 국가의 지역성이라는 대립적인 담론구조가 여전히 작동하고 있다는 점에서, 후자의 경우에는 국민국가 내부에서 문화적 입장을 어떻게 정할 것인가를 둘러싼 갈등이 전위주의로 대표되는 보편성을 중심으로 진행되었다는 점에서 20세기 초반 라틴아메리카 문화 지형을 잘 보여준다.

라틴아메리카 문화의 구성적 힘인 구심력과 원심력이 라틴아메리카 문학의 보편성과 지역성이라는 개념으로 더욱 정교하게 체계화된 것은 훌리오 코르타사르(Julio Cortázar)와 호세 마리아 아르게다스(José María Arguedas) 사이의 논쟁이었다. 라틴아메리카 붐 소설의 대표적인 작가 중 한 명인 아르헨티나 태생의 훌리오 코르타사르와 페루의 호세 마리아 아르게다스 사이의 논쟁은 1968년부터 1971년까지 진행되었다. 코르타사르는 여러 논쟁에 주도적으로 참여했지만, 이 논쟁은 특히 이후의 다른 지적 논쟁뿐만 아니라 붐 소설이 가지고 있는 의미와 지적 태도들을 다양한 각도에서 이해 하는 주요한 틀이 된다. 이런 보편성과 지역성의 대립은 이 시기에 처음 등장한 것이 아니라, 독립 이후 시기에 따라 그 성격과 색깔, 또 강도를 달리하면서 지속적으로 존재해왔다. 보편성과 지역성의 대립이 국가 형성을 위한 내셔널리즘의 토대가 되었기 때문이다.

독립 이후에 내셔널리즘이 등장하여 영토 내의 주민들을 이른 바 국민으로 만들기 위해 여러가지 시도를 했지만, 라틴아메리카에 서 국민국가가 그렇게 고전적인 형태로 자리 잡지는 못했다. 이처 럼 실제로 내셔널리즘이 국민 만들기에 있어 얼마나 유효한 수단 이었는가에 대해서는 논란의 여지가 있지만, 문화적인 층위에서 라 틴아메리카라는 일정한 동질성을 바탕으로 국민국가를 강화하기 위해 지속적으로 작동했다. 내셔널리즘은 구성원들에 동질감으로 부여하기 위해 타자와의 차이를 강조하는데, 라틴아메리카에서 내 셔널리즘은 유럽적인 문화와의 차별을 통해 라틴아메리카적인 정 체성을 모색하는 방식으로 작동했다. 즉 라틴아메리카에서 국민국 가의 정체성은 타 국가와의 차별성을 강조하기보다는 유럽적인 것 과의 차별성을 강조하는 방식으로 진행되었다. 라틴아메리카적인 정체성 내에서 개별 국민국가가 갖는 정체성을 어떻게 구성할 것 인가의 문제는 어찌보면 20세기 내내 그리 두드러진 문제는 아니 었다.

라틴아메리카에서 독자적인 지역 문화를 구성하고자 하는 시도 가 등장한 것은 낭만주의 시기였다. 유럽과 차별되는 독자적인 미 학이 나름의 성취를 보인 것은 모데르니스모에 이르러서였다. 물론 모데르니스모에 이르러 라틴아메리카의 독자적인 미학 흐름이 만들어졌다고 주장하지만, 모데르니스모 역시 유럽의 미학적 자장 내에서 완전히 자유로운 것이 아니었다. 이후 20세기 들어서도 계속적으로 유럽 지향적인 태도와 지역적인 태도를 강조하는 입장 사이의 긴장과 갈등이 시기에 따라 형태를 달리하면서 지속되었다. 이런 긴장과 갈등은 1960년대 붐 소설에 이르러 새로운 전기를 맞이하게 된다. 붐 소설이 라틴아메리카적인 사유 방식과 유럽적인 소설형식을 결합하여 새로운 미학적 전범을 만들고 이를 통해 일정한 보편성을 획득했다는 것이다. 그러나 이러한 통문화화(transculturación)적인 설명 방식 역시, 유럽 출판자본과의 관계 속에서 당시 붐 소설의 성취를 설명하려는 입장에 따르면, 유럽의 영향에서 그리 자유로운 것이 아니었다. 붐 소설의 일정한 문학적 성취라고 말하는 문학적 테크닉에 대한 비판적인 태도가 존재하는 것 역시 사실이다. 이렇듯 1960년대 붐 소설이라는 라틴아메리카 소설 문학의 세계적인 성취 이면에는 이런 문학적 흐름을 어떻게 이해해야 하는가를 둘러싼 첨예한 갈등이 잠재해 있다.

이 갈등의 주된 논쟁 축을 가장 잘 보여주고 있는 것이 바로 아르게다스와 코르타사르의 1960년대 논쟁이다. 이 논쟁은 보편성과 지역성 논쟁을 통해 유럽 지향적인 태도를 어떻게 이해할 것인가라는 해묵은 문제, 그리고 토속성(telurismo) 혹은 인디헤니스모에 대한 강조와 문학적 테크닉, 더 나아가 글쓰기가 갖는 의미에 대한 대립을 잘 보여준다.

'지적중심' 논쟁과 '보편주의 대 국가주의' 논쟁[1]

지적중심 논쟁은 기예르모 데 토레(Guillermo de Torre)가 1927년 4월 27일 자『라 가세타 리테라리아(La Gaceta literaria)』에 무기명으로 「중남미의 지적중심으로서 마드리드(Madird, meridiano intelectual de Hispanoamérica)」라는 글을 발표하면서 시작된다. 기예르모 데 토레는 여기에서 독립 이후부터 스페인과 라틴아메리카 사이에 명백하게 혹은 암묵적으로 존재하던 문화적 영향 관계를 논쟁적인 방식으로 드러냈다. 독립 이후 라틴아메리카의 정체성을 새롭게 구성하려는 라틴아메리카 지식인들의 태도를 비판한 것이다. 라틴아메리카 문화를 유럽의 대도시 혹은 스페인으로부터 "결정적이고 완벽하게" 분리하려는 라틴아메리카 지식인들의 욕구를 부정적으로 본 것이다(Alemany Bay, 1998, 14). 그의 입장은 스페인에서 벗어나려는 이들 지식인과 달리 라틴아메리카가 지적 영역에서 스페인의 전범을 따라야 한다는 것이다. 이런 그의 주장은 스페인 식민지들은 독립 이후에도 식민 모국이었던 스페인의 문화 흐름을 뒤따라야 하고, 스페인이 라틴아메리카 지식인들과 문화의 참조점이 되어야 한다는 당시 스페인의 일반적인 견해를 충실하게 반영하고 있다(Croce, 2006, 68-69).

이 논쟁은 1927년에 나타났는데 이 사실은 흥미로운 점이 있다. 모네갈이 지적하고 있듯이 1927년은 공고라 사후 300년이 되는 해로 27세대가 등장하면서 스페인에 새로운 문화적 기운이 싹트고 있던 해였다. 스페인 문인들 사이에 스페인 문학이 중세, 르네상스,

---

1) 이 글에는 이성훈(2010) "1920, 30년대 라틴아메리카 문화 지형도: '지적중심 논쟁'(1927)과 '보편주의와 국가주의 논쟁'(1932)을 중심으로"에서 발표된 내용이 포함되었다.

바로크로 이어지는 문학적 전통을 계승하고 있다는 자부심이 나타났던 시기였다. 또한, 1898년의 재앙에서 역설적으로 시작된 '새로운 황금 세기(nuevo siglo de oro)'를 경험한 해이기도 하다(Monegal, 53). 스페인에서 1920년대 들어 다양한 문학 움직임들이 전위주의(vanguardismo)로 나타났고, 스페인 작가들은 이를 통해 1898년 이후의 역사적 침체기를 대체할 문화적 자긍심을 적극적으로 표현하기 시작했던 것이다. 이처럼 1927년의 지적중심 논쟁의 배경에는 스페인 전위주의 문학 세대인 27세대의 등장이 있었다. 27세대의 등장으로 스페인은 문화적 자부심을 상당히 회복했고, 이것이 신대륙에 대한 우월감으로 등장했던 것이다.

기예르모 데 토레의 입장에 대한 즉각적인 반발이 부에노스아이레스의 전위주의 잡지인 『마르틴 피에로(Martin Fierro)』에서 활동하고 있던 문인들을 중심으로 이 잡지 7월 10일 자에 실렸다. 이들의 비판은 라틴아메리카 전위주의자들과 스페인 전위주의자들 사이에 해소할 수 없는 문학적 차이가 존재한다는 것을 보여준다. 『마르틴 피에로』에 나타난 비판은 스페인 문학이 더 이상 라틴아메리카 문학의 전범이 될 수 없으며, 라틴아메리카 고유의 문학적 전범을 구성해야 한다는 것으로 요약된다. 이처럼 부에노스아이레스 문인들의 반론과 스페인 작가들의 재반론으로 이어진 이 논쟁은 단순히 문학 영역뿐만 아니라, 라틴아메리카와 스페인 사이에서 존재하는 더욱 넓은 의미의 문화적 맥락에 대한 이해를 제공한다. 즉 라틴아메리카 문화를 스페인 문학에 종속시키고자 하는 기예르모 데 토레로 대표되는 스페인의 문화적 욕망과, 이에 대한 라틴아메리카 문화의 독자성을 주장하는 입장이 집단적으로 표출되었던 것이다(이성훈, 2010, 63-64).

1932년 멕시코에서 진행된 보편주의자와 국가주의자 간의 논쟁은 알레한드로 누녜스 알론소(Alejandro Núñez Alonso)가 1928년 출판된 『동시대인들 Contemporáneos』을 중심으로 활동했던 이른바 '동시대인'이라는 작가들을 대상으로 실시한 설문조사를 『엘 우니베르살 일루스트라도(El universal ilustrado)』에 3월 17일 자 게재하면서 시작되었다. 그가 제시한 설문조사의 요지는 멕시코 전위주의 세대가 위기에 봉착했다고 보는지 여부를 묻는 것이었다. 그러나 질문의 배경에는 "멕시코 문학은 보편적인(universal), 다시 말해 유럽적인 리듬을 따라가야만 하는가 아니면 반대로 멕시코의 문학적 전통의 최종 연결고리를 향해 가야 하는가"라는 그의 본질적인 문제의식이 깔려있었다(Sheridan, 1999, 112). 유럽주의자들이라는 비판과 함께 다분히 의도적이고 공격적인 질문에 대해 이들의 답은 서로 차이가 있었다. 잡지가 폐간되면서 동질적인 활동 공간을 갖지 못한 상태에서 이는 당연한 결과일 수도 있지만, 한편으로는 멕시코 혁명 이후 당대의 문학적 현실에 대해 그들 내부의 입장 차이가 존재했기 때문이다.

이처럼 이들의 논쟁 배경에는 멕시코 혁명이라는 시대사적 맥락이 존재한다. 혁명이라는 정치 사회적 변화에서 문학이 해야 할 역할이 무엇인가를 묻는 어찌 보면 당연한 질문이 '어떻게' 현실에 대응할 것인가라는 방법론과 문학의 존재론에 대한 대립으로 이어진 것이다. 멕시코 혁명은 당대 멕시코 지식인들의 지적인 태도를 보다 급진화하고 대립적으로 만들었다. 혁명 이후 자연스럽게 혁명이 갖는 시대사적 요구를 강조하게 되면서, 1920년대에 이미 "민중의 영혼을 발견하고 이를 해석하는 데 무관심한" 세대에 대한 경각심이 표출되었던 것이다. 훌리오 히메네스 루에다(Julio Jímenez

Rueda)는 "멕시코 문학의 여성화(El afeminamiento en la literatura mexicana)"라는 글에서 '동시대인들'의 문학을 '남성적이지 못한' 것으로 간주했다. 반대로 당시의 혁명 소설들을 남성적인 문학으로 긍정적으로 해석했다. 이러한 '남성적인 문학'에 대한 선호가 유럽의 전위주의를 따르는 '동시대인들'에 대한 비판으로 나타나게 되었던 것이다(Fabio Sánchez, 208).

전위주의의 위기 여부를 묻는 질문에 대한 답은 두 가지였다. 하비에르 비야우루티아(Javier Villaurrutia), 살바도르 노보(Salvador Novo), 그리고 베르나르도 오르티스 데 몬테야노(Bernardo Ortiz de Montellano)는 전위주의의 위기는 존재하지 않으며, 위기는 오히려 자의적으로 전위주의의 위기를 말하는 사람들이 느끼고 있다고 주장한다. 이와 반면에 호세 고로스티사(José Gorostiza)와 새뮤얼 라모스(Samuel Ramos)는 기존의 유럽 중심주의적인 태도에 대해 비판적인 모습을 보여준다. 전위주의 문학이 멕시코의 현실과 유리되어 있었다는 자성 속에서, "영해(aguas territoriales)"에서 얻을 수 있는 것을 얻을 수 있도록 노력해야 한다고 주장했다(Sheridan, 1994, 391).

노보나 비야우리티아는 이러한 고로스티사와 라모스의 태도를 '국가주의적'인 것으로 규정하고 비판한다. 특히 비야우리티아는 이런 국가주의자들의 태도를 유럽 전위주의에 대한 열등감의 산물로 규정한다(Sheridan, 1994, 390). 국가주의자들을 보다 체계적이고 이론적으로 비판한 인물은 호르헤 쿠에스타(Jorge Cuesta)였다. 그는 국가주의자들을 "바보스럽고" "염세주의적"이라고 비판하면서, 국가주의자들의 이런 태도가 오히려 장기적으로 진정한 국가의식을 심각하게 왜곡할 가능성이 있다고 지적한다. 또한, 쿠에스타는 자신들은 비판적 집단으로서 이러한 "거짓 전통의 손쉬운 해결책"

을 받아들이지 않고, 새로운 미학적 모색을 하는 진정한 미학 집단이라고 주장한다(Sheridan, 1994, 393).

이에 대해 에르멜로 아브레우 고메스의 반박과 재반박이 이어지면서 유럽 전위주의의 영향을 강조하는 보편주의자와 멕시코 혁명 이후 당대 사회에 대한 고민을 강조하는 국가주의자 논쟁은 이어진다. 이렇듯 멕시코 혁명이라는 시대사적 배경이 이 논쟁의 더욱 본질적인 배경이 되었지만, 유럽의 전위주의에 대한 어떤 입장을 취해야 하는가에 대한 문제의식은 이후 라틴아메리카 문학의 지역성과 보편성 논쟁의 이론적 토대를 형성하게 된다.

코르타사르와 아르게다스 논쟁의 배경[2]

두 사람은 문학관만큼이나 삶의 배경에서도 차이가 있다. 페루라는 라틴아메리카적인 공간에 머물렀던 아르게다스와 달리, 코르타사르의 문학 여정에 있어 파리 체류는 중요한 의미를 갖는다. 그의 문학관은 37살이었던 1951년 파리에 도착한 이후 라틴아메리카의 정치 변화와 밀접하게 상관관계를 가지면서 변화한다(Kohut, 1985, 2). 파리 도착할 무렵에는 개인주의적 성향을 가지고 있었던 그는 점차 망명이 갖는 의미, 그리고 라틴아메리카 작가로서 자신의 위치를 고민하면서 자신을 둘러싼 정치 상황에 관심을 기울이게 된다. 따라서 망명에 대한 그의 고민은 자신의 개인사에 대한 글쓰기인 동시에, 당대 정치 상황에 대한 기록으로도 읽힐 수 있다. 1949년 처음 유럽을 방문한 이후, 그는 페론 치하

---

2) 코르타사르와 아르게다스 논쟁은 이성훈(2010), "아르게다스와 코르타사르 논쟁에 나타난 보편성과 지역성"에서 발표된 내용이 포함되었다.

의 부에노스아이레스가 가지고 있는 사회적 분위기와 지적 영역의 위선을 견딜 수 없어 결국 아르헨티나를 떠나 파리에 정착하게 된다. 정치적 관심보다는 문학 자체의 가치에 주목하고 있던 그의 파리행은 당대 부에노스아이레스의 지극히 문학적이지 못한 사회 현실에서의 도피였다. 그의 도피는 좁게는 아르헨티나라는 자신의 모국에서 도피한 것이었고, 더 나아가서는 라틴아메리카라는 당대의 정치 상황과 현실 역사에서 벗어난 것이었다.

그의 개인주의적인 태도에 변화가 나타난 계기는 바로 쿠바 혁명이었다. 코르타사르는 쿠바 혁명을 통해 "라틴아메리카인으로서의 자신의 진정한 조건"을 발견했다. 그는 파리에서의 경험을 "다마스쿠스의 길, 커다란 존재론적 떨림(camino de Damasco, la gran sacudida existencial)"이라는 표현을 통해 설명하고 있다. 쿠바 혁명이 가져다준 라틴아메리카 현실에 관한 관심과 참여가 그의 세계관에 변화를 가져온 것이다. 그러나 라틴아메리카 현실에 대한 이런 관심에도 불구하고, 그의 문학관은 별다른 변화를 보이지는 않는다. 즉 정치적 경향성을 작품 속에서 직접적으로 표출해내는 '당파적' 문학과 달리, 그는 지속적으로 서사의 미학적 혁신을 강조했던 것이다. 사회주의라는 정치적 당파성에도 불구하고, 그가 작품 속에서 중요하게 생각한 것은 형식적 측면의 서사적 실험이었다. 그의 이런 미학적 태도는 자주 '도그마적인 문학관'과 '대중을 위한 예술'을 주장하는 입장들과 충돌했다(Kohut, 1985, 3). 그는 특히 문학 속에서 토속성을 강조하는 입장이나 예술의 효용성을 강조하는 태도를 비판했다. 이런 비판 중에서 가장 대표적인 것이 바로 아르게다스와의 논쟁이었다.

코르타사르는 글쓰기가 바로 작가의 무기라고 주장했다. 작가에게 당면 현실에 대해 즉각적인 방식의 대응을 요구하는 것은 문학의 특수성을 간과하는 태도라는 것이다. 이렇게 이데올로기에 경도되거나 당면 정치 현실에 직접적으로 대응하기보다는, 지속적으로 정치적 참여와 글쓰기의 자유를 결합시키려는 시도를 해왔다. 따라서 1960년대와 1970년대 코르타사르가 진행한 일련의 논쟁은 글쓰기, 망명, 지식인들의 이데올로기 투쟁, 서사 기법의 근대화 등 당대 라틴아메리카 문학이 가지고 있는 다양한 문제들을 잘 보여준다(Kohut, 1985, 10-11).

코르타사르보다 3년 빠른 1911년 페루에서 태어난 아르게다스는 코르타사르와는 전혀 다른 문학관을 보여준다. 아르헨티나라는 유럽 지향성이 두드러진 곳에서 지적세례를 받았던 코르타사르와는 달리, 원주민의 전통이 여전히 강하게 남아 있던 페루라는 공간적 조건은 아르게다스의 문학관에 상당한 영향을 끼쳤다. 특히 아르게다스가 성장했던 시기는 페루가 본격적으로 근대화를 경험하면서 기존의 전통사회와 전통문화가 급속하게 해체되던 시기였다. 특히 근대화의 피해자가 될 수밖에 없었던 원주민들은 정치 사회 경제의 구조적인 층위에서뿐만 아니라 문화적인 층위에서도 고통을 받고 있었다. 이런 페루라는 공간적 조건과 근대화 시기라는 시간적 조건이 그의 작품에서 주요한 배경이 되고 있다.

원주민의 권리와 원주민 문화에 대한 아르게다스의 관심은 인디헤니스모(indigenismo)로 나타났다. 그러나 아르게다스의 문학적 성취는 단순하게 원주민 문화의 중요성을 강조하는 인디헤니스모에 그치는 것이 아니다. 그는 "지역주의를 극복했고, 문학적 인디헤니스모를 초월하여, 생의 경험과 깊은 사회의식을 통해 비판적이자, 진화적이고 혁신적인 서사를 창조하는 데 성공"했다(Sales Salvador,

2004, 313-314). 이는 앙헬 라마(Ángel Rama)가 아르게다스의 소설을 분석할 때 사용하는 '통문화화(transculturación)'라는 개념과도 관련된다. 이 개념은 서로 다른 문화 간의 접촉을 통해 형성된 공간 속에서 작가가 만들어 내는 창조적 '대안'을 의미한다. 아르게다스는 원주민성과 근대성이라는 서로 다른 세계들 사이의 경계이자 사이 공간에서 새로운 문학적 세계를 창조해 낸 것이다. 페루의 현실과 예술적 표현을 결합하고자 했던 아르게다스는 원주민 문화가 근대화라는 흐름 속에서 어떻게 존재하는가에 주목했다.

아르게다스는 19세기 후반 페루라는 시공간적 배경으로 인해 "케추아 문화의 존속"과 "부정할 수 없는 근대화" 사이의 고통스러운 자극을 경험했다(Sales Salvador, 2002, 1). 이런 케추아 세계와 근대 세계라는 두 개의 대립적인 요소가 아르게다스의 소설 세계를 구성하는 구조적인 요인으로 자리 잡고 있다. 그러나 아르게다스의 소설 세계는 백인 지배 문화와 케추아라는 피지배 문화 사이의 대립이라는 단선적인 이분법적 구도를 벗어나고 있다. 그의 작품 세계는 "단선적인 인디헤니스모(indigenismo simplificador)"가 만든 이분법적 세계와는 다른 방식으로 원주민 문화의 보편성을 위한 지속적인 변화를 탐색하는 것이다(Sales Salvador, 314).[3] 원주민 문화에 관한 관심이 케추아 세계와 근대 세계라는 이분법적 세계로 고착되지 않고, 새로운 문학적 형식을 찾아내고자 하는 '통문화적'인 진전을 보여주고 있는 의미이다. 따라서 코르타사르와 아르게다스의 논쟁을 단순하게 지역적 태도와 보편적 태도 간의 대립으로 일반화하는 것은 문제가 있다. 그럼에도 불구하고 서

---

3) 아르게다스에 대한 전기적인 요소와 작품에 대한 개괄적인 설명은 Sales Salvador(2004)를 참조하여 정리하였다.

구의 서사 기법 그리고 원주민 문화로 대표되는 지역적 특성에 대한 대립적인 태도를 통해 라틴아메리카 문화의 지역성과 보편성 사이의 갈등을 잘 보여준다.

지역성 혹은 토속주의(telurismo)를 둘러싼 입장 차이

아르게다스와 코르타사르 사이의 논쟁은 코르타사르가 1967년 5월 10일 자로 쓴 편지에서 시작된다. 이 편지는 당시 『카사 데 라스 아메리카스(Casa de las Americas)』의 대표자이자 쿠바 혁명 체제의 대표적인 이데올로그였던 로베르토 페르난데스 레타마르(Roberto Ferández Retamar)가 요청한 것이었다. '혁명 이후 지식인의 역할'에 대한 그의 청탁에 대해 「로베르토 페르난데스 레타마르에게 쓴 편지(Carta a Roberto Fernández Retamar)」라는 공개편지를 썼던 것이다.4) 여기에서 그는 아르헨티나로부터의 자발적인 망명과 이것이 그에게 준 장점, 그리고 더 나아가 지식인에게 있어 망명의 장점을 설명한다. 그에 따르면 자신이 태어난 영토에서 물리적으로 떨어지는 것, 즉 영토적 거리는 지식인이 그 현실을 이해하고 성찰하는 데 있어 오히려 더욱 긍정적으로 기능할 수 있다. 아르게다스는 이에 대한 반박으로 페루의 『아마루(Amaru)』 6호(1968년 4, 5월)에 후일 『위 여우와 아래 여우(El zorro de arriba y el zorro de abajo)』의 일부가 될 글을 기고하게 된다("Respuesta a Julio Cortázar"). 1968년 5월 18일 자로 기록된 이 글은 코르타사르가 공개편지에서 보여준 문학과 지식인에 대한 여러 가지 입장들에 대한 그의 판단을 보

---

4) 이 편지는 "Acerca de las situación del intelectual latinoamericano"라는 제목으로 *Casa de las Américas*, 45호(11/12, 1967)에 실렸다.

여주고 있다. 즉 영토성, 전문작가, 망명 등의 주제와 관련하여 코르타사르의 관점을 비판하고 있다. 이에 대한 반론이 1969년 4월 7일자 스페인어판 『라이프』지에 인터뷰 형식("Entrevista de Rita Guibert")으로 실린다. 이 글에 대한 아르게다스의 재반박이 「훌리오 코르타사르의 관점에 대한 불가피한 코멘트」라는 제목으로 다시 페루의 『코메르시오(Comercio)(1969.6.)』에 실리게 된다. 이렇게 당대 라틴아메리카를 대표하는 두 작가 사이의 라틴아메리카 문학과 지식인에 대한 입장 대립은 지속된다.

이 논쟁에서 코르타사르는 자신이 프랑스에 정착하게 된 이유, 그리고 라틴아메리카의 지식인이자 작가로서 자신의 사명이 무엇인지에 대해 설명하고 이를 정당화하고자 했다. 이 논쟁의 출발점이 되었던 「편지」에서, 그는 1951년 아르헨티나를 떠나와 파리에 체류하고 있던 자신의 상황을 긍정적으로 평가하고 있다. 즉 고국을 떠나 유럽에 자리 잡은 작가가 오히려 라틴아메리카에서 글을 쓰고 있는 작가보다 더 효과적으로 라틴아메리카적인 특성의 진정한 뿌리를 포착할 수 있다는 것이다. 또한, 지역적 정서 혹은 지역적 요소를 강조하는 토속주의가 갖는 한계를 지적하면서, 이것이 완전히 낯설고 심지어 촌스럽기까지 하다고 주장한다(Croce, 169-171)[5].

이러한 코르타사르의 입장은 더욱 보편적인 관점에서 당대 라틴아메리카 문학을 사유하려는 경향이 강하던 아르헨티나에서 문학적 세례를 받은 자신의 문학관에서 기인한다. 그러나 이러한 코르타사르의 입장에 대해 아르게다스는 "우리 모두는 촌사람들이에요, 훌리오 씨, 개별 나라에서 지방 사람들이고 또 초국적인 차원에서

---

5) 이 논쟁의 일차 문헌은 Marcelo Croce(2002)를 참고하여, 원저자와 출전을 따로 밝히지 않고 이 텍스트를 인용의 근거로 삼았다.

도 지방에 사는 사람이에요"라고 반박문에서 대응한다(Croce, 193). 이러한 아르게다스의 반론은 라틴아메리카적인 글쓰기란 기본적으로 지역적인 것과 보편적인 것 사이의 이항 대립에서 어떤 것을 선택할 것인가의 문제와 관련된 것으로 이해하고 있기 때문이다. 그는 이런 이항 대립에서 라틴아메리카 지식인들은 지역적인 것에 대한 천착을 통해서, 보편성에 나아갈 수 있다는 입장을 주장하는 것이다. 이러한 아르게다스의 견해에 대해 코르타사르는 일 년 후 스페인어판 『라이프』지에서 아르게다스가 말한 것처럼 모든 사람이 지방 사람들이라는 것에는 동의하지만, 그러나 "페네로페 그 자신보다도 오히려 율리시즈에 대해 더 잘 아는 레사마 리마(Lezama Lima)와 같은 지방 사람이 된다는 것과, 이 세상의 모든 음악이 케나의 오음계로 시작해서 오음계로 끝나는 민속적 취향의 지방 사람들 사이에는 차이가 있다"라고 반론을 제기한다(Croce, 193). 다시 말해, 지역성에 근간하면서 보편성에 대해 개방적인 태도를 보이고 있는 입장은 지지하지만, 아르게다스의 입장은 지역성에 고착되어 있다고 비판하는 것이다.

이런 코르타사르의 입장은 서구의 서사 기법을 적극적으로 수용하고자 하는 그의 문학관에 비춰 당연한 결과이기는 하지만, 전통적 요소에서 라틴아메리카 소설의 미래를 모색했던 아르게다스의 입장과는 차별된다. 아르게다스는 자신과 같은 인디헤니스모를 주장하는 작가들을 전통에 고착되어 있다거나 혹은 퇴행적이라고 비판한 코르타사르를 다시 비판하게 된다. 이런 맥락에서 아르게다스는 자살하기 6개월 전에 「훌리오 코르타사르의 입장에 대한 불가피한 코멘트(Un inevitable comentario a unas ideas de Julio Cortázar)(*Comercio*, 1969. 6. 1. 자)」를 쓴다. 여기에서 아르게다스는 "현대 케나(quena)

는 오음계 이상을 가지고 있다"라는 말로 코르타사르의 입장을 비판한다(Croce, 199). 즉 자신이 지역성을 강조하지만, 이것은 인디헤니스모라는 특정 주제와 안데스라는 전통 공간에 폐쇄되어 있는 것이 아니라, 근대성에 대해 개방되어 있음을 암시적으로 드러내고자 한 것이다.

결론적으로 말해, 코르타사르는 "때때로 진정으로 풍경을 포착하기 위해서는 멀리 떨어져 있어야 하고, 자주 초국적인(supranacional) 관점이 국가적인 특성(lo nacional)의 본질을 예리하게 포착하게 해준다"라는 진술을 통해 지역적 문제에 고민하고 있던 아르게다스의 반발을 야기했다. 더 나아가 "해결책이 단지 특수한 형태들로 존재하는 하나의 문제를 일반화로 이끌어가는 것은 잘못이다"(Croce, 192)라는 진술을 통해, 전통에 집착하는 것보다는 다양한 서구의 전통을 적극적으로 수용하는 것이 바람직하다는 입장을 보이는 것이다. 이런 그의 입장은 아르게다스가 중시하는 지역성, 더 나아가 작가의 물리적 위치에 대한 다음과 같은 진술로 이어진다. 자신의 자발적인 파리 망명을 합리화하기 위한 것이기는 하지만, 당대 인디헤니스모 문학이 가지고 있던 지나친 토착주의에 대한 '보편주의적' 반론인 셈이다. 결국, 작가가 그려내고자 하는 현실에 직접적으로 개입해 있느냐 아니냐 여부가 그리 중요한 것이 아니라는 것이다. 코르타사르에게 있어 "토착적이라고 하는 것은 본질적으로, 작가가 속해 있는 민중이 자신의 것으로 인정하고, 선택하고 받아들이는 하나의 작품을 쓴다는 것"을 의미한다. 물리적으로 그 공간에 위치하는 것보다는 더욱 본질적인 태도가 존재한다고 본 것이다. "토착적이라고 하는 것은 지역적이고 국가적인 동일시 이전 혹은 그 수면하에 존재"하고, "토착적인 것의 정서는 하나의 제한이 아니라, 하나의 개방으로서 의미를 갖는다"라는 것이다(Croce, 192-193).

토착성에 대한 코르타사르의 이러한 개방적인 주장은 앞서 이야기한 것처럼, 작가의 물리적 위치가 작가가 그려내려는 현실과 떨어져 있는 것이 더 긍정적일 수 있다는 주장과 조응한다. 물리적 거리가 라틴아메리카 현실에 대한 비판적 사유와 성찰에 필요한 적절한 조건이라는 것이다. 그러나 이 논쟁에서 아르게다스가 대응하고자 했던 점은 바로, 토속주의에 대한 그의 언급이다. 코르타사르가 토속주의의 한계를 다음과 같이 매우 거칠게 비판하고 있기 때문이다. 즉, 토속주의가 "낯설고, 편협하고, 심지어는 촌스러운" 것에 그치는 것이 아니라, 나아가 "부정적인 내셔널리즘의 최악의 진전에 대한 서론"처럼 보인다고 적고 있다. 이런 태도가 모든 타자를 비하하고 과도할 정도로 "자신의 것을 고양"하는 맹목적인 경향으로 이어진다고 비판하고 있다(Croce, 171-172).

반면 아르게다스는 작가가 좋은 작품을 쓰기 위해서는 자신의 땅에 뿌리박고 사는 것이 중요하다고 본다. 이러한 아르게다스와 코르타사르의 차이는 기본적으로 자신들이 성장한 문화적 기반의 차이에서 비롯되었다. 또한, 나아가 라틴아메리카 문학을 바라보는 문학관 그리고 당대 정치 현실을 이해하는 정치적 태도 등 다양한 차이들의 결과물이라고 할 수 있다. 따라서 이 논쟁에는 토착주의 대 코즈모폴리터니즘, 지역주의 대 보편주의, 원주민주의 대 유럽주의 간의 대립이라는 라틴아메리카 문학의 오랜 대립 구도가 작동하고 있다. 이 논쟁은 라틴아메리카 문화의 정체성은 무엇인가라는 독립 이후에도 아직 해결되지 않은 문제들을 다시 제기하는 것이다.

근대적 서사 양식과 작가

두 작가의 다양한 입장 차이는 글쓰기가 갖는 의미에 대해서도 이어진다. 이는 라틴아메리카 문학의 세계적 성취였던 붐 소설의 서사 형식을 둘러싼 갈등과 관련되어 있다. 붐 소설의 서사 양식을 일반화하기에는 무리가 있기는 하지만, 붐 소설이 라틴아메리카 소설사에서 주류로 자리 잡으면서 이를 둘러싼 입장 차이가 나타났던 것이다. 단순화하자면 코르타사르의 작품들은 붐 소설의 주류로 평가받게 되는 반면, 아르게다스의 작품들은 주변적인 것으로 평가되었다. 이는 기본적으로 붐 소설의 서사 양식에 대한 두 사람의 입장 차이에서 기인한다(Noriega Bernuy, 299). 코르타사르가 서구의 복합적인 소설 양식을 적극적으로 수용했다면, 아르게다스는 자신의 경험을 통해 "신화와 역사의 분리" 그리고 "인물과 작가 사이의 분리"를 극복하면서 근대적인 안데스 소설을 만들었다(Noriega Bernuy 299). 즉 아르게다스는 안데스의 전통적인 이야기 양식을 통해 서구 소설 장르의 개념을 확장시키는, 새로운 모든 의미에서 혼종적인 소설 양식을 시도한 것이다. 그는 "유럽인들이 우리를 능가하고 지배할 것이다. 우리는 언제까지인지를 알 수 없다. 그러나 예술에서 우리는 그들로 하여금 우리에 대해서 배우게 할 수 있고, 여기에서 움직이지 않고도 그렇게 할 수 있다"라고 말했다. 이런 서구의 서사 양식에 대한 기본적인 차이는 결국 라틴아메리카 "문학의 근대화라는 공동의 목표"를 어떻게 바라보고, 어떤 방향으로 추진해야 하는가라는 목표에 대한 차이로 이어진다. 당대 현실을 포착하고 소설화하는 과정에서 아르게다스는 구문론이고 어원론적인 관점에서 스페인어를 '케추어화'하는 방식을 선택하는 데 반해, 코라타사르는 영어와 불어 등 외래어를 적극적으로 수용하는 방식을 택했던 것이다(Noriega Bernuy, 300).

코르타사르는 라틴아메리카 문학의 독창성을 서구의 다양한 문학 기교와 문화 요소들을 수용하고 변용하는 창조적 수용 과정에서 찾았다. 코르타사르의 입장이 유럽 지향적인 태도로 해석될 수 있는 데 반해, 아르게다스는 라틴아메리카 문학의 독창성이 "안데스 민중들의 몇몇 전통 축제에 남아 있는, 허영심과 세속적 욕심에 의해 더럽혀지지 않은 그곳"에 존재한다고 보았던 것이다. 이런 맥락에서 그는 코르타사르가 주장하는 문학적 태도는 "세속적 욕구를 숨기고 있으며, 독창성을 배신하는" 것이라고 맞섰다. 따라서 그가 말하는 문학적 독창성은 서구적 요소의 개입에 대해 원주민적 전통의 저항 및 포용을 말하는 것이다(Noriega Bernuy, 305). 둘 사이의 차이는 가르시아 마르케스에 대한 해석에서 차이를 보인다. 코르타사르의 경우 가르시아 마르케스의 작품 속에서 포크너나 콘라드 같은 서구 작가들의 흔적을 읽어 내고, 그의 독창성은 이러한 다양한 서구적 서사 전통을 적극적으로 수용한 데 있다고 본다. 반면 아르게다스는 가르시아 마르케스의 작품은 서구의 서사 전통과 완전히 결별하고 있으며, 라틴아메리카의 구전 전통을 완벽하게 복원한 것이라는 관점을 취하고 있다(Noriega Bernuy, 306).

서구의 서사 기법의 수용 그리고 라틴아메리카 문학의 독창성에 대한 입장 차이들은 자연스럽게 작가란 무엇인가에 대한 질문으로 이어진다. 코르타사르가 서구의 서사 기법을 적극적으로 수용하면서 작가 역시 근대적인 관점에서 이해하는 반면, 아르게다스는 이를 '세속적 욕구'라는 관점에서 이해한다. 이처럼 그는 붐 소설이 가지고 있던 당시의 상업적 태도를 비판적으로 바라보고 있으며,

작가를 근대적 의미의 직업인이 아니라 소명적인 지식인으로 파악하는 것이다. 스스로를 '전문적인' 작가로 자리매김하는 코르타사르는 글을 쓰는 행위를 하나의 일이자 과제로 간주한다. 즉 하나의 직업이라는 것이다. 이런 자기 설정은 파리 체류 경험을 통해 자신의 작품이 더욱 보편성을 획득했다는 판단과 함께, 자신이 이런 보편성을 표현하는 전문적인 작가임을 드러내는 것이다. 이와는 달리 아르게다스는 자신의 작품에서 보편성보다는 '내부'의 관점을 모색하고, 스스로를 "비전문적인 작가"이자 '시골 사람'이라고 주장했다. 그는 "판매를 통해 소득을 올리는 것을 생각하면서 소설을 구상하는 행위"를 통해 전문적인 작가가 갖는 상업주의적인 태도를 비판하고 있다(Corce, 182-183). 이런 논리는 나아가 당대 라틴아메리카 붐 소설의 상업적인 성공에 대한 비판으로 이어졌다.

아르게다스와 코르타사르의 이런 차이는 1960년대 라틴아메리카 소설이 붐 소설이라는 단일한 범주로 묶일 수 없음을 보여준다. 당대 라틴아메리카 문학의 두 가지 형식, 즉 가장 유럽적인 것과 가장 유럽적이지 않은 형식이 서로 긴장하면서 공존하고 있음을 보여준다. 그럼에도 불구하고 두 흐름의 배경에는 라틴아메리카 문학의 근대화라는 공통의 목표가 존재하는 것 또한 사실이다. 전통과 유럽적 형식들을 어떻게 전유할 것인가라는 방법론적인 고민을 통해 당대의 문제의식을 풀어나가고자 한 것이다.

아르게다스가 자살로 생애를 마치게 됨에 따라, 이 논쟁이 갖는 의미를 보다 온전하게 만들 책임은 코르타사르에게 남게 된다. 코르타사르는 이 논쟁의 의미를 대립되는 두 가지 입장의 갈등과 충돌이라는 관점보다는, 서로 다른 두 입장의 긴장과 공존이라는 관점으로 정리한다. 코르타사르는 아르게다스와의 차이를 극단화하는 것은 하나의 오해라고 설명하면서 이 논쟁의 의미를 완화한다. 그는 작가들을 "작가-나무들(escritores-árbloes)"과 "작가-새들(escritores-pájaros)"로 구분하고, 이 둘 사이의 본질적인 차이는 없다고 밝히고 있다. '작가-나무들'에는 아르게다스가 속하고 자신은 '작가-새들'에 속한다고 본다.6)

코르타사르가 말한 '작가-나무들'은 뿌리에 기대고 있는 작가들을 지칭한다. 즉, 정주자들을 지칭하는 것이다. '작가-새들'은 날개에 의존하고 있는 다시 말해 유목민을 말한다. 더 나아가 작가-나무들은 자신이 위치하고 있는 대지에서 양분을 얻는 사람들이고, 작가-새들은 양분을 다른 공간에서 얻는 사람들을 말한다. 그러나 이런 흐름은 분리되어 있는 것이 아니라, 서로 영향 관계에 있다. 이런 영향 관계가 바로 라틴아메리카 문학을 구성하는 기본적인 요소인 것이다. 이 두 흐름은 라틴아메리카에 지속적으로 존재해 온 유럽 지향적인 태도와 지역성을 강조하는 태도로, 유럽이라고 하는 보다 큰 흐름에 종속되어 있는 라틴아메리카의 존재적 조건과 다른 한편으로는 자기 자신의 존재를 객관화하고 드러낼 필요성 사이의 긴장을 통해 드러난다고 할 수 있다. 이러한 두 흐름의 긴장과 공존이라는 이중성은 라틴아메리카 문화의 본래적 특징이자 생산적인 조건으로, 우리가 하나의 동질적인 문화라고 간주해 왔던 라틴아메리카 문화의 창조적 과정에 서로 다른 문화적 입장들이 내재함을 보여 준다(Ostria, 426).

코르타사르와 아르게다스의 논쟁은 일정 부분 과장되어 있거나, 왜곡되어 있다는 판단이 가능하다. 따라서 이 논쟁이 오해라거나 혹

---

6) Julio Cortázar, "Cortázar(Entrevista)", Plura, 7(1973), pp.52-54. Ostria(2000), p.426에서 재인용.

은 의미 없는 논쟁이라는 평가로 이어지는 일련의 흐름도 존재한다. 그럼에도 불구하고, 시기에 따라서 아르게다스와 코르타사르로 대표되는 입장들은 차별성을 강조하기도 하고, 또 그 반면에 유사성을 강조하기도 하면서 지속적으로 존재해 왔다. 이런 시기적 차이는 라틴아메리카가 겪는 정치적 상황과 밀접하게 연동되어 있지만, 라틴아메리카 문학에서 서로 다른 이 두 개의 흐름이 긴장과 공존을 통해 풍요로운 문학적 자장을 만들어 왔다는 점은 이견이 없다.

보편성과 지역성의 변주로서 라틴아메리카 문화

20세기 초반의 '지적중심 논쟁'과 '보편주의와 국가주의 논쟁', 그리고 1960년대 코르타사르와 아르게다스 논쟁을 통해서 20세기 라틴아메리카 문화의 간략한 지형도를 살펴보았다. 라틴아메리카 전 지역에 대한 세밀한 지형도를 그리는 작업이 아니라, 특정한 지역만을 다루고 있다는 점에서 라틴아메리카 전 지역으로 일반화하기에는 다소간 무리가 있다. 그러나 지적중심 논쟁과 보편주의와 국가주의 논쟁이 아르헨티나와 멕시코를 배경으로 하고 있다는 점을 고려하면, 당시 라틴아메리카 문화가 갖는 특징을 추론할 수 있다. 지적중심 논쟁의 경우는 아르헨티나가 갖는 특수성이, 또 보편주의와 국가주의의 대립은 멕시코 혁명이라는 시대사적 조건이 그 이면에 존재한다. 그러나 이 두 개의 논쟁이 스페인의 전위주의를 매개로 하여 서로 관련되어 있다는 점에서, 서로 동일한 맥락에서 이해할 수 있다. 유럽으로 대표되는 보편성과 라틴아메리카 문화의 지역성 사이의 대립이 존재하는 것이다. 지적중심 논쟁은 스페인 지식인들과 『마르띤 피에로』를 기반으로 한 라틴아메리카 지식인들 사이에 문화적 전범을 어떻게 구성해야 할 것인가를 둘러싼 보다 직접적인 성격의 논쟁이었다. 보편주의자와 국가주의자 간의 논쟁이 문학이 무엇인가라는 가치론적 맥락에서 진행된 측면이 있다. 그러나 이 논쟁 또한 당시 유럽의 전위주의와의 관계 속에서 어떤 입장을 가질 것인가의 문제로 이해할 수 있다. 특히, 보편주의자들의 정신적 사부로 평가되는 알폰소 레예스(Alfonso Reyes)가 지속적으로 유럽과의 교류를 강조하고, 또 이들 역시 자신들의 미학적 태도로 전위주의를 선택했다는 점을 고려한다면 더더욱 그러하다. 따라서 두 개의 논쟁에서 20세가 초 라틴아메리카의 문화가 유럽 문화의 문화적 길항 관계 속에서 작동하고 있으며, 이 문화적 자장 내에서 자국의 문화적 특성을 형성하고자 하는 시도가 점차 확대되고 있음을 알 수 있다.

코르타사르와 아르게다스의 논쟁 역시 같은 패러다임이 작동하고 있다. 보편성과 지역성이라는 대립으로 1960년대 말과 1970년대 사이의 라틴아메리카 지적 분위기를 관통하고 있는 것이다. 둘 사이의 논쟁이 오해라거나 혹은 무의미하다는 힐난을 받기도 한다. 또한, 시대 분위기에 의해 의도하지 않게 두 사람 사이의 차이가 확대 재생산된 측면도 존재한다. 그럼에도 불구하고 이 두 작가의 논쟁에 열정적으로 표현된 이견은 논쟁 배경에 존재하는 뿌리 깊은 문화적 토대의 차이를 보여준다. 즉 라틴아메리카 문학 세계에 존재하는 두 종류의 글쓰기 양식의 차이는 라틴아메리카 '지식인 도시'에 존재하는 두 가지 입장의 차이, 즉 유럽 지향적 태도와 지역적 성격을 강조하는 입장이라는 주된 모티브를 변주하고 있는 것이다. 이런 차이가 안데스 사회와 아르헨티나라는 시공간적 배경에 따라 보다 첨예하게 드러나고 있다. 따라서 이 대립은 개인적인 층위의 의견대립이 아니라, 대립하면서 공존해온 라틴아메리카 문화의 대립 구도가 쿠바 혁명과 붐 소설이라는 시대사적 맥락 속에서 그 속살을 드러낸 것이라 할 수 있다.

이처럼 20세기 초중반의 논쟁들에서 보듯이 독립 이후 라틴아메리카의 문화 지형은 여전히 유럽 문화와의 관계 속에서 규정되고 있다. 보편성과 지역성이라는 문화적 자장 내에서 라틴아메리카의 문화적 특성이 구성되고 있으며, 보편성과 지역성이라는 이분법을 극복하려는 지식인들의 다양한 지적 시도를 통해 라틴아메리카 문화의 풍요로움이 더해지고 있다.

제 9 장

새로운 세대의 문화:
마술적 사실주의와 마콘디즘

마콘도와 마콘디즘

1990년대 들어서면서 주로 영어권 대학에서 활동하는 연구자들이 생산한 라틴아메리카 문학과 문화 관련 지식들이 전 지구적인 형식으로 유통되기 시작했다. 이는 제1세계 대학에서 만들어진 포스트구조주의, 포스트모더니즘, 포스트식민주의, 정체성 정치 등 다양한 종류의 포스트 담론들이 전 지구적으로 확산되면서 지적 유행들을 만들고 지적 헤게모니를 형성했던 것과 동일한 맥락이다. 라틴아메리카의 다양한 문화적 현상과 지적인 활동들을 서구적인 관점에서 분석하고 이론화한 제1세계 이론들은 곧 라틴아메리카 현실과 유리된 맥락 없는 '추상화'라는 비판을 받게 된다. 이러한 비판은 서구의 눈으로 서구가 원하는 방식으로 라틴아메리카를 그려내는 방식을 의미하는 마콘디즘(macondism)이라는 개념의 등장으로 이어졌다. 라틴아메리카를 서구적인 분석 틀로 분석하고 라틴아메리카의 다양성을 하나의 단일성 아래 통합하려는 이론적 시도가 1990년대에 처음 나타난 것은 아니었다. 이미 1960년대 붐 소설을 비롯한 라틴아메리카의 다양한 문학적 시도들을 '마술적 사실주의'라는 개념을 통해 일반화하려는 시도가 있었다. 이 마술적 사실주의를 대표하는 공간이 바로 가르시아 마르케스의 『백 년의 고독』의 배경이었던 마콘도(Macondo)이고, 라틴아메리카를 마콘도처럼 이해하는 방식이 '마콘디즘'인 셈이다. 즉 서구인들의 시선으로 라틴아메리카를 바라보고, 자신들이 원하는 방식으로 라틴아메리카의 특징을 일반화하는 태도를 말한다.

이렇게 라틴아메리카를 마콘도처럼 이해하는 마콘디즘에 대한 비판 역시 1990년대에 나타난다. 마콘디즘에 대한 비판을 가장 상징적으로 보여준 것이 이른바 맥콘도(McOndo) 세대이다. 이들 세대는 마콘도가 더 이상 라틴아메리카 현실을 충실하게 재현하는 상징이 아니라고 주장한다. 초국적 자본주의의 영향 아래 라틴아메리카의 현실도 변화했고, 이런 변화된 라틴아메리카를 상징하는 것은 마콘도가 아니라 이제 맥콘도라는 것이다. 가르시아 마르케스의 작품에 등장하는 전통적인 마콘도와는 달리, 맥콘도로 대표되는 세계는 '맥도날드, 매킨토시, 콘도미니엄'의 세계이다. 맥콘도 세대를 주도했던 알베르토 푸겟(Alberto Fuguet)과 세르지오 고메스(Sergio Gómez)는 정체성이란 고정되고 신성화된 어떤 것이 아니라, 신자유주의와 세계화의 맥락 속에서 상업화되고, 포장되고, 판매되는 어떤 것으로 이해했다. 이런 관점에서 맥콘도 세대는 마콘도와 마술적 사실주의로 대표되는 라틴아메리카와 다른, 글로벌화하고 도시화된 라틴아메리카의 일상에 주목한다. 이를 통해 라틴아메리카를 세계와 시공간적으로 유리된 마콘도처럼 이해하려는 마콘디즘을 극복하고, 라틴아메리카를 세계와 동질적이고 동시대적인 공간으로 이해했다.

마콘도, 맥콘도, 마콘디즘 같은 개념들이 등장하게 된 계기는 1960년대 라틴아메리카 소설을 통해 라틴아메리카가 서구인들의 관심을 끌게 되면서부터이다. 1960년대 라틴아메리카 소설은 '붐(boom)'이라는 상업적 용어를 쓸 만큼 세계 독서 시장에서 대중적인 인기를 얻었다. 이른바 붐 소설의 상업적 성공은 라틴아메리카 고유의 현실을 표현하는 '마술적 사실주의'와 관련을 맺고 있다. 물론 붐 소설을 마술적 사실주의로 일반화하는 것은 쉽지 않고, 또 가르시아 마르케스의 사례에서 보는 것처럼 이 용어에 대해 부정적인 입장도 존재한다. 그러나 1960년대 이후 라틴아메리카 문학과 문화를 대표하는 개념으로 자리 잡은 이 개념은 라틴아메리카 문화를 이해하는 데 있어 긍정적이든지, 부정적이든지 간에 중요한 출발점이 되고 있다.

마술적 사실주의의 등장

마술적 사실주의라는 용어는 '마술적'이라는 표현에서 보듯이 명확하게 정의하기가 쉽지 않다. 이 용어는 1925년 독일의 미술 평론가 프란츠 로(Franz Roh)가 후기 표현주의 작품 경향을 지칭하기 위해 처음 사용되었다. 이후 1955년 앙헬 플로레스(Ángel Flores)가 라틴아메리카의 독특한 문학 양식을 설명하기 위해 차용했고, 1960년대 붐 소설의 확산과 더불어 라틴아메리카의 대표적인 소설 미학으로 자리 잡게 된다(우석균, 690). 1967년 루이스 레알(Luis Leal)은 앙헬 플로레스의 마술적 사실주의에 대한 이해를 비판하는데, 그의 주장은 다음과 같다. 즉 플로레스는 보르헤스의 단편들을 예로 들면서 마술적 사실주의를 "사실주의와 환상"의 융합을 통해

생성된 "명증 속의 애매모호 혹은 혼돈"의 소설 세계로 이해하고
있다. 이러한 마술적 사실주의가 상상적 세계를 창조한다는 것이
다. 이에 반해 레알은 마술적 사실주의의 가장 본질적인 속성은
"상상적인 존재들이나 세계의 창조가 아니라, 인간과 환경 사이에
존재하고 있는 신비스러운 관계의 발견"으로서 외부 세계 자체에
숨겨진, 어떤 무심코 지나쳐 버리기 쉬운 색깔들을 드러내는 것이
라고 말한다. 또한, 앙헬 플로레스는 유럽의 환상 문학과 마술적
사실주의를 동일한 것으로 간주하여, 유럽의 아방가르드가 마술적
사실주의에 결정적인 영향을 끼친 것으로 본다. 반면 레알은 카프
카에서 보르헤스로 이어지는 흐름이 아니라, 라틴아메리카 작가인
알레호 카르펜티에르에 주목함으로써 마술적 사실주의가 단지 현
실과 환상을 섞은 것이 아니라 초현실주의를 비롯한 유럽의 전위
주의, 환상 문학 등과 아무런 관련이 없는 라틴아메리카 현실을 재
현하는 새로운 범주임을 주장한다(Leal, 119-123).

나아가 마술적 사실주의는 인식론적 입장과 존재론적 입장으로
나누어 다소 차이를 가질 수 있다. 현실을 인식하는 새로운 방법
론, 즉, 이성적인 사유체계를 통해서는 현실의 총체적인 이해가 불
충분하기 때문에 다른 층위의 인식론적 틀이 필요하다는 입장과
알레호 카르펜티에르의 '경이로운 현실(lo real maravilloso)' 개념
에서 보이듯이 라틴아메리카에 서구적 사유체계로는 설명할 수 없
는 경이로운 현실이 실재하기 때문에 문학이 경이로울 수밖에 없
다는 존재론적 시각에서 현실에 접근해야 한다는 차이가 그것이다
(Reeds, 183-184). 그러나 어떤 입장을 취하든지 간에 마술적 사실
주의에서 '마술적'이라는 표현을 사실주의의 변형 혹은 아류를 뜻
하는 수식어로 파악하는 것은 아니다. 점차 라틴아메리카 현실을

포착하는 의미 있는 가치 체계를 함축하고 있는 용어로 자리 잡게 되고, 이후 이 개념은 서구 문명과 차별되는 라틴아메리카적인 것을 의미하는 대립항적 범주로 사용되게 된다.[1)]

이렇게 마술적 사실주의는 기존의 사실주의적 경향과 유럽의 아방가르드 미학 원리를 라틴아메리카적으로 새롭게 해석하면서, 그동안 라틴아메리카 문학을 지배하고 있던 사실주의 대 유럽 미학주의라는 이분법을 극복하고자 했다. 이 과정에서 붐 소설이 라틴아메리카를 대표하는 소설로, 그리고 마술적 사실주의가 라틴아메리카 현실을 형상화하기 위한 독창적인 형식으로 인식되면서, 가르시아 마르케스의 『백 년의 고독』의 배경인 마콘도가 가장 라틴아메리카적인 공간으로 자리 잡게 된 것이다. 후안 룰포(Juan Rulfo)의 코말라(Comala), 후안 카를로스 오네티(Juan Carlos Onetti)의 산타 마리아(Santa María)와 함께 라틴아메리카의 전형적인 공간이 된 마콘도는, 『백 년의 고독』의 세계적인 명성과 함께 라틴아메리카의 대표적인 상징이 되었다. 이렇게 마술적 사실주의와 붐 세대의 소설 작품들이 라틴아메리카 문학을 대표하는 작품으로 평가되면서, 라틴아메리카는 '마콘도화'되어 세계적으로 소비되게 되었다.

『백 년의 고독』의 마콘도에는 논리적 이성으로 설명할 수 없는, 낯선 것, 마술적인 것, 신비한 것들이 일상적으로 일어나고 있다. 이 공간이 라틴아메리카를 대표하는 공간으로 자리 잡게 됨에 따라 라틴아메리카는 '마술적인 것'이 편재하는, 서구인들이 일찍 이성의 힘으로 파문했던 것들이 일상화한 공간으로 소비되게 된다.

---

1) Ángel Flores, "Magical Realism in Spanish American Fiction", *Hispania*, 38:2, 1955. pp. 187-192. 마술적 사실주의를 둘러싼 쟁점들에 대해서는 우석균의 "마술적 사실주의의 쟁점들"을 참고하시오

서구인들은 마콘도화된 라틴아메리카를 읽으면서 우월적 향수를 가지고 라틴아메리카를 타자화하고, 동일자로서 자신들에 대한 이성적 신뢰를 구축해 나갔던 것이다. 서구의 독자들은 자신들의 현실과 다른 마술적이고 낯선 현실에 흥미를 느꼈으며, 특히 '흥미로운' 독서를 통해 서구가 제3세계에 대해 자행한 약탈과 착취, 그리고 제3세계 민중들의 가난과 굶주림 등을 '이해'할 수 있었다. 그리고 이런 상황은 온갖 초현실적인 사건과 인물들이 공존하는 상황을 통해서 보다 실감 나게 전달될 수 있었다. 다시 말해, 서구의 독자들에게 '마술적'인 것들은 그들의 즐거운 독서행위를 위해 필요한 조미료 역할을 하게 된 것이다.

라틴아메리카적인 것에서 이국적인 취향을 소비하는 독자층의 증가, 이에 따른 출판자본의 상업적 의도, 다른 한편으로 라틴아메리카를 타자화하려는 서구의 식민적 욕구에 의해 라틴아메리카의 마콘도화는 지속적으로 진행되었다. 이제 라틴아메리카는 실제의 모습과 차이가 있는 마콘도라는 메타포에 의해 구성된 하나의 '시뮬라크르'로 존재하게 되는 것이다. 붐 소설이 라틴아메리카 소설의 정전으로 평가되면서 라틴아메리카 문화와 문학을 '마콘도화'하려는 요구가 강해졌고, 이에 편승하여 이를 재생산해내려는 흐름 또한 심화되었다. 물론, 이들의 작품들이 철저하게 시장의 상업적 욕구에 맞춰 생산되어 소비되었다고 말하기에는 다소 무리가 있지만, 현실적으로 이런 경향의 작가들이 라틴아메리카적인 작가로 평가받고 상업적인 성공을 거두었다.

다시 말해, 가르시아 마르케스와 붐 세대에게 마술적 사실주의와 마콘도는 라틴아메리카 전통의 창조적 계승이자, 당대 라틴아메리카를 재현하기 위한 핍진적인 공간이었다. 그러나 이들의 에피고넨들에게는 상업적 성공을 위해 라틴아메리카를 타자로 만들기 위한 하나의 도구로 변질되었다. 또한, 이 과정에서 라틴아메리카 현실과 문화의 풍요로움을 담아내기 위해 사용되어진 '마술적 사실주의'는 라틴아메리카와 라틴아메리카 문화를 '마콘도'로 축소하는 결과를 가져왔다. 라틴아메리카의 마콘도화는 소설이나 영화 등 대중적인 장르뿐만 아니라 다양한 영역, 예를 들어 관광을 위한 원주민의 상품화나 토속적인 이미지 등을 통해 재생산되었다. 붐 소설이 정전화되면서 마술적 사실주의 역시 처음의 치열한 현실 대응 능력을 상실하고, 신비적이고 이국적인 요소를 강화하는 쪽으로 귀결되게 된다. 이 과정 속에서 라틴아메리카 현실에 대한 메타포로 기능하던 마콘도 역시 현실 삶과의 연관성을 상실한 상투적인 아이콘으로 변질되는 것이다.

이에 대해 서구적 근대성보다는 라틴아메리카적인 특수성과 존재의 마술적 형식을 강조하는 마술적 사실주의가 라틴아메리카의 다양한 정체성을 단순화하고, 변화하는 현실을 화석화했다는 비판이 제기된다. 이러한 비판에 따른 하나의 대안이 바로 맥콘도였다(Hertel, 194). 마술적 사실주의가 지배하는 마콘도가 아닌, 맥콘도라는 새로운 나라가 자신들의 문학적 상상력의 원천이라고 주장하는 젊은 작가들이 등장했던 것이다.

포스트 붐 세대의 문제의식: 마콘도 넘어서기[2]

붐 세대에 대한 반발은 후에 '포스트 붐(post-boom)'이라고 명명

---

[2] 이 글에는 이성훈(2004), "맥콘도(McOndo) 세대의 새로운 문학적 감수성 -알베르토 푸겟의 『맥콘도』와 『말라 온다』를 중심으로"의 일부 내용이 포함되었다.

된 그룹에 의해 시작되었다. 포스트 붐 세대에 속하는 많은 작가들이 붐 세대 작가들과 동시대에 작품 활동을 했고, 또 다양한 미학적 스펙트럼을 가지고 있기 때문에 단일한 범주로 묶기에는 많은 한계가 있다. 그러나 붐 세대에 대한 비판과 반발이라는 점에서 그들의 주장은 세대 논쟁적인 성격을 지니고 있다. 이들은 붐 세대와 차별되는 새로운 감수성을 주장했고, 이러한 새로운 감수성을 당대 라틴아메리카 사회의 변모와 자신들이 경험하는 일상의 변화 속에서 포착해 내고 있다.

포스트 붐 세대가 등장하게 된 배경은 정치적 환경의 변화와 밀접한 관련을 맺고 있다. 쿠바 혁명 이후 정치적 변화와 낙관의 시기라 할 수 있는 1960년대를 거치면서 라틴아메리카 소설은 이전과는 다른 정치적 상황에 직면해야 했던 것이다. 즉 1968년 멕시코의 틀라텔롤코 광장 사건, 1971년 쿠바 정부의 젊은 시인 에베르또 빠디야(Heberto Padill) 구속과 자아비판 사건, 1973년 피노체트 쿠데타에 의한 아옌데 정권의 붕괴 등과 같은 일련의 사건을 거치면서, 점차 1960년대 라틴아메리카를 휩쓸었던 현실 참여적이고 변화에 대한 낙관적인 분위기가 퇴색했다. 따라서 작가들은 당면 정치적 현실에 관심을 갖고 정치적 변혁을 추구하려던 경향과는 다소 거리를 두게 된다. 이제 작가들이 정치적 메시지보다는 개인의 감성에 주목했고, 집단적인 고민보다는 일상의 사적인 고민을 작품 활동의 주된 주제로 다루기 시작했다. 또한, 붐 세대 작가들이 지니고 있었던 '어려운' 텍스트에서 벗어나 독자들에게 더욱 손쉽게 메시지를 전달하고자 했다.

주로 1970년대에 작품 활동을 시작한 이른바 포스트 붐의 젊은 작가들에게 붐 세대는 극복해야 할 과제이자 짐이었다. 물론 붐 세대와 관계를 단절적으로 볼 것인가 아니면 연속적으로 볼 것인가에 따라 포스트 붐 세대를 보는 입장 차이가 있다. 그러나 포스트 붐 세대에게 있어 붐 세대를 넘어서는 과정은, 미학적인 면에서나 상업적인 면에서 하나의 전통을 세운 세대의 다음 세대가 맞부딪혀야 하는 필연적인 과정이었다. 포스트 붐 세대는 자신들의 문화적 경험과 의식이 앞 세대와 차별된다는 입장에서 붐 세대의 미학 정전을 비판하고, 자신들의 새로운 감수성에 기반을 둔 소설 미학을 주장했다. 이들에게 있어 붐 세대의 소설과 마술적 사실주의는 교과서에나 나올 법한, 붐 세대가 극복한 사실주의에 기반을 둔 지역주의 소설(novela regionalista)과 별 차이가 없는 고리타분한 것이었다. 자신들이 일상에서 경험하는 현실과 유리된 화석화한 언어에 불과하다는 것이다. 라틴아메리카 도시화에 따른 도시적 감수성과 대중문화를 직접적으로 경험하고 자란 이들 세대의 감수성은 이전 세대와 다를 수밖에 없었고, 이 감수성을 표현하는 언어 역시 이전 세대와 구별될 수밖에 없었기 때문이다.

포스트 붐 세대는 대중문화의 언어 감각과 도시 문화에 익숙해 있었다. 따라서 붐 세대의 언어와 마콘도로 대표되는 공간 그리고 마술적 사실주의는 그들에게 극복해야 할 낡은 문학적 유물이었던 셈이다. 포스트 붐 세대는 자신들이 경험하는 대중문화와 도시 공간, 그리고 도시 청년 문화를 적극적인 수용하여, 새로운 감수성을 지닌 청년 세대의 사적 공간에 많은 관심을 기울였다. 일상의 감수성을 소설에 담아내고자 하는 이들 세대에게 있어, 일상을 넘어서는 또 다른 어떤 것을 추구하는 붐 세대의 소설 미학과 소설 공간은 구태의연한 것이었다. 붐 세대를 넘어서려는 포스트 붐 세대의 세대적 의지는 그리 성공적인 결과를 거두지는 못했다. 붐 세대와 차별되는 소설적 성취를 이루지 못하고, 붐의 대가들의 그늘에 가려 자신들의 목소리를 적극적으로 드러내지도 못했던 것이다. 결국, 붐 세대와 차별되는 감수성을 지닌 그룹이 성장하고 있다는 것은 보여주었지만, 아직 붐 세대들의 문학적 권위와 마콘도에 익숙해진 독자들을 설득해 낼 만한 자신들만의 독자적인 소설 미학을 만들어 내지는 못했다. 이들 세대의 인정 투쟁이 성공적이지 못했다는 사실은 포스트 붐 세대 이후 등장하는 세대들이 이들에게 대립각을 세우는 것이 아니라, 여전히 붐 세대와 차별성을 강조하고 있다는 점에서도 잘 드러난다.

이러한 붐 세대에 대한 인정 투쟁을 가장 상징적이자 상업적인 방식으로 시도한 것은 바로 1996년 알베르토 푸겟(Alberto Fuguet)과 세르히오 고메스(Sergio Gómez)가 펴낸 『맥콘도(McOndo)』라는 단편집이었다. 여기에는 스페인어권에서 태어난 35세 미만의 작가 17명의 작품이 실려 있었다. 이 책의 제목인 맥콘도는 라틴아메리카 문학의 정전이었던 가르시아 마르케스의 마콘도를 패러디함으로써 새로운 세대가 성장하고 있음을 상징적으로, 그리고 그들 세대의 방식으로 보여준다. 책의 서문인 「맥콘도 나라를 소개함(presentacion del pais McOndo)」에는 이 책이 등장하게 된 일화가 잘 나타나 있다. 푸겟과 고메스가 미국의 아이오와 대학에서 진행된 세계작가 워크숍(International Writer's Workshop)에서 겪은 일이었다. 미국의 라틴아메리카 문화 열풍 속에서 한 유명 문예지 편집자가 라틴아메리카 문학 특집을 마련하고 젊은 작가들에게 작품을 의뢰했지만, 그중 두 명의 작품을 편집자가 거부했던 것이다. 이들의 작품이 마술적 사실주의를 결여하고 있으며, 제1세계 어디서나 쓰일 법한 작품이라는 것이 거부의 이유였다(Fuguet &

Gomez, 14). 이 경험을 통해 푸겟과 고메스는 서구의 라틴아메리카에 대한 이해가 마콘도화되어 있다는 자각을 하게 된다. 이것이 허구적인 마콘도가 아닌 그들이 실제로 경험하고 있는 구체적인 현실 즉 맥콘도의 세계를 구상하기 시작한 계기가 되었다.

새로운 세대에게 라틴아메리카의 전형적인 공간은 더 이상 마콘다가 아니라 맥콘도이다. 이들이 살고 있는 맥콘도는 노란 꽃비가 끊임없이 내리고, 죽은 사람이 살아 돌아다니고, 초콜릿을 먹고 하늘로 날아오는 신부가 사는 공간이 아니라, "고속도로와 지하철, 케이블 티브이, 쓰레기로 가득 찬, 거대하고, 오염이 심한 인구 과잉의 실제 라틴아메리카 도시"이다(Fuguet & Gomez, 17). 이제 라틴아메리카는 서구와 차별되는 마콘도가 아니라, 서구와 동질적인 소비문화와 정보 유통의 속도를 경험하는 맥콘도이다. 즉 매킨토시와 맥도널드와 콘도미니엄이 공존하는 현실인 것이다.

대략 1960년 무렵 출생자들로 구성된 맥콘도 세대의 문제의식은 이처럼 가르시아 마르케스의 마콘도를 패러디의 대상으로 삼았다는 데서 잘 드러난다. 라틴아메리카에 대한 정형화된 이해에 균열을 시도하는 것이다. 그들 스스로 인정하듯이, "라틴아메리카의 문화나 습속에 있어 이국적이고 다채로운 성격을 무시하지 않지만, 이것들로 환원시키는 입장, 예를 들어 라틴아메리카에서 모든 사람이 콧수염을 기르고 챙이 긴 모자를 쓰고 나무에서 산다고 하는" 입장에는 동의하지 않는 것이다(Fuguet & Gomez, 16). 그들 세대에게 있어 라틴아메리카는 과거로 화석화된 곳이 아니라, 맥도날드(McDonald)와 매킨토시 컴퓨터가 있는 소비와 소통에 있어 '전 지구화된' 공간인 것이다.

『맥콘도』의 이런 문제의식은 라틴아메리카 정체성 문제로도 확장된다. 붐 세대가 마콘도를 통해 라틴아메리카적인 집단적인 정체성을 추구했다면, 맥콘도 세대에게는 개인적 정체성이 더욱 중요한 관심사였다. 붐 세대의 주요한 주제였던 정치적 갈등과 같은 집단적인 주제보다는 개인적 경험과 사적 공간이 주된 배경으로 등장하게 된다. 붐 세대가 국가 정체성이라든가 현실의 갈등에 일정한 관심을 지니고 있었던 반면에, 맥콘도 세대는 탈국가적(posnacional)인 소비문화와 그 소통의 스피드에 보다 깊게 침윤되어 있음을 보여주었다. 결국, 푸겟과 고메스는 맥콘도라는 상징을 통해 자신들의 세대가 마콘도가 아닌 세계화된 공간에 살고 있음을 강조했던 것이다. 마콘도와는 다른 문화적 경험을 하고 있으며 이런 차별적인 문화적 경험들은 자연스럽게 그들 나름의 문학적 형식의 모색으로 이어지고 있음을 보여준다.

마콘도에서 『맥콘도』로

푸겟과 세르지오 고메스가 공동으로 펴낸 『맥콘도』는 1996년 스페인의 몬다도리-그리할보(Mondadori-Grijalbo) 출판사에서 출판되었다. 앞에 적은 것처럼 서문인 「맥콘도 나라를 소개함」에는 붐 세대에 대한 문제의식과 자신들의 세대론이 잘 드러나 있다. 맥콘도 세대를 이해하기 위해서는 이 서문을 꼼꼼하게 살펴보는 것이 필요하다. 이 서문에는 전통문화나 원주민 문화에 바탕을 둔 라틴아메리카 정체성과 마술적 사실주의에 대한 부정적인 입장이 잘 드러나 있다. 그뿐만 아니라 붐 세대의 특징 중 하나라고 할 수 있는 작가들의 현실 참여에 대해서도 비판적인 시각을 보여준다. 먼저 이들은 스스로 "모든 것의 포스트(post-todo) 즉, 포스트-모더니즘, 포스트-유피, 포스트-공산주의, 포스트-베이비붐, 포스트-오존층에 속하는 새로운 문학 세대"라고 주장한다(Fuguet & Gomez, 12). 물론 이런 탈정치적인 성향은 붐 세대에 대한 비판일 수 있지만, 나아가 1980년대 이후 라틴아메리카의 신자유주의적 구조 개혁에 따른 개인들의 파편화와 탈정치화의 영향이라고도 할 수 있다. 그렇지만 1960년대 이후 라틴아메리카 작가들이 보여주었던 지식인적 사명과는 차별되는, 작가로서의 새로운 정체성이 나타나고 있음을 보여주는 사례인 셈이다.

푸겟과 고메스는 마술적 사실주의를 라틴아메리카 문화를 수출하여 서구에서 이국적으로 소비하도록 서구인들의 입맛에 맞게 만들어진 스테레오 타입으로 간주한다. 이런 라틴아메리카의 이국적인 소비에 맞서 맥콘도를 새로운 세계로 제시하는 것이다. 맥콘도라는 제목 자체가 마콘도에 대한 패러디이자, "하나의 농담, 하나의 풍자, 하나의 조크"로 새로운 감성의 표현인 셈이다(Fuguet & Gomez, 19). 이들은 맥콘도에는 마술적 사실주의가 없고, "시각적 사실주의(realismo virtual)가 존재한다"라고 말한다. 맥콘도가 변화된 라틴아메리카 현실의 반영이라는 점에서 붐 세대의 마콘도만큼이나 라틴아메리카적이지만, 실제적이 아니라 시각적이다"(Fuguet & Gomez, 19)라는 것이다. 이렇게 맥콘도 세대는 라틴아메리카 문화를 정의하는 데 사용되는 주요한 개념들을 비판하면서 자신들의 새로운 감수성을 드러낸다. 새로운 감수성을 상징하기 위해 이들은 기존의 관행과 달리 산티아고의 맥도날드 가게에서 출판 기념회를 했다.

앞에 적은 것처럼 『맥콘도』가 등장하게 된 직접적인 배경은 아이오와 대학에서 열린 세계작가 워크숍에서의 경험이었다. 푸겟과 고메스의 작품이 라틴아메리카적인 느낌이 없고 마치 "제1세계 어느 국가에서나 쓰일 법한 것"이라는 이유로 '라틴아메리카 문학 특집'에서 배제된 이후로, 동시대 라틴아메리카인들이 경험하고 있는 '시각적'인 현실을 그려낼 필요성을 느꼈던 것이다. 이런 시각적 현실에 대한 강조는 이들 세대의 문화적 경험과 밀접한 관련이 있다. 맥콘도 세대는 대도시 중산층 청년 세대로서 미국의 영화와 텔레비전 프로그램 등 대중문화의 영향을 받으면서 성장했다. 이들의 경험 속에서 라틴아메리카는 저발전되고 농촌적이며 토속적인 것과는 거리가 있다. '모든 사람이 챙이 긴 모자를 쓰고 나무 위에서 살고 있는' 것처럼 그려지는 이국적인 마콘도는 이들 세대의 경험과는 전혀 다른 것이었다. 따라서 맥콘도 세대는 이렇게 라틴아메리카를 마콘도로 본질화하고 화석화하는 것에 대해 비판하고 있는 것이다. 이들은 가르시아 마르케스의 이국적인 마콘도를 "보다 거대하고, 인구가 많고, 오염되고, 고속도로, 지하철, 케이블 티브이, 슬럼이 있는 맥콘도 나라"로 대체하는 것이다. "맥도널드, 매킨토시 컴퓨터, 콘도미니엄, 돈세탁한 자금으로 건설된 5성급 호텔들, 거대한 쇼핑몰 등이 있"는 맥콘도에서의 경험이 바로 맥콘도 세대의 문화적 자산이었다(Fuguet & Gomez, 17).

마콘도화가 라틴아메리카를 토착적이고 전근대적인 곳으로 이해하는 방식이라면, 맥콘도라는 상징은 근대적이고 서구화한 동시대적인 공간성을 강조한다. 그러나 라틴아메리카의 상징으로 마콘도와 맥콘도가 대립하는 것 또한 라틴아메리카의 실체적 이해에 도움이 되지 않는다. 라틴아메리카는 두 개의 라틴아메리카가 공존하고 있는 지역이기 때문이다. 라틴아메리카는 마콘도로 대표되는 전통적이고 토착적인 현실과 맥콘도로 상징되는 근대적이고 도시적인 공간이 겹쳐져 있다. 맥콘도 세대가 근대적이고 맥콘도를 통해

서 주장하는 것은 서구인들이 라틴아메리카를 이국적이고 과거지
향적인 시선으로 소비하고 있다는 것이다. 그럼에도 불구하고, 푸
겟과 고메스가 맥콘도라는 상징을 통해 상업적 대중문화를 일상적
으로 소비하는 도시화되고 근대화된 지역으로 그려낼 때, 정복 이
후 라틴아메리카의 저개발된 현실은 간과되고 있다. 라틴아메리카
의 또 하나의 현실인 구조화된 빈곤, 주변화된 원주민, 만성적인
성차별 등은 그들의 관심사에서 벗어나 있다(Palaversich, 36). 이
마콘도가 여전히 식민의 유산을 극복하지 못하고 구조적 질곡을
겪고 있는 라틴아메리카의 주된 현실임에도 불구하고 말이다. 마콘
도 또한 라틴아메리카 전부는 아니지만, 여전히 라틴아메리카의 부
정할 수 없는 현실이다.

신자유주의 세계화와 맥콘도 정체성

『맥콘도』에서 푸겟과 세르지오 고메스가 밝히고 있는 미국 대중
문화의 영향 또한 다른 맥락에서 설명이 가능하다. 1960년대 라틴
아메리카에서 태어난 젊은이들은 대도시에서 생활하면서 미국의
대중문화를 일상적으로 경험했다. 이것은 1980년대 이후 이른바
신자유주의 세계화를 통해 라틴아메리카의 문화 시장이 글로벌 문
화에 포섭되었음을 의미한다. 신자유주의 세계화 이후 라틴아메리
카는 상품과 자본의 세계화뿐만 아니라, 문화의 세계화를 경험하고
있고 이 과정에서 일종의 문화적 혼종성을 경험하고 있는 셈이다.
그러나 푸겟과 세르지오는 자신들이 경험하는 도시의 일상문화와
는 달리 원주민과 농촌 지역의 전통문화를 낙후되고 후진적인 것
으로 그리고 있다. 그들은 "원주민적인 것과 토속적인 것"을 라틴

아메리카적인 것으로 간주하는 사람들을 비판한다. "폰초와 전통 샌들을 사용하는 사람들"의 문화를 전통적인 것으로 강조하는 태도가 변화하는 라틴아메리카 현실을 애써 부정하고 있다는 것이다 (Palaversich, 37).

나아가 "좌파적인 것"을 라틴아메리카적인 것과 동일시하는 입장에 대해서도 비판적인 태도를 취한다. 라틴아메리카 문화에서 강한 정치성을 읽어 내는 흐름이 있지만 모든 라틴아메리카 문화가 강한 정치색을 띤 것은 아니라는 것이다. 따라서 마콘도를 주장하는 사람들에게 "메르세데스 소사(Mercedes Sosa)(역주, 아르헨티나의 대표적인 민중가수)는 라틴아메리카적이지만, 핌피넬라(Pimpinela)(역주, 아르헨티나 듀오. 낭만적인 노래를 주로 부름)는 아닐 것이다"(Fuguet & Gomez, 17)라는 그들의 말 속에 이런 비판적인 인식이 잘 드러난다. 그들이 선호하는 문화는 정치색이 배제된, "미국에서 만들어진" 문화이다. 이들 세대는 자신들이 경험하는 미국 문화 시장의 상품들을 오히려 자신들의 고유한 것으로 받아들인다(Fuguet & Gomez, 17). 이런 맥콘도 세대의 문화관은 신자유주의 세계화가 가져온 문화의 상품화는 긍정적으로 평가하면서, 빈곤의 심화와 구조적 종속 등 부정적 영향에는 눈감고 있다는 비판이 가능하다.

『맥콘도』의 서문에서 다루고 있는 내용은 결국 라틴아메리카의 정체성이라고 하는 오랜 주제이다. 정복 이후 서구와의 관계 속에서 '만들어진' 그리고 만들어져 가고 있는 라틴아메리카적인 정체성을 신자유주의 세계화 국면에서 어떻게 정의할 것인가와 관련이 있다. '문명과 야만'이라는 익숙한 명제에서 알 수 있듯이 라틴아메리카적인 것은 전통적인 것과 유럽적인 것 사이의 대립을 통해서 이해하는 방식이 일반적이었다. 이런 대립적인 쌍은 근대와 전근대, 탈식민과 식민, 발전과 저개발 등 다양한 형태로 변주되었다. 마콘도와 맥콘도의 대립도 같은 맥락에서 이해할 수 있다. 즉 마콘도는 야만이고 맥콘도는 문명이라는 오랜 이분법이 여전히 반복되고 있는 셈이다. 그러나 일정한 차이점 역시 존재한다. 라틴아메리카 정체성이 '우리는 누구인가'라는 집단적인 질문을 통해 모색되었다면, 이제 '나는 누구인가'라는 개인적인 층위의 질문이 중요하게 자리 잡게 된 것이다.

『맥콘도』에 실린 단편들은 주로 개인들의 일상과 파편적인 경험들을 다루고 있다. 정치와 같은 공적이고 집단적인 주제보다는 개인들의 삶이라는 사적 영역이 작품의 주된 소재로 등장한 것이다. 푸겟과 고메스는 이와 관련해 젊은 작가들의 고민이 "펜과 총 사이에서 무엇을 선택할 것인가의 문제"에서 이제 "윈도 95와 매킨토시 사이 선택의 문제"로 변했다고 썼다(Fuguet & Gomez, 15). 정치적 참여 수단으로서 총과 펜을 고민했던 작가들의 시대는 가고, 이제 개인적 표현의 수단으로서 윈도 95와 매킨토시 사이에서 선택을 고민하는 작가들이 등장한 셈이다.

이런 탈정치화와 개인주의적인 경향이 등장하게 된 배경에는 신자유주의 세계화가 놓여 있다. 푸겟과 고메스가 『맥콘도』의 작품들이 변화된 시대상을 작품 속에 담아내고 있다고 했을 때, 변화는 바로 신자유주의 세계화가 야기한 정치 사회적인 변화의 결과였다. 이 속에서 개인들은 혁명적 운동과 정치적 변화를 추구하던 집단적 주체에서 벗어나 개인적인 소비자로 변신했다. 개인적인 정체성을 강조하는 이들 세대의 입장은 자신들이 "어떠한 이데올로기나, 자기 자신의 나라까지도 대표하지 않는다는" 말에 잘 드러나 있다

(Fuguet & Gomez, 19). 이 표현은 붐 세대가 가지고 있던 현실 참여적 성향에 대한 비판적인 언급일 뿐만 아니라, 신자유주의 세계화가 가져온 파편화를 보여준다는 점에서 흥미롭다. 특히 푸겟과 고메스가 칠레 출신임을 고려하면 더더욱 그렇다.

칠레는 피노체트 이후 신자유주의 세계화를 통해 안정적인 경제 성장을 이뤘지만, 최근의 교육 관련 시위에서 보는 것처럼 여전히 극심한 빈부 격차로 인한 사회적 불안을 해소하지 못하고 있다. 이런 상황에서 탈정치화를 주장하는 태도는 이들이 신자유주의적인 담론에 포섭되었음을 의미한다. 즉 신자유주의 구조 개혁 속에서 칠레인들의 관심은 상당 부분 탈정치화했고, 정치적 주체인 '시민'보다는 상업적 주체인 '소비자'로서의 역할이 강조되었다(Palaversich, 39). 이런 변화를 푸겟과 고메스는 긍정적으로 평가하고 있는 것이다. 푸겟과 고메스는『맥콘도』에 실린 작가들을 정하는 기준으로, "쿠바 혁명이 일어났던 1959년에서 칠레와 다른 라틴아메리카 국가들에 텔레비전이 보급된 해인 1962년 사이"를 잡았다(Fuguet & Gomez, 16). 많은 라틴아메리카 작가들의 정치적 영감의 원천이었던 쿠바 혁명과 텔레비전 보급이라는 문화적 사건을 동일 선상에 놓을 정도로, 탈정치적인 맥락에서 라틴아메리카 문화를 바라보고 있다. 신자유주의 세계화 이후 나타난 일련의 사회적 변화 속에서 이런 경향이 더욱 강화된 것이다.

맥콘도 세대가 마콘디즘을 비판하는 논리 중 하나는 자신의 작품을 서구 시장에서 판매하기 위해 서구가 원하는 라틴아메리카 이미지를 반복하고 있다는 점이다. 그러나 자신들 역시 자신들의 책을 스페인에서 출판하여 역으로 라틴아메리카로 수출하는, 붐의 경로를 반복하고 있다는 점에서 이들의 비판은 역설적이다. 그들 스스로가 "라틴아메리카 작가들이 키토나, 라파스, 산후안의 서점에서 자신의 작품이 팔리기를 원한다면 바르셀로나에서 출판을 해야 한다"(Fuguet & Gomez, 13)라고 말하고 있다. 라틴아메리카 국가들의 경계를 넘기 위해서는 "대서양을 건너는 것"이 필요한 것이다. 물론 서구 문화 권력의 강력함을 상징하는 표현일 수 있지만, 신자유주의 세계화 흐름 속에서도 여전히 라틴아메리카는 서구의 문화적 지배로부터 자유롭지 않다는 반증이다.

이런 상황 속에서 『맥콘도』의 기획과 출판은 작가들의 정치적 입장과 밀접한 관련이 있다. 신자유주의가 가져온 부정적 효과들보다는 신자유주의가 가져온 새로운 질서를 긍정하고자 하는 욕구가 내재해 있는 것이다. 즉 세계화된 라틴아메리카에 대한 새롭고 긍정적인 이미지를 만들면서, 기존 식민주의의 경험과 식민주의가 남긴 유산을 은폐하고 있다. 『맥콘도』는 단순하게 마콘디즘에 의해 재생산된 라틴아메리카에 대한 부정적인 이해를 비판할 뿐만 아니라, "라틴아메리카의 고유하고 새로운 신자유주의적 정체성을 위한 공간을 시장에 만들겠다는 의지"의 표현이다. 이렇게 보면 서문에 나타난 전통과 토속성 그리고 정치적 경향성에 대한 비판적 태도는 신자유주의 세계화에 대한 긍정적인 입장으로 읽힐 수 있다. 푸겟이 피노체트 이후 이룩한 칠레의 경제적인 성취에 대해 긍정적으로 평가하고 있는 점 또한 같은 맥락이다(Hertel, 195-197). 그러나 독재와 신자유주의가 야기한 경제적 사회적 불평등은 간과되고 있다. 칠레 내부에 존재하는 신자유주의 세계화에 대한 찬사는, 피노체트 유산과 사회적 불평등을 극복하자는 사회적 요구와 대립되기 때문이다.

살펴본 것처럼 1990년대 본격화한 신자유주의 세계화의 영향으로 라틴아메리카에서는 문화의 탈정치화와 개인 삶의 파편화가 가속화한다. 이렇게 집단적인 정체성보다는 개인적인 정체성이 중요하게 자리 잡게 되면서, 맥콘도 세대의 작품은 붐 세대의 세계와는 완전히 다른 세계를 다루고 있다. 또한, 맥콘도 세대의 정체성은 문명과 야만이라는 라틴아메리카 정체성의 전통적인 이분법에서 벗어나고 있는 것처럼 보인다. 그러나 이들 세대가 '야만'을 자신의 현실의 한 부분으로 인정하지 않고 존재를 부정하고 있다는 점에서 여전히 문명과 야만이라는 익숙한 주제의 변주라고 할 수 있다.

마콘디즘을 넘어서

앞에서 설명한 것처럼 마콘디즘은 가르시아 마르케스의 『백 년의 고독』의 배경인 마콘도에서 유래했다. 『백 년의 고독』은 라틴아메리카의 상징적 공간인 마콘도의 탄생, 발전, 파괴, 소멸 과정을 포함하고 있다. 마콘도는 사실적인 일상과 환상적인 요소들 사이에 경계가 분명하지 않은 곳으로 라틴아메리카의 전형적인 공간으로 해석된다. 이렇게 마콘도가 라틴아메리카의 비현실성을 상징하는 메타포이자, 나아가 이성이나 근대 과학이 범주화할 수 없는 것, 그리고 우리가 이해할 수 없는, 비현실적인 것들을 명명하기 위한 기호로 쓰인다. 이 과정에서 마콘도는 서구와 차별되는 타자의 공간이 되었고, 이성 중심적 세계관의 신비주의적 피신처이거나 이국적 기호품으로 전락했다. 문제는 마콘도가 라틴아메리카를 상징하는 공간이 되면서, 라틴아메리카를 마콘도로 일반화하고 상업화하려는 경향이 나타났다는 것이다. 호아킨 브루네르(Joaquín Brunner)는 이런 경향을 마콘디즘이라는 용어로 설명한다(Joaquín Brunner, 167).

마콘디즘은 이후 라틴아메리카 근대성/탈근대성 논의로 이어지는 일련의 라틴아메리카 정체성 담론에 있어서 중요한 출발점이 된다. 마콘디즘으로 인해 미국 대학을 중심으로 한 제1세계의 라틴아메리카 연구자들과 라틴아메리카에서 활동하고 있는 라틴아메리카 연구자들 사이의 입장 차이가 가시화되었기 때문이다. 라틴아메리카에서 활동하고 있는 연구자들은 제1세계 대학에서 생산되어 전 지구적으로 유통되는 라틴아메리카 이론들을 비판적으로 본다. 1960년대 이래로 라틴아메리카에서 생산된 비판적 사유를 복원하고 새롭게 재구성하는 것이 보다 더 중요하다는 것이다.

이런 입장 차이는 월터 미뇰로(Walter Mignolo)가 주장하는 지식의 지정학을 통해 잘 드러난다. 미뇰로의 '지식의 지정학(Geopolitics of Knowledge)'은 지리적인 공간들과 인식론 사이에 밀접한 관련이 있다고 주장한다. 이 지식의 지정학이라는 개념에 따르면 객관적이라고 간주하는 지식이 실제로는 식민적인 관계의 결과물이라는 것이다(Mignolo, 2002). 즉 지식의 생산과 유통 과정의 기저에는 제1세계와 제3세계 사이의 식민적 관계가 자리 잡고 있는데, 이 지식의 식민적 관계가 바로 지식의 지정학이다. 이런 흐름에서 보면 제1세계에 의한 라틴아메리카의 재현이라 할 수 있는 마콘디즘 역시 새로운 이론적 지평 내에서 해석이 가능하다.

마콘디즘은 라틴아메리카 정체성을 외부자적인 시각에서 구성하는 식민적 논리의 결과물이다. 또한, 외부자적인 시각을 자기화한 라틴아메리카 작가들에 의해 확대 재생산되고 있다. 라틴아메리카를 재현하는 상징적 담론으로서 마콘디즘은, 독립 이후에도 여전히 문화적 권력의 중심에서 작동하는 식민적 논리의 일종인 셈이다. 식민적 담론으로서 마콘디즘은 라틴아메리카를 이국적으로 소비하고 탈

역사화하는 경향을 뒷받침하게 된다. 이렇게 마콘디즘에는 식민적 담론이 가지고 있는 지적 문화적 권력이 개입해 있지만, 마콘디즘을 이해하는 방식에는 다소간 차이가 있다(Biagini & Roig, 322).

마콘디즘이라는 용어를 처음 사용한 호아킨 부르네르(Joaquín Brunner)는 라틴아메리카 근대성과 서구 근대성의 차이를 설명하기 위해 이 개념을 사용했다. 근대적 이성의 범주들과 대립되는 자질로서 환상적인 것 혹은 마술적인 것들을 통해 라틴아메리카는 서구와 '본질적 차이'를 갖는다는 것이다. 반면 로베르토 모랄레스(Mario Roberto Morales)는 마술적 사실주의가 라틴아메리카의 이미지를 탈역사화하면서 신화화하고 있다는 데 주목한다. 즉 마콘디즘은 가르시아 마르케스의 추종자들이 만들어 낸 문화 상품으로 라틴아메리카에 대한 상업화된 판본이라는 것이다. 이들이 서구의 "라틴아메리카 문학과 문화에 대한 마콘도화"라는 요구에 복종했다는 비판이다. 에르나 본 데 발데(Erna von der Walde)는 큰 틀에서 유사하지만, 마콘디즘이 갖는 긍정적인 측면에도 주목하고 있다. 마콘디즘을 제1세계에서 생산된 라틴아메리카 담론으로 라틴아메리카 현실에 대한 자의적인 해석이자 타자 만들기라는 점에서는 일치한다. 그러나 라틴아메리카인들의 고유한 담론으로서 가치도 있다는 것이다. 즉 『백 년의 고독』은 콜롬비아 문학의 정전일 뿐만 아니라, 국가 정체성을 만드는 도구로 사용되는 긍정적인 측면이 있다는 주장이다(Biagini & Roig, 322). 그럼에도 불구하고 마콘디즘은 근본적으로 라틴아메리카 현실을 왜곡하는 서구적 시각이자, 식민적 권력이 개입해 있다는 지적이 적절하다.

이런 관점에서 보면 마콘디즘을 극복하려는 맥콘도 세대의 입장 역시 또 하나의 마콘디즘이라는 주장도 가능하다. 맥콘도 세대가 주장하는 새로운 라틴아메리카의 정체성은 "라틴아메리카에 이식된 신자유주의 틀 내에 자신들의 서사를 뿌리내리려는 과정"에서 나타났기 때문이다(Biagini & Roig, 322). 맥콘도 세대가 추구했던 붐 세대 작가들과의 단절, 마술적 사실주의의 배제, 전통과의 단절, 도시적 라틴아메리카 이미지 등은 일정 부분 1990년대 신자유주의 담론을 반영하고 있다. 신자유주의 세계화가 가져온 사회적 변화 속에서 새로운 개인적 정체성을 모색하고자 했던 것이다.

붐 세대의 정전인 『백 년의 고독』의 배경인 마콘도를 패러디하는 맥콘도는 새로운 세대의 문학적 위치를 마련하고자 하는 세대 간의 인정 투쟁으로 해석될 수 있다. 그러나 보다 본질적인 것은 1960년대와는 달리 서구와 동질적인 문화적 경험을 하는 세대들이 성장하고 있었다는 사실이다. 이들의 새로운 문화적 경험들을 담아내기 위해서는 새로운 문학적 형식이 필요하다는 것이 푸겟과 그들 세대의 입장이었다. 이들이 마콘도라는 상징을 넘어서 맥콘도라는 나라를 새롭게 구성하고자 했던 시도는 긍정적으로 평가할 만하다. 마술적 사실주의와 라틴아메리카의 마콘도화는 새로운 세대가 넘어서야 할 대상이었기 때문이다. 이렇게 맥콘도는 마콘도와 마콘디즘이 가지고 있는 식민적 관계를 비판적으로 극복하려는 시도로 이해된다. 물론, 이들 세대의 문제 제기 역시 또 하나의 마콘디즘이자, 또 다른 상업주의적 판매 전략일 가능성 역시 존재한다. 나아가 라틴아메리카에 존재했던 야만과 문명 그리고 보편주의와 지역주의 대립을 반복하고 있는 것은 아닌가라는 혐의 역시 가능하다. 또한, 신자유주의적인 질서를 무비판적으로 수용하면서 라틴아메리카의 '또 다른' 현실을 간과하고 있다는 비판도 가능하다.

그럼에도 불구하고 맥콘도 세대는 앞 세대의 문학적 태도에 대한 치열한 문제 제기를 통해 라틴아메리카 문학과 문화의 새로운 가능성을 탐색하고 있다. 화석화하고 신비화한 라틴아메리카가 아닌 그들 자신의 일상으로 경험하는 직접적 현실을 형상화하기 위해 노력해 온 것이다. 붐 세대 이후 라틴아메리카 문학은 이처럼 붐 세대의 유산을 어떻게 해석할 것인가에 대한 긴장의 기록이다. 마콘디즘을 넘어서려는 맥콘도 세대의 시도 역시 이런 정전화와 탈정전화의 끝없는 긴장 속에서 자신들의 감수성을 자신들의 언어로 드러내고자 했던 하나의 시도였다.

제 10 장

라틴아메리카니즘과 문화연구:
전 지구화 시대와 라틴아메리카

신자유주의 세계화와 문화연구의 등장[1]

쿠바 혁명 이후 라틴아메리카를 휩쓸었던 사회 변화에 대한 열망은 1970년대를 거쳐 1980년대에 들어오면서 급격하게 식어갔다. 정치 및 경제적 혼란과 신자유주의 구조 개혁 속에서 라틴아메리카 지식인 사회는 기존의 낙관적인 전망보다는 점차 좌절과 비관주의에 빠져들게 된다. 1960년대의 사회 변혁이라는 혁명적 낙관주의 대신에 자본의 힘에 대해 무력함을 표현하는 비관주의가 지식인들의 지적 태도에 깊게 투영되었다. 이제 지식인들은 거대 담론과 특정 이데올로기에 의존한 사회 변혁보다는 일상이라는 미시적 세계에 더욱더 관심을 두게 된다. 물론 이런 변화는 라틴아메리카만의 현상은 아니었다. 서구에서도 1980년대 들어 구조주의에 대한 비판으로 포스트 구조주의와 해체주의 같은 이른바 포스트(post-) 담론이 등장했다. 포스트 담론은 이성에 기반을 둔 합리주

---

1) 이 장은 본인의 "중남미 문화연구에 대한 고찰", "탈식민주의와 라틴아메리카니즘", "라틴아메리카 연구와 라틴아메리카니즘", 그리고 김현균, 이성훈의 "라틴아메리카 문화연구의 쟁점과 동향"을 종합하여 새롭게 썼다.

의의 한계와 기존 가치 질서에 대한 신뢰 붕괴라는 시대적 분위기 속에서 확산되었다. 이런 맥락에서 진보, 구조, 계급, 변혁과 같은 거대 담론이 아니라, 개인의 정체성과 문화를 중심으로 한 일상생활에 관한 관심이 부각되었다. 또한, 1980년대 이후 세계화에 따른 자본과 노동의 신자유주의적 유연화, 공적 영역의 사유화, 국가 기능의 약화, 문화산업의 팽창과 대중문화의 확산이라는 시대적 상황 속에서 지식인들은 새로운 지적 대응을 모색해야 했다. 이런 이론적 변화를 가장 잘 보여주는 것이 바로 문화연구의 등장이었다.

1980년대 말 라틴아메리카 지식인들 역시 1960년대의 거대 담론이나 이데올로기로는 변화하고 있는 현실을 설명하고 재현하는 데 한계가 있다고 보았다. 이런 비판적 인식에서 출발하여 지식인들은 새로운 이론적 틀과 비판적 패러다임을 찾아야 했다. 자본의 영역뿐만 아니라 문화 등 삶의 각 영역에서 진행된 전 지구화가 사람들이 겪는 일상의 경험에 변화를 가져왔기 때문이다. 일상의 변화는 정체성과 관련한 논의의 패러다임도 바꿨다. 기존에는 정체성이 국가나 민족이라는 고정된 틀 내에서 논의되었다면, 이제 초국적이고 탈영토적인 속성을 가진 문화들이 서로 혼종하는 상황에 맞게 새롭게 변화해야 했다. 라틴아메리카에서도 좌파 기획의 패배, 지구적 자본주의의 확장, 미국식 문화의 급격한 유입 등을 설명하고 이에 대응하려는 다양한 지적전략으로 문화연구가 등장하기 시작했다. 1980년대에 탈근대성을 둘러싼 포스트모더니즘 논쟁이 라틴아메리카 이론진영의 주된 화두였다면, 1990년대에는 세계화와 탈식민주의를 둘러싼 논의가 중요하게 부각되었던 것이다(Vidal, 113-114). 이런 맥락에서 1990년대 이후 라틴아메리카 이론진영에서 문화연구가 적극적으로 수용되었고, 제1세계에서 만들어진 이론의 수용을 둘러싼 입장 차이들이 라틴아메리카니즘 (latinamericanism)과 관련된 논쟁으로 나타났다.

포스트 담론과 문화연구의 등장에서 알 수 있듯이 1990년대 들어 라틴아메리카 연구 또한 세계적인 추세에 따라 변화했다. 라틴아메리카 연구와 라틴아메리카 정체성에 대한 논의 역시 변화된 시대적 조건 속에서 새롭게 구성되어야 할 필요성이 있었기 때문이다. 이런 흐름이 이른바 미국 중심의 라틴아메리카 연구라고 할 수 있는 라틴아메리카니즘에 대한 문제 제기로 나타나게 된다. 1990년대 들어 라틴아메리카의 매우 다양한 현실들을 하나로 동질화하면서 라틴아메리카에(를) '대해 혹은, 위해'(para o por) 이론을 생산하는 '제1세계 중심의 라틴아메리카니즘'에 대해, 라틴아메리카에서(desde) 생산되는 비평의 역할을 고민하는 라틴아메리카 지식인들의 비판과 이론적 노력이 나타나기 시작했다. 이들 중 많은 이론가들은 종속이론의 문제의식처럼, 이론 시장을 둘러싼 중심과 주변의 관계에 주목했다. 중심과 주변의 구조화된 불평등처럼 중심이라 할 수 있는 제1세계 학계가 자신의 필요에 의해 라틴아메리카를 타자로 만들었다는 인식이 나타난 것이다. 특히 미국 학계가 라틴아메리카와 관련된 이론적 논쟁을 주도하며 라틴아메리카를 학문의 대상으로 소비했다는 비판이 강하게 제기되었다. 제1세계에서 진행된 이론적 논의들이 라틴아메리카가 직면한 구체적 현실을 해결하는 것보다는, 학문적 헤게모니를 유지하기 위한 수단으로 이용되었다는 지적인 셈이다. 따라서 미국 중심의 라틴아메리카 연구에 대한 비판적인 인식이 형성되었고, 이것이 이른바 라틴아메리카니즘의 새로운 전환에 대한 요구로 나타났다.

이렇듯 1990년대 이후 라틴아메리카 연구에서 나타난 문화연구

를 둘러싼 입장 차이 그리고 같은 연장 선상에 있는 라틴아메리카
니즘을 둘러싼 논쟁을 통해서, 세계화 이후 변화된 조건 속에서 라
틴아메리카 현실을 해석하는 새로운 이론 틀을 만들어 내려는 라
틴아메리카 연구자들의 지적인 고민을 살펴볼 수 있다.

라틴아메리카 문화연구의 등장과 비판

1980년대 신자유주의 세계화는 라틴아메리카에 많은 변화를 가
져왔다. 자본의 세계화로 인해 자본의 힘이 개별 국가의 주권과 영
향력을 넘어서는 현상이 나타났기 때문이다. 전통적으로 약했던 라
틴아메리카의 국가들은 사회경제적 위기 속에서 서로 다른 사회
계층 간의 갈등과 충돌을 조정하는 데 한계를 보여주었다. 신자유
주의 구조 조정으로 공적 공간이 축소되고 정당 정치가 침체하면
서, 국가가 수행하던 역할은 점차 시장의 손으로 넘어갔다. 이런
상황에서 정치보다는 오히려 문화가 이제 다양한 집단들의 의사를
표현하는 수단으로 주목을 받게 되고, 또 의사를 읽어 내는 주요한
사회적 매개체로 등장하게 되었다. 그러나 이 과정은 매우 모순적
이다. 기존의 정치가 문화를 통해 확장되었다는 긍정적인 측면이
있지만, 세계 시장이나 기술을 통해 초국적 기업과 자본이 문화를
지배할 수 있다는 우려 또한 공존하기 때문이다. 이런 우려에도 불
구하고 문화에 대한 '수요'가 확대되면서 라틴아메리카에도 문화연
구가 주된 흐름으로 등장하게 된다.

라틴아메리카 문화연구는 1960년대 이른바 문화연구 선구자들
이 만들어 놓은 이론적 기반을 확장하면서 자신들의 문제의식을
보다 발전시켜 나갔다. 라틴아메리카 문화연구는 '식민시기 연구',

'모더니티와 포스트 모더니티 연구', '젠더와 소수자 연구', '문화적 혼종성', '미디어와 대중문화' 등 보다 세부적인 연구 주제를 가지고 진전되었다(Del Sarto, 166-169). 물론 하나의 이론적 틀에 갇히지 않고 다양한 이론적 경계를 가르면서 나름의 독창적인 문화연구를 선보이는 이론가들도 존재한다. 베아트리스 사를로(Beatriz Sarlo)는 모더니티/포스트 모더니티 연구와 미디어와 대중문화 연구를 넘나드는 연구를 진행하고 있고, 가르시아 캉클리니(Nestor Garcia Canclini) 역시 모더니티/포스트 모더니티 연구와 문화적 혼성, 미디어와 대중문화 연구 영역을 가로지르며 라틴아메리카 문화연구를 대표하는 업적들을 만들어 냈다.

1990년대 라틴아메리카 문화연구의 등장을 제1세계 특히, 미국 대학에서 만들어진 담론이 헤게모니를 차지하게 되는 과정으로 설명하기도 한다. 이런 입장은 아브릴 트리고(Abril Trigo)가 대표적이다(Trigo, 2004, 347-348). 1990년대의 라틴아메리카 문화연구는 연구 경향이 보다 확장되고 풍부한 성과물들이 나타나던 시기였다. 그러나 여러 요인으로 인해 라틴아메리카 문화연구의 중심지는 라틴아메리카에서 미국 대학으로 옮겨졌다. 미국 내 라틴아메리카 관련 학문시장이 확대되면서 라틴아메리카의 연구자들은 더욱 나은 조건의 일자리를 미국에서 찾을 수 있었기 때문이다. 또한, 세계화에 따른 정보와 인력의 이동이 더욱 쉬워지면서 많은 라틴아메리카 연구자들이 미국으로 향했다. 여기에다가 미국 내 라티노 인구가 대폭 증가하면서 라틴아메리카 연구자들이 미국에 더욱 손쉽게 적응할 수 있는 문화적 기반이 마련되었다. 이 결과 라틴아메리카 문화연구는 주로 미국의 대학 제도를 토대로 전개되었고, 자연스럽게 미국 대학에서 만들어진 라틴아메리카 이론들이 글로벌한 유통망 속에서 '표준'으로 자리 잡게 된다. 물론 이런 현상은 이후 미국 중심의 라틴아메리카연구 즉, 라틴아메리카니즘을 극복하려는 시도가 출현하게 된 배경이 되기도 한다.

1980년대 이후 변화된 사회경제적 조건에 따라 등장한 라틴아메리카 문화연구를 세계화와 초국적 자본주의의 또 다른 부산물로 보는 우려 섞인 시각도 있다. 라틴아메리카 문화연구가 이러한 외부적 조건의 변화에 의해 나타났고, 심지어 이러한 변화에 저항하는 경우에도 라틴아메리카 문화연구가 이러한 질서를 재생산하는 데 기여하고 있다는 것이다(Larsen, 159-160). 이런 점에서 라틴아메리카 문화연구를 둘러싼 두 개의 입장을 살펴보는 것은 당대 라틴아메리카 이론진영의 대립적인 문제의식을 잘 보여준다.

라틴아메리카 문화연구를 비판하는 입장의 경우도 두 개의 층위로 나눠볼 수 있다. 하나는 라틴아메리카 이론진영에서 '문화연구' 자체를 반대하는 입장이고, 다른 하나는 라틴아메리카 문화연구가 수행되는 방식을 비판하는 것이다. 먼저, 문화연구 자체에 대한 비판적인 입장은 주로 네일 라르센(Neil Larsen), 우고 아추가르(Hugo Achugar) 등 라틴아메리카에서 활동하고 있는 좌파 지식인들이 보여주고 있다(Larsen, 189-196). 이들은 문화연구를 제1세계 학문 제도가 라틴아메리카를 비롯한 비서구를 학문적으로 위계화하고 타자화하기 위한 지적 전략으로 간주하고 문화연구 자체를 거부한다.

여기에서는 라틴아메리카 문화연구를 둘러싼 보다 생산적인 대화를 위해 두 번째 입장을 보다 꼼꼼하게 살펴보기로 한다. 이 입장은 라틴아메리카 문화연구를 대표하는 학자들인 가르시아 칸클리니, 마르틴 바르베로(Martín Berbero), 베아트리스 사를로, 다니엘 마토(Daniel Mato) 등에서 잘 드러난다. 이들은 문화연구가 지적 헤게모니적인 도구로 쓰이고 있는 것을 비판하지만, 문화연구의 문제의식 자체를 부정하지는 않는다. 마르틴 바르베로는 "우리는 이러한 이름이 생기기 훨씬 이전부터 문화연구를 행해왔다"라고 말하고 있다(Mato, 26에서 재인용). 가르시아 칸클리니 역시, "나는 이것이 이렇게 불린다는 사실을 알기 전부터 문화연구를 해왔다"라고 말하고 있다(Mato, 26에서 재인용). 사를로 역시 "아르헨티나에서는 문화연구라 부르지 않고, 문화 분석과 문화사회학(sociología de la cultura y análisis cultural)이라는 것을 행해왔다"라고 진술하고 있다(Mato, 26에서 재인용). 이들은 문학이라는 협소한 분과학문에서 벗어나 라틴아메리카 사회를 더욱 폭넓게 바라보기 위해 문화에 관심을 기울이고 있었던 것이다. 그러나 1980년대부터 라틴아메리카 문화연구가 급속하게 제도화되고, 학문 권력으로 자리 잡으면서 이들은 '문화연구'라는 용어에 대해 부정적인 태도를 보여주기도 한다. 다니엘 마토가 말한 자신들의 문제의식을 "문화와 권력에 대한 다양한 라틴아메리카의 지적 실천(estudios y otras prácticas intelectuales latinoamericanas en cultura y poder)"이라고 정의할 때, 문화연구와의 차별성을 잘 드러내 준다(Mato, 26).

라틴아메리카 문화연구가 수행되는 방식에 대한 비판은 학문 세계가 영어를 중심으로 재편되는 과정에서 '문화연구'가 일정한 역할을 수행했다는 문제 제기이기도 하다. 또한, 문화연구가 수행되는 과정에서 글로벌한 학문방식에 의해 지역적인 특수성이 전유됨으로써, 라틴아메리카적인 맥락이 간과될 수 있다는 점을 우려하고 있다. 더 나아가 문화연구가 1960년대 영어권 대학에서 만들어졌던 지역학, 혹은 지역연구의 이데올로기를 세련된 방식으로 확대 재생산하고 있는가라는 의혹 역시 작지 않다. 문화연구가 제3세계를 학문적으로 지배하려는 식민적 의도가 담긴 제1세계의 지적 도구라는 것이다. 따라서 문화연구의 유행은 '지역적인 것'의 역사적 맥락을 지울 수 있으며, 지역에 존재하는 비판적 지식인들의 작업을 무력화할 수 있다고 본다. 이렇듯 문화연구를 미국을 중심으로 한 학문 제도가 만들어 낸 하나의 지적 상품으로 간주하고, 문화연구가 주변부 현실을 전유할 때 나타나는 위험성에 대한 지적은 라틴아메리카 이론진영 내에 폭넓게 자리 잡고 있다. 라틴아메리카 지적 전통과 거리가 있는 서구의 기획에 의존하고 있으며, 미국 대학 제도의 권위를 배경으로 유행하게 된 헤게모니적 지적 제도라는 것이다. 이런 비판적인 입장은 특히 미국 대학 제도 내에서 라틴아메리카에 '대한' 문화연구가 수행되는 방식에 대한 비판으로 이어졌다.

이런 비판은 특히 1980년대 이후 라틴아메리카 출신 학자들이 대거 미국 대학에 진입하여 미국 내에서 라틴아메리카에 '대한' 다양한 담론들이 만들어지고 라틴아메리카에 적용되면서 보다 거세졌다. 탈식민주의 이론, 하위 주체이론, 라틴아메리카 문화연구 등 다양한 담론들이 만들어졌는데, 라틴아메리카의 사회문화적 행위자에 대한 진지한 고민 없이 라틴아메리카를 하나의 텍스트로 박제화했다는 비판이었다. 또한, 미국 대학에서 만들어진 이론 모델을 라틴아메리카에 적용하는 것은 라틴아메리카에 존재했던 다양한 종류의 지적 실천들을 간과하고, 라틴아메리카에 '대한' 제1세계 모델을 우선시함으로써 학문적 위계를 완성한다고 보았다(Mato, 29). 이러한 입장은 지나치게 대립적인 관점이기는 하지만, 당시 라틴아메리카 지식인들이 가지고 있던 위기감을 상당 부분 보여준다. 한편으로 미국 중심의 라틴아메리카 문화연구는 다니엘 마토가 지적하고 있듯이 대학이라는 학문 제도를 중심으로 사고함으로써, 라틴아메리카에 존재하고 있었던 대학 제도 밖의 실천들이 갖는 의미를 간과하고 있으며, 변화의 주체에 대한 고민을 사상함으로써 문화연구 초기의 '진지한' 성격을 잃고 있다는 비판 역시 가능하다 (García Canclini, 2003, 14).

가르시아 칸클리니 역시 영어권 문화연구가 라틴아메리카의 실제적인 문제보다는 라틴아메리카에 대한 '해석'에 더 많은 관심을 보여주고 있다고 지적하고 있다. 이러한 라틴아메리카 문화연구의 '텍스트주의'는 대중문화, 혼종성, 모더니티/포스트 모더니티, 국가적인 것(the national) 등의 주제를 둘러싼 치열한 논쟁을 이끌었지만, 이러한 이론들이 지향해야 할 구체적인 사회적, 문화적 움직임에 대해서는 별다른 관심을 보이지 않았다는 비판으로 이어진다. 이렇듯 라틴아메리카 문화연구가 학문시장에서 헤게모니를 차지하기 위한 도구가 되면서, 초기의 문제의식들이 사라졌다는 지적을 받게 된다. 이런 지적은 문화연구뿐만 아니라, 하위주체 연구, 탈식민주의 이론 등에도 마찬가지로 적용할 수 있는데, 이 이론들이 탈분과 학문인 '정전'으로 자리 잡게 되면서 학위과정이나 논문을 위한 제도이자 소재로 변모했고, 초기의 치열한 문제의식을 상실했다는 것이다(García Canclini, 2003, 16).

그러나 라틴아메리카 문화연구에 대한 비판은 결과적으로 라틴아메리카의 문화연구와 제1세계 대학 내 라틴아메리카 문화연구 사이의 이론적 층위의 교환을 통해 매우 생산적인 결과물들을 만들어 냈다. 정치, 미학, 문화 사이를 가로지르는 다양한 형태의 담론들을 통해 라틴아메리카 현실을 보다 정교하게 포착하려는 움직임으로 나타났던 것이다. 이는 라틴아메리카 이론진영에서 보여준 다양한 연구 성과들을 통해 명확하게 알 수 있다.

라틴아메리카 문화연구의 옹호

문화연구를 비판하는 경향에 맞서 주로 미국 대학에서 활동하고 있는 연구자들은 문화연구를 적극 옹호하고 있다. 대표적인 옹호론자인 존 베벌리(John Beverley)는 문화연구를 비판하는 경향은 특히 라틴아메리카 이론 진영에 강한데, 이들의 입장에는 다음 세 가지 요소가 공통적으로 포함되어 있다고 분석한다(Beverley, 2003, 49-50). 먼저, 문화연구가 정체성이나 다문화주의와 관련한 '미국적' 문제의식이나 탈식민과 관련한 '영국적' 문제의식을 보여주고 있다는 지적이다. 반면 라틴아메리카의 다양한 역사와 현실은 다문화주의나 탈식민주의의 문제의식을 넘어선다는 비판이다. 두 번째는 미국이나 유럽 대학에서 만들어지고, 제1세계 학문 제도의 권위에 의해 유지되는 문화연구 담론들이 라틴아메리카 지식인들이 보여준 다양한 이론적 실천들을 간과하고 있다는 것이다. 즉 "라틴아메리카적 사유(latin american thought)"라고 부르는 라틴아메리카의 오랜 지적 전통을 간과하고 있다는 지적이다. 따라서 제1세계의 이론은 일종의 문화적 신식민주의로 기능하고 있고, 이런 상황에서 라틴아메리카 지식인들은 학문의 주체라기보다는 이론의 대상으로 전락하게 된다는 비판이다. 마지막으로, 이런 과정을 통해 제1세계 라틴아메리카 담론들은 라틴아메리카에서 자신의 현실에 맞는 고유의 기획을 만들어 낼 수 있는 이론적 능력을 억압하고 있다는 비판이다.

이러한 문화연구 비판론자들에 대해 존 베벌리는 이들의 입장이 신아리엘주의(neo-arielism)적인 것이라고 반박한다. 신아리엘주의라는 개념은 엔리케 로도(Enrique Rodó)의 『아리엘(Ariel)』에서 유래했다. 이 작품의 등장인물인 프로스페로(Prospero)는 라틴아메리카의 정체성을 앵글로색슨의 실용주의적이고 물질주의적인 가치관과 대립되는 그리스 라틴 문화에서 찾았다. 또한, 지식인의 역할을 강조하고, 형이상학적이고 초월적인 가치를 중요하게 생각했다. 이런 가치를 대표하는 상징이 바로 아리엘이었다. 이런 맥락에서 20세기 초 아리엘주의자들이 형이상학적이고 초월적인 가치를 강조하는 태도를 보여주었다면, 20세기 말의 신아리엘주의자들 역시 지식인의 역할을 중시한다. 베벌리에 따르면 신아리엘주의는 문학을 라틴아메리카 문화의 진정성을 담아내는 학문으로 여기고, 문학 지식인들을 라틴아메리카 문화의 진정성과 가능성을 실현하는 집단으로 중요하게 생각한다. 이런 점에서 신아리엘주의는 여전히 전통적인 혹은 '비판적' 지식인의 권위에 의존하고 있다고 본다(Moreiras, 1999, 129). 결국, 일부 라틴아메리카 지식인들이 보여주는 신아리엘주의는 자신들의 학문적 권위에 도전하려는 '하위주체들'을 막으려는 시도로, 일종의 "좌파 보수주의적"인 태도라는 것이다. 문학 장르와 문학적 가치를 강조하는 라틴아메리카 지식인들이 문화연구라는 다른 연구 방법론을 인정하지 않기 때문이다. 베벌리는 이렇게 문화연구를 비판하는 라틴아메리카 지식인들의 비판을 실증주의적인 인식론과 모더니즘적인 미학에 갇혀있는 구태의연한 태도로 보았다(Beverley, 2003, 50).

신아리엘주의에 대해 베벌리는 "제1세계에서 생산되는 다양한 이론적 실천과 비판적 사유들을 단순하게 미국의 제국주의적 헤게모니와 동일시하고, 문학과 문학비평의 권위 그리고 문자 지식인들을 라틴아메리카의 문화적 기억과 가능성의 담지체로" 강조하는 태도라고 비판한다. 이는 1990년대 이후 등장한 문화연구를 단순하게 제1세계의 학문적 헤게모니 도구로만 파악하려는 라틴아메리카 이론진영에 대한 비판이다. 또한, 라틴아메리카 이론진영이 가지고 있는 문학과 문학비평 중심의 인문주의적 접근 방법은 새롭게 등장하는 다양한 사회 주체들을 담아내기에는 적절하지 않다는 지적이기도 하다.

이런 맥락에서 그는 문화연구가 발원한 지점을 정확하게 파악하는 것이 라틴아메리카 문화연구가 갖는 정치적 의미를 정확하게 이해할 수 있다고 말한다. 문화연구는 대학 제도 내에서 기존의 헤게모니 담론을 해체하고, 민주적 질서를 모색하고자 하는 이론진영의 담론이라는 것이다. 따라서 문화를 본질적으로 문학을 중심으로 한 고급문화와 동일시하는 신아리엘주의보다는 하위주체와 탈식민성을 강조하는 문화연구가 라틴아메리카 현실을 분석하는 데 유용하다는 주장이다. 물론, 베벌리의 입장은 자신이 활동하고 있는 미국 내 라틴아메리카 연구자들의 입장을 대변하고 있다는 혐의가 있다. 그러나 라틴아메리카 이론진영의 비판을 '이론적 보수주의'이자 신아리엘주의적인 것으로 비판하고, 미국 내 라틴아메리카 문화연구가 가지고 있는 문제의식을 강조함으로써 라틴아메리카 문화연구의 생산적인 성격을 강조하고 있다는 점에서 의미가 있다.

라틴아메리카 문화연구에 대한 비판 중 가장 핵심적인 것은 문화연구가 사회 변혁에 관한 관심과 밀접하게 연결되어 있었지만, 점차 라틴아메리카의 정치 사회적인 맥락과 유리되고 있다는 지적이다. 원래 문화연구는 1980년대와 1990년대의 혁명적 운동이나 사회 운동 과정에서 나타난 대안적 형식이라는 성격이 강했다. 그러나 라틴아메리카 문화연구가 사회적 주체를 고려하지 않음으로써, 전략적 기획으로서 의미를 상실한 평면적 분석으로 전락했다는 비판을 받게 된다. 세계화의 결과로 나타난 국민국가의 역할 축소와 공적 공간의 제약 등으로 인해 전통적인 행위자가 아닌 하위주체나 소수자, 파편화된 주체 등의 행위자에 주목했던 문화연구의 기획들은 현실 변혁에 큰 도움이 되지 못했다는 것이다.

이러한 비판을 넘어서기 위해서 라틴아메리카 문화연구는 문화연구가 만들어지던 시기의 문제의식에 천착할 필요가 있다는 입장이 나타난다. 자본주의의 진전을 비판적으로 검토하고, 이를 통해 대안적 삶의 형태와 문화 형식을 찾았던 문화연구의 초기 문제의식으로 돌아가자는 것이다. 현실 변화를 추구하는 유토피아적인 상상력과 이러한 유토피아적 상상력을 실현할 지적인 실천 사이의 긴장 관계를 통해 문화연구가 만들어지던 역사적 맥락에 주목해야 한다는 것이다. 물론 더 이상 1960년대 혹은 1980년대와 같은 유토피아적인 상상력이나 지적인 실천이 불가능하지만, 이러한 긴장은 여전히 현실적으로 중요하다는 문제의식이다. 세계화에 따른 전 지구적 보편주의라는 일방적 흐름과 개별 국민국가의 국가적 기획의 상실 사이에 존재하는 긴장 사이에서 문화연구의 역할이 필요하다는 주장이다(García Canclini, 2003, 17).

문화연구의 사회적 역할을 위한 이러한 문제 제기는 국민국가의 역할을 다시 강조하고, 1960년대의 라틴아메리카 사회이론을 복원하는 것으로 나타났다. 라틴아메리카 지식인들은 자신들의 지적 입장을 비판적으로 재구성함으로써 라틴아메리카 문화연구를 보다 확장해나갈 수 있었다. 그러나 라틴아메리카 지식인들이 문화연구를 새롭게 구성하는 과정은 이미 지적했듯이 라틴아메리카의 비판적 사유라는 오랜 전통과의 적극적인 대화를 통해서이다.

이처럼 라틴아메리카 문화연구자들은 문화연구를 제1세계에서 만들어진 헤게모니 도구로 간주하거나, 미국 내 대학에서의 문화연구의 유행을 일종의 학문적 기회주의로 이용하고 있다는 비난에 대해 나름의 반론을 제시하고 있다. 이들은 문화연구를 지역의 구체적인 정치 현실과 유리된 일종의 세계적 상표로 이해하는 것은 문화연구를 지나치게 일반화하는 태도로 간주한다. 라틴아메리카 문화연구 역시 미국이나 영국 문화연구의 보충물이 아니라, 독립적인 문제의식과 역사적인 기획을 지닌 것으로 라틴아메리카의 오랜 비판적 사유 전통과의 교감 속에서 만들어진 독자적인 학문 영역이자 현실 개입의 수단이라고 주장한다.

라틴아메리카 연구와 라틴아메리카니즘

문화연구를 둘러싼 입장 차이에서 알 수 있듯이 라틴아메리카 연구는 다양한 입장과 시기적 맥락들에 따라 변화해 왔다. 이런 변화는 라틴아메리카니즘을 둘러싼 입장 차이에서도 잘 드러난다. 라틴아메리카니즘은 통상 "제1세계의 연구기관이나 대학, 특히 미국의 몇몇 문학 관련 학과에서 생산된 라틴아메리카에 대한 이론적 인식이나 지식체계"를 지칭하는 것으로, "발화의 대상으로서 라틴아메리카에 대해 가능한 지식을 제공하는 재현의 총체 혹은 일련의 합"으로 정의된다(Castro-Gómez; Mendieta, 20). 이렇게 라틴아메리카에 대한 지식과 인식 태도의 총합으로 정의할 수 있는 라틴아메리카니즘을 둘러싼 견해 차이는 입장과 시기에 따른 변화를 잘 보여준다. 1960년대 지역연구에서 시작된 라틴아메리카 연구는 전 지구화 이후 나타난 사회적 변화들을 담아내기 위해 출현한 많은 이론적 시도들을 통해 확장되어 왔다. 특히 1990년대 이후 등장한 탈식민주의 이론은 라틴아메리카 연구의 확장과 질적 변화에 많은 기여를 했다. 또한, 탈식민주의 이론이 라틴아메리카 연구에 끼친 긍정적인 영향은 이른바 라틴아메리카니즘의 '탈식민적 전화'라고 평가되고 있다. 탈식민적 전화를 통해 라틴아메리카니즘은 제1세계 대학 내에서 라틴아메리카를 타자로 소비하려는 '식민적' 기획이라는 혐의에서 벗어나 '해방적' 기획으로 평가되게 된다.

통상 라틴아메리카니즘은 미국 대학을 중심으로 한 영어권 학문 제도 내에서 시작되었다. 라틴아메리카 연구의 목표뿐만 아니라 구체적인 연구대상과 이론적 방법론 등 라틴아메리카를 연구하기 위한 미국 내 학문 제도의 학문적인 시도가 라틴아메리카니즘의 시작인 것이다. 그러나 라틴아메리카를 어떻게 이해할 것인가라는 문제의식은 미국 내 지식인들의 연구에서 처음 시작한 것이 아니라, 이미 호세 마르티(José Martí)에서 시작된 라틴아메리카 지식인들의 오랜 문제의식이었다. 이런 관점에 서서 라틴아메리카 연구를 바라보면, 라틴아메리카에 대한 식민적 전유라는 부정적인 혐의를 받던 라틴아메리카니즘의 의미가 새롭게 해석되고 더욱 확장될 수 있다(Szurmuk; McKee Irgwin, 157).

한편, 존 베벌리는 라틴아메리카니즘을 라틴아메리카와 라틴아메리카 정체성(들)을 다루는 이론적이고 비판적인 담론으로 정의함으로써, 이를 미국 대학이라는 한정된 공간 너머로 확장한다(Beverley, 2009, 192). 라틴아메리카 외부뿐만 아니라, 라틴아메리카 내부에서 만들어진 담론들을 포함하는 것은 라틴아메리카니즘이 갖는 복합적인 측면을 이해하는 데 도움이 된다. 더욱 넓은 스펙트럼 속에서 라틴아메리카니즘을 살펴보면서 라틴아메리카니즘을 단순하게 식민 담론으로 간주하고 이에 대한 대항 담론을 대립시키는 이분법적인 사고에서 벗어날 수 있는 것이다. 이런 라틴아메리카니즘에 대한 이분법적인 이해 방식의 극복은 탈식민주의 이론가들의 문제 제기를 통해서 본격적으로 나타났다. 물론, 탈식민주의 이론들을 비판하는 이론가들이 라틴아메리카뿐만 아니라 미국 내에도 많이 있다. 그럼에도 불구하고 탈식민주의 이론가들의 시도는 라틴아메리카 연구의 새로운 가능성을 보여준다.

라틴아메리카니즘의 탈식민적 전화를 살펴보기 전에 먼저 제1세계 학문 제도 내에서 라틴아메리카 연구의 총합으로 이해되는 라틴아메리카니즘을 몇 가지 관점에서 살펴볼 필요가 있다. 이를 통해서 라틴아메리카 연구의 지형도를 그려볼 수 있기 때문이다. 이를 위해 먼저, 브렛 레빈슨(Brett Levinson)의 견해를 따라 라틴아메리카니즘을 분류해보고, 마지막에서 탈식민적 라틴아메리카니즘 기획이 전 지구화라는 상황 속에서 라틴아메리카적인 것을 어떻게 확장하고 있는지를 살펴볼 것이다.[2]

내용적인 층위에서 라틴아메리카니즘을 분류한 브렛 레빈슨에 따르면 라틴아메리카니즘에 관한 입장은 세 가지로 분류된다(Levinson, 169-201). 첫 번째는 라틴아메리카니즘을 오리엔탈리즘의 라틴아메리카적인 판본으로 간주하고, 라틴아메리카니즘을 부정적으로 바라보는 태도이다. 즉 라틴아메리카 현실을 왜곡되게 해석하거나 재현하

---

[2] 라틴아메리카니즘을 탈서구주의, 반서구주의, 탈식민주의와의 비교는 "탈식민주의와 라틴아메리카니즘"을 참고하시오. 또한, 브렛 레빈슨, 존 베벌리, 에두아르도 멘디에타, 알베르토 모이라스의 입장을 통해 탈식민주의 라틴아메리카니즘을 분석한 자세한 내용은 "라틴아메리카 연구와 라틴아메리카니즘"을 참고하시오.

는 제1세계 특히 미국 중심의 담론에서 대표적으로 드러난다고 본다. 두 번째는 오리엔탈리즘에 관한 비판적 사유가 탈오리엔탈리즘이라는 형식으로 나타나는 것처럼, 라틴아메리카를 서구 중심적으로 이해하는 태도에 맞서 등장한 비판적이고 대항적인 담론으로 이해하는 것이다. 일종의 반서구적인 태도로 대항적 라틴아메리카니즘이라 할 수 있다. 세 번째는 라틴아메리카 연구를 이론적으로 새롭게 구성하기 위한 시도를 지칭한다. 앞선 두 개의 입장이 서로 대립적인 관점에서 라틴아메리카니즘을 바라보았다면, 세 번째 라틴아메리카니즘은 이런 대립적이고 이분법적인 사유 구조를 극복하려 한다는 것이다. 세 번째 라틴아메리카니즘의 특징은 라틴아메리카를 하나의 고정된 지역이나 문화로 보는 것이 아니라, 지구화 과정이 작동하는 하나의 무대로 간주한다. 다시 말해 시장, 이주, 새로운 세계질서, 탈국가성 등과 같은 전 지구화 과정들이 작동하고, 이러한 요소들의 상호작용 속에서 문화나 정체성이 유동하고 변화하는 장소로 간주하는 것이다. 이렇게 라틴아메리카 문화와 정체성을 끊임없이 외부와 교섭하고 유동하는 것으로 이해하는 태도가 전 지구화 이후 라틴아메리카 현실을 이해하는 적절한 분석 틀이라는 주장이다.

이 세 번째 라틴아메리카니즘이 더 나아가 "라틴아메리카 이후(post- Latin America)"를 보여준다고 브렛 로빈슨은 주장한다. 이 "이후"는 2차 이후 세계질서를 관통하고 있던 제1세계와 제3세계라는 분리 체계 그리고 철학적인 의미에서 구성된 동일자와 타자라는 이분법적인 구조가 사라진 후의 새로운 인식 지도에서 등장한다는 것이다. 따라서 이 "이후"는 제1세계와 제3세계라는 이분법에 의존하고 있는 오리엔탈리즘으로서의 라틴아메리카니즘과, 이에 대한 대항 담론으로서 라틴아메리카니즘이라는 이분법적인 인식체계를 해체하고 라틴아메리카를 새롭게 이해하려는 과정으로 볼 수 있다(Levinson, 169-170). 물론 현실적으로 이 이후가 라틴아메리카의 사회, 경제, 정치에 존재하는 다양한 모순과 문제들이 해소되었다는 것을 의미하지는 않는다. 따라서 이 세 번째 라틴아메리카니즘이 독립적인 범주로서 라틴아메리카가 갖고 있는 해방 기획을 무화하고, 자신의 관점에서 전유하기 위한 제1세계 학문 권력의 더욱 세심한 헤게모니 전략이라는 비판이 가능하다. 그럼에도 불구하고, 라틴아메리카니즘의 생산인 논의를 가능하게 하는 이론 범주로서는 충분한 의미를 갖는다.

결국, 제3의 라틴아메리카니즘이 필요한 이유는 오리엔탈리즘과 탈오리엔탈리즘이 보여주는 것과 같은 이분법적인 태도 이외에도, 이것들이 가지고 있는 인식론인 한계 때문이다. 브렛에 의하면 오리엔탈리즘의 대항 이론인 탈오리엔탈리즘 또한 "왜곡되거나 잘못된" 담론들을 복원하려는 경향이 있다는 것이다(Levinson, 170). 브렛이 말하는 탈오리엔탈리즘(deorientalism)과 관련해 주의해야 할 용어상의 혼란이 있다. 월터 미뇰로(Walter Mignolo)를 중심으로 한 학자들이 사용하는 해체식민주의(decolonialism)라는 개념과 탈식민주의(poscolonialism)의 차이와 유사하다. 월터 미뇰로를 중심으로 한 연구자들은 식민주의(colonialism)의 극복으로 탈식민주의(poscolonialism)보다는 해체식민주의(decolonialism)라는 개념을 선호한다. 이들은 탈식민주의에서 사용된 '탈(pos-)'이라는 접두어가 여전히 서구중심주의인 인식구조를 재생산하고 있다고 보기 때문이다. 따라서 자신들은 '해체(de-)'라는 접두어를 사용함으로써, 해체 혹은 넘나듦이라는 의미를 통해 서구중심주의가 갖는 이분법 구조를 벗어날 수 있다고 주장한다.

이들의 주장에 따르면 탈식민주의(poscolonialismo)는 여전히 서구 중심적이고 근대적인 인식론의 변형이다. 예를 들어, 오리엔탈리즘이 타자의 세계를 주변화하거나 배제했다면, 오리엔탈리즘에 대한 비판은 이 배제된 영역을 복원하거나 차이의 주체성을 강조하고 있다. 여전히 서구와 비서구라는 이분법적인 구도에서 작동하고 있는 것이다. 같은 맥락에서 서구가 만든 근대성이라는 틀에서 벗어나려는 탈근대성(posmodernity) 전략 역시 이분법 구조에 기반을 둔 서구적인 담론의 변형인 셈이다. 따라서 '탈'보다는 해체(de-)가 필요하다는 주장이다. 그러나 브렛이 사용하는 탈오리엔탈리즘(deorientalism)의 'de'는 해체적인 의미가 아니라 미뇰로 등이 비판하는 'pos'의 의미에서 사용되고 있다. 이런 맥락에서 브렛은 '탈오리엔탈리즘(deorientalism)' 역시 타자를 본질화하고 있다고 비판하는 것이다. 즉 오리엔탈리즘에 대한 비판적 대응 역시 오리엔탈리즘이 작동하고 있는 바로 그 담론구조에 갇혀있다는 지적이다.

다시 말해, 브렛이 사용한 의미에서 탈오리엔탈리즘은 오리엔탈리즘이 만들어 내는 "진정성이 없는 타자화"에 선재하는, '진정한' 타자를 강조하는 것이다(Levinson, 171). 따라서 서구 중심적인 패러다임에서 벗어나려는 대항적 라틴아메리카니즘 역시 상당 부분 선험적인 타자로 라틴아메리카를 설정하는 이분법적인 구도 내에 갇혀있다. 라틴아메리카가 서구 이론에 의해 어떻게 타자화되었고, 타자성이 어떻게 작동하고 있으며, 이 타자성을 어떻게 회복할 것인가에 관심을 두고 있기 때문이다. 따라서 대항적 라틴아메리카니즘 역시 라틴아메리카의 '진정한' 특성을 전제함으로써, 라틴아메리카가 새로운 역사 조건 속에서 자신들의 정체성과 문화를 새롭게 만들어 낼 기회를 배제한다는 비판이 가능하다. 이런 문제의식은 대항적 라틴아메리카니즘이 서구적 라틴아메리카니즘을 비판적으로 극복하는 것이 아니라, 타자성과 문화 차이를 본질화하면서 그것을 역으로 반복하고 있다는 비판으로 이어진다.

브렛은 이런 한계를 극복하기 위해 제3의 라틴아메리카니즘이 라틴아메리카 연구에 필요하다고 주장한다. 존재론인 것과 구성인 것 사이, 본질인 것과 실존인 것 사이, 그리고 제3세계를 타자로 위치시키는 독법과 이 타자성이 특정한 역사 시기에 만들어지는 과정으로 간주하는 것 사이의 차이에 주목하는 탈식민주의 연구가 라틴아메리카니즘의 전화에 기여할 수 있다고 본 것이다(Levinson, 171). 물론, 존 베벌리처럼 라틴아메리카니즘을 "라틴아메리카에 대한 지적, 이론적 전유"로 이해하고, 라틴아메리카니즘이라는 사유가 오리엔탈리즘과 일정 부분 유사한 개념이지만, 라틴아메리카니즘과 라틴아메리카의 관계는 오리엔탈리즘의 경우만큼 그렇게 일방적이지 않다는 입장도 있다. 베벌리에 따르면 라틴아메리카니즘이 부분적으로는 라틴아메리카와 관련하여 라틴아메리카 내부에서 만들어진 담론이기도 하기 때문이다(Beverley, 2009, 192-193).

살펴본 것처럼 제1세계 학문 제도에서 라틴아메리카를 전유하기 위한 이론을 라틴아메리카니즘이라 통칭할 수 있지만, 시기와 입장에 따라 이 라틴아메리카니즘에 대한 태도는 상이하다. 문화연구에서 보는 것처럼 외래적인 기원을 갖는 방법론이지만 적극적으로 수용하는 입장과 무조건적인 배제를 주장하는 입장이 있다. 또한, 라틴아메리카의 지적 전통과의 대화 속에서 주체적으로 수용하자는 흐름도 존재한다. 라틴아메리카니즘에 대한 문제 제기는 이런 서구적 이론의 주체적인 수용과 발전을 위한 라틴아메리카 연구자들의 고민의 결과물인 셈이다.

라틴아메리카니즘의 탈식민적 전화

엔리케 로도가 『아리엘』(1900)에서 라틴족과 앵글로색슨족 사이의 문화적 대립을 통해 라틴아메리카 문화를 일반화하려는 시도를 한 이후로, 1960년대 이후의 마술적 사실주의가 보여주듯이 라틴아메리카 문화의 특수성을 강조하는 경향이 여전히 지배적이다. 이런 상황에서 1980년대 이후 진행된 전 지구화가 가져온 사회문화적 변화를 설명할 새로운 이론적 패러다임이 요구되었다. 이런 측면에서 라틴아메리카니즘에 대한 비판적인 검토를 통해, 19세기부터 라틴아메리카에 대해 진행되어온 개념화 방식에 대한 문제를 제기할 필요성이 나타났던 것이다. 또한, 전 지구화 이후의 변화에 대한 새로운 학문적 의제를 제공함으로써 라틴아메리카 연구를 확장하고 변화시킬 필요가 있었다. 이것이 브렛이 말한 제3의 라틴아메리카니즘이 탈식민주의 이론의 영향으로 등장하게 된 배경이다.

라틴아메리카니즘의 탈식민적 전화를 알베르토 모레이라스(Alberto Moreiras)는 "이주적 상상력"의 유입과 이에 따른 지역연구의 변화에서 찾고 있다. 이주적 상상력은 중심과 주변, 안과 밖 등의 공간적 관계에 문제를 제기하면서, 전통적인 지역연구가 연구대상을 고정적으로 바라보던 태도를 바꾼다(Moreiras, 1998, 1). 미국 내 라티노(latino) 인구의 급격한 증가와 빈번한 이주에서 보듯이 지리적인 국경 너머에 위치한 타자들은 단순한 인식론적인 작업의 대상으로 고정되어 나타나지 않는다. 이런 물리적 경계의 변화로 인해 나타난 이주적 상상력은 타자를 국가적, 제국적 필요성에 의해 규정하던 기존의 지적 실천에 변화를 가져왔다. 전 지구화라는 변화와 이주적 상상력에 의해 기존의 라틴아메리카니즘과 차별되는 새로운 라틴아메리카니즘이 등장하게 된 것이다. 대규모로 진행된 라틴아메리카인들의 이주와 급격한 사회 변화로 인해, 기존의 라틴아메리카니즘을 대체할 수 있는 제3의 라틴아메리카니즘, 즉 탈식민적 라틴아메리카니즘이 필요했다. 이제 더 이상 라틴아메리카니즘은 지리적 경계 너머에 위치해 있는 타자들을 자신의 관점에서 일방적으로 이해하고 소비하는 식민적인 이론이 될 수 없었던 것이다. 국경이 북쪽으로 그리고 내부로 이전되게 되며, 거칠게 이야기하면 그 경계가 흐려졌기 때문이다. 이런 맥락에서 '이주적 상상력'이 라틴아메리카니즘을 새롭게 구성하는 계기로 등장했다.

타자를 구성하는 데 중요한 역할을 하던 지리 문화적 경계가 이주적 상상력에 의해 흐려짐에 따라 이제 국가적/제국주의적 요구에 기반을 둔 지식체계는 영향을 받게 된다. 왜냐하면, 더 이상 타자는 우리와 분리되거나 대립적으로 존재하는 것이 아니라, 우리 자신이거나 혹은 우리 자신의 많은 부분이기 때문이다. 따라서 탈식민적 라틴아메리카니즘은 이제 제1세계에서 만들어 내는 타자화된 라틴아메리카를 극복하는 이론적 도구이자, 신자유주의 세계화에 저항하는 '차이'를 생산하는 이론적 실천의 한 형식으로 자리 잡게 된다. 이렇게 이주적 상상력은 제1세계의 라틴아메리카니즘이 가지고 있는 헤게모니를 해체하는 '반세계주의적' 이론으로서 탈식민적 라틴아메리카니즘의 형성에 기여한다(Moreiras, 1998, 62). 이제 이주적 상상력에 기반을 둔 새로운 라틴아메리카니즘, 다시 말해 탈식민적 라틴아메리카니즘이 등장하게 된다(Moreiras, 1998, 59-83).

탈식민적 라틴아메리카니즘은 "위치의 반정치학(contrapolítica de posición)"에 기반하고 있다. 왜냐하면, 이전의 라틴아메리카니즘에서는 발화 위치가 고정되어 있었기 때문이다. 이 반정치학은 발화 위치가 유동적이기 때문에 탈식민적 라틴아메리카니즘은 헤게모니적이지도 반헤게모니적이지도 않다. 따라서 이주적 상상체계는 역사적으로 구성된 라틴아메리카니즘에 대항하는 새로운 라틴아메카니즘의 가능성을 여는 것이다(Moreiras, 1998, 2). 새로운 라틴아메리카니즘은 더 이상 고정된 위치나 발화 위치, 그리고 정체성에 의존하여 라틴아메리카를 구성하지 않는다. 늘 유동적이고 가변적인 정체성에 주목함으로써 창조적인 문화를 생성하는 비판적인 힘을 갖게 된다. 따라서 세계를 이론적으로 전유하려는 지배질서에 저항하기 위해 라틴아메리카적 차이를 만들어 낼 수 있는 것은 바로 이 탈식민적 라틴아메리카니즘을 통해서이다.

탈식민적 라틴아메리카니즘 역시 제1세계의 학문적 위계화를 위한 세련된 전략일 가능성이 있다. 그러나 문화의 세계화 경향 속에서 라틴아메리카 이론 진영의 대응을 가능하게 하는 이론적 토대를 제공할 수 있다는 측면에서 매우 중요하다. 특히 제1세계 학문 제도가 여전히 타자로서 라틴아메리카적인 것을 강조하거나, 반대로 서구와 다른 라틴아메리카 문화를 강조하는 대항적 라틴아메리카니즘을 극복할 필요가 있기 때문이다. 우리는 탈식민적 라틴아메리카니즘을 통해 자본과 문화의 전 지구화 경향이 라틴아메리카에 배태 착종하는 변화들을 포착할 수 있다. 이런 점에서 탈식민적 라틴아메리카니즘은 대항적 라틴아메리카니즘과 차별된다. 대항적 라틴아메리카니즘이 여전히 이분법에 입각하고 있는 데 반해, 탈식민주의 라틴아메리카니즘은 변화의 내부, 안살두아가 언급하는 접이지대(zonas de contacto)에서 만들어진다.

이렇게 탈식민적 라틴아메리카니즘은 라틴아메리카를 구성하는 두 입장 사이의 접이 지역에 위치해 있다. 라틴아메리카를 타자로 만들거나 본질화하는 이론 체계에서 벗어나, 라틴아메리카를 세계화가 만들어 내는 다양한 변화들을 포착하면서 세계화에 대항할 수 있는 지역으로 이해하고자 한다. 따라서 탈식민적 라틴아메리카니즘을 주장하는 지식인들은 제1세계의 라틴아메리카니즘을 비판했던 지식인들의 '반식민주의 서사'를 극복하고 새로운 문제의식을 보여준다. 그러나 문제는 이러한 과정이 중립적이고 융합적인 것이 아니라, 비대칭적인 성격을 갖는다는 것이다. 또한, 이렇게 역사적으로 구성된 라틴아메리카니즘을 이주적 상상력을 통해 재구성하려 할 때, 과연 지배 질서에 비판적 힘과 거리를 유지할 수 있겠는가라는 우려가 있다. 이러한 라틴아메리카니즘의 재구성 또한 학문의 식민화를 기도하는 제1세계 학문 제도에 의한 세련된 방식의 타자화 전략이라는 의구심이 존재하는 것이다. 다시 말해 탈식민적 라틴아메리카니즘이 라틴아메리카를 글로벌한 학문체계 내에 다시 포섭하여 위계적으로 배치하려는 새로운 시도라는 것이다.

이러한 의구심에도 불구하고 탈식민적 라틴아메리카니즘이 필요한 것은 제1세계 학문 제도에서 만들어진 다양한 이론들을 라틴아메리카적인 문맥에서 수용하고 확장하려는 시도이기 때문이다. 또한, 전 지구화 시대 라틴아메리카 연구는 제1세계 학문 제도의 것도, 라틴아메리카만의 것도 아닌, 세계화가 만들어 낸 다양한 양상들을 분석하고 '평등한' 사회를 만들기 위한 모든 이론진영의 치열한 성찰의 결과물이어야 한다. 여기에 탈식민적 라틴아메리카니즘의 존재 이유가 있는 것이다.

제 11 장

리고베르타 멘추와 증언 서사 논쟁:
하위주체와 메스티사헤

하위주체로서 원주민의 '등장'[1]

1980년대 라틴아메리카에 본격화한 신자유주의 정책은 많은 변화를 가져왔다. 신자유주의 구조 조정을 통한 국가 기능의 약화는 당연하게 사회적 약자 계층에게 부정적인 결과를 가져왔다. 특히 원주민들과 농민 계층은 신자유주의 세계화와 구조 조정 속에서 큰 피해를 받았다. 이런 상황에서 1990년대 들어 신자유주의 정책에 반대하는 다양한 사회 운동이 등장하게 되는데, 이들은 신자유주의 구조 조정에 의한 빈곤의 구조화와 신자유주의 정책을 강제하는 우파 정권에 맞서 투쟁을 이끌었다. 이렇게 시작한 라틴아메리카 사회 운동은 1990년대 일련의 좌파 정권의 탄생과 함께 '분홍색 물결(Pink Tide)'을 이끌었다. 다양한 사회 운동 중에서 원주민 운동의 등장은 "원주민들의 귀환"이라고 불릴 만큼 1990년대 라틴아메리카의 두드러진 사회적 현상이었다(김윤경, 201). 신자유

---

[1] 이 장의 베벌리와 로베르토 모랄레스의 논쟁은 이성훈, "라틴아메리카에서 하위주체는 말할 수 있는가?"에 발표된 내용을 토대로 새롭게 기술하였다.

주의 세계화에 반대하는 원주민 운동은 정치 세력화를 통해 자신들의 다양한 층위의 권리를 쟁취하고자 투쟁했다. 그 결과 볼리비아와 에콰도르 같은 나라에서는 '다국민국가'(estado plurinacional)를 헌법에 명시할 정도로 원주민들의 권리와 관련해 주목할 만한 성취가 있었다.

또한, 볼리비아와 에콰도르 등에서 보여주듯이 이 시기 원주민 운동은 '원주민 정체성'에 기초하여 불평등한 사회구조를 변혁하고자 했다. 이 원주민 운동들은 단순한 경제적 요구와 계급문제를 넘어서, 근대성과 자본주의 제도 자체를 문제 삼았다. 즉 "영토성, 자치, 집단적 권리, 탈식민성"을 주장한다는 점에서, 기존의 사회 운동의 요구를 넘어서는 새로운 운동이었다. 그러나 이 시기 등장한 라틴아메리카의 원주민 운동은 다양한 스펙트럼을 가지고 있다. 원주민 운동이 상당 부분 유사성을 가지고 있는 것이 사실이지만, 내부적으로 상당한 차이점이 있는 것 또한 사실이다(조영현, 319-320). 다른 한편으로 에콰도르의 원주민 운동과 코레아 정권과의 갈등에서 보듯이, 원주민 운동을 바라보는 입장 차이들 역시 존재한다. 특히, 전통적인 입장에서 계급 모순을 제일 중요한 구조적 모순으로 보는 지식인들과 계급문제를 뛰어넘는 새로운 사회적 행위자로 원주민들을 간주하는 지식인들 사이의 입장 차이가 두드러졌다.

2008년 발간된『라틴아메리카 문화연구(Journal of Latin American Cultural Studies)』17권 1호에 실린 두 편의 논문은 새롭게 '등장'하고 원주민들에 대한 이런 입장 차이를 잘 보여준다. 존 베벌리(John Beverley)의「라틴아메리카 문학과 문화 비평에서 신보수주의 전환(The Neoconservative Turn in Latin American Literary and Cultural Criticism)」과 마리오 로베르토 모랄레스(Mario Roberto

Morales)의 「두 주인을 섬기기 혹은 끝난 논쟁 되살리기(존 베벌리에 대한 답변)(Serving Two Masters, or, Breathing Artificial Life into A Lifeless Debate(A Reply to John Beverley)」가 그것이다. 이 두 글은 리고베르타 멘추의 『나, 리고베르타 멘추』와 증언 서사를 둘러싼 논쟁으로, 과테말라 마야 원주민들의 정체성과 재현을 둘러싼 입장 차이를 통해 당대 원주민 문제를 바라보는 지식인들의 서로 다른 태도를 잘 보여준다.

둘 사이의 날카로운 신경전과 입장 차이는 로베르토 모랄레스가 존 베벌리를 지도교수로 피츠버그 대학에서 박사학위를 취득했다는 사적인 인연을 고려한다면 매우 예외적이다. 그러나 이 논쟁에는 라틴아메리카 연구의 특정 사안에 대한 쟁점을 넘어서, 라틴아메리카 연구가 직면한 본질적인 문제 제기가 담겨있다. 미국 내 라틴아메리카 문학 및 문화연구의 대가이지만 "종신교수가 된 급진주의자"(베벌리, 2013, 180)라는 비판을 받고 있는 존 베벌리와, 1970년대 과테말라의 유명한 좌파 게릴라 출신으로 이후 게릴라 활동을 접고 작가, 저널리스트, 문학이론가로 활발한 활동을 하고 있는 로베르토 모랄레스의 대립적인 입장은 원주민 운동의 해석에 있어 중요한 대립적인 입장을 잘 보여주고 있기 때문이다.

우리가 알고 있듯이 존 베벌리는 하위주체의 경험과 목소리를 드러내는 증언 서사에 주목하는 '하위주체 연구그룹'에 속한다. 하위주체 연구 방법론을 통해 침묵 당한 목소리를 복원하는 것이야말로 라틴아메리카 사회의 진정한 민주화에 기여할 수 있다는 것이다. 하위주체와 증언 서사에 대한 그의 이론적 관심은 자연스럽게 과테말라 현실에 관한 관심으로 이어졌다. 그는 하위주체 연구라는 이론적 틀을 통해 과테말라 현실을 이해하고 모순을 해결하는 정치적 수단으로서 이른바 '연대'를 주장한다. 이러한 과테말라에 관한 관심에 비추어 볼 때, 그가 전직 게릴라였던 로베르토 모랄레스의 박사 논문 지도교수라는 점은 매우 자연스러워 보인다. 이렇듯 논문 지도교수라는 사적인 관계와 지적 경향성을 고려할 때, 이들 사이의 감정적인 논쟁과 불화를 선뜻 이해하기는 쉽지 않다.

로베르토 모랄레스와 존 베벌리 사이의 갈등은 이 논쟁이 실린 2008년이 아니라, 훨씬 전인 10여 년 전으로 거슬러 올라간다. 로베르토 모랄레스는 1998년 박사학위 최종 발표 날짜가 정해진 무렵부터 베벌리의 태도가 변했다고 한다. 모랄레스는 그 계기를 "유명한 인류학자"가 피츠버그 대학의 교수와 접촉하여 자신을 지칭하여 "마야 운동"에 반대하고, 과테말라민족혁명동맹(URNG)이 우파에 속해있다고 고발한 인물에게 학위를 주려 하고 있다고 문제를 제기했던 것에서 찾고 있다. 그는 이 인류학자가 민중, 마야 원주민, 하위주체성과 같은 개념들을 이상화하는 "정치적 올바름"의 잘 알려진 사례라고 지적한다(Roberto Morales, 2008, 87-88). 로베르토 모랄레스는 이렇게 자신을 학문적, 정치적으로 고립시키는 과정에 과테말라 원주민 운동과 관련된 미국 학자들과 원주민 운동가들뿐만 아니라, 과테말라의 정치 세력이 적극적으로 개입해 있다고 본다. 마야 원주민 운동과 정체성 정치에 대한 자신의 비판적인 관점을 마치 과테말라 좌파 운동에 대한 배신으로 해석하는 특정 그룹의 정치적인 움직임이 그 배후에 있다는 것이다. 이렇게 시작된 존 베벌리와 로베르토 모랄레스 사이의 시각 차이가 결국 논쟁으로 극단화되었다.

이 둘 사이의 논쟁을 보다 자세하게 이해하기 위해서는 먼저 과테말라 내전 시기에 원주민들의 경험을 그리고 있는 『내 이름은 리고베르타 멘추』가 등장하게 된 배경 그리고 이 작품과 관련된 스톨의 문제 제기를 살펴보는 것이 필요하다.

리고베르타 멘추와 『내 이름은 리고베르타 멘추』

리고베르타 멘추(Rigoberta Menchu)는 1959년 과테말라의 키체(Quiché)주에서 태어났다. 청년 시절부터 원주민과 농민 운동에 참여했고, 과테말라 내전 시기에 원주민들이 겪었던 인권 침해를 직접 보고 들었다. 리고베르타 멘추는 과테말라 내전 동안 원주민을 대상으로 벌어진 인권 침해 사례들을 인류학자 엘리사베스 부르고스-드브리(Elisabeth Burgos-Bebray)와 대담을 통해 고발한다. 이 증언이 『내 이름은 리고베르타 멘추, 내 의식은 이렇게 태어났다(Me llamo Rigoberta Menchú y así me nació la conciencia)(1983)』로 출판되었다.[2] 내전 시기 과테말라 정부군이 저지른 원주민에 대한 대량 학살에 대한 구체적인 진술로 멘추는 원주민 운동의 상징으로 자리 잡게 되고, 이 작품은 증언 서사(testimonio)의 대표적인 텍스트가 된다(박구병, 215).

그러나 『내 이름은 리고베르타 멘추』에 실린 멘추의 증언이 사실과 다르다는 문제 제기가 계속되었다. 이런 문제 제기의 대표적인 것이 바로 데이비드 스톨(David Stoll)이 쓴 『리고베르타 멘추와 과테말라 민중들 이야기(Rigoberta Menchú and the Story of All Poor Guatemalans)』이다. 여기에서 스톨은 『내 이름은 리고베르타 멘추』에 기술된 몇몇 사실들이 역사적 사실이나 구체적인 진

---

2) 이 텍스트는 영어로 번역되어 *I, Rigoberta Menchu: An Indian Woman in Guatemala* 라는 제목으로 1984년 출판되었다. 우리말 번역본으로는 『리고베르타 멘츄』, 윤연모 옮김(장백, 1993)이 있다. 이 글에서는 『내 이름은 리고베르타 멘추』로 통일하여 표기한다.

실과 부합하지 않는다고 지적하고, 멘추의 진술이 전반적으로 특정한 의도를 가지고 사실을 왜곡하고 있다고 지적한다. 몇몇 사건들을 자신이 직접 경험했다고 주장하고 있지만, 실제로는 직접 경험하지 않았으며 진술 속에 과장과 허위가 있다는 것이다. 이러한 스톨의 문제 제기 이후에 멘추와 멘추의 텍스트를 둘러싼 논쟁은 학계 중심으로 진행된다(박구병, 215). 스톨이 『내 이름은 리고베르타 멘추』의 신빙성에 문제를 제기했을 때에는 역사적 사건의 진실성과 관련한 다툼으로 이해되면서 반향이 크지 않았다. 그러나 1992년 멘추가 노벨 평화상을 수상하고 국제적인 인물로 자리매김하면서, 멘추 논쟁은 학술적인 층위의 단순한 진실 공방을 넘어서 정치, 사회적인 문제로 확대되었다.

스톨의 문제 제기를 통해 시작된 멘추 논쟁은 크게 보아 세 가지 방향으로 전개되었다(박구병, 228). 하나는 앞서 지적한 것처럼 멘추의 자서전에 등장한 기록들이 과연 진실과 부합하느냐의 문제였다. "남동생 페트로시니오에게 가해진 고문과 죽음, 커피 농장에서 기아로 사망했다는 남동생에 대한 언급, 아버지 비센테 멘추가 희생된 스페인 대사관의 참사를 야기한 화재의 원인, 비센테 멘추가 <농민연합위원회>에서 활동했는지의 여부와 그가 지닌 사상의 급진성, 원주민 농민들이 <가난한 자들의 게릴라군>이나 전투적인 좌파의 대표성을 인정했는지의 여부, 원주민 분파 간의 토지 분쟁에 대한 해석, 멘추의 최종 학력, 멘추의 노조 조직책 경력 등"이 주된 논란거리였다. 『내 이름은 리고베르타 멘추』와 멘추를 비판하는 사람들은 이런 사실에 대해 스톨의 입장에 대체로 동의하고 있다. 로베르토 모랄레스 역시 멘추의 진술은 과대 포장되어 있으며, 원주민 게릴라 투쟁에 대한 국제적인 지지를 얻으려는 게릴라 세력의 정치적 의도가 개입해 있다고 지적하고 있다.

두 번째는 증언 서사의 장르적 특성과 관련한 것이다(박구병, 231). 증언 서사의 가치에 주목하는 대표적인 학자인 존 베벌리는 증언 서사를 기존 지배 문화에 대한 전복적 글쓰기로 평가하고, 증언 서사가 하위주체의 목소리를 통해 사회의 민주화에 기여할 것이라고 주장한다. 반면, 비판적인 학자들은 존 베벌리에 맞서 증언 서사가 순수하게 하위주체적인 것은 아니라고 주장한다. 멘추의 자서전에서 볼 수 있는 것처럼 서구의 교육받은 지식인들의 시선과 의도가 섞여 있다는 것이다. 즉 멘추의 증언이 학자들의 개입을 통해서 증언 서사라는 형식으로 등장한 것처럼, 원주민 문제에 관심을 가지고 있는 서구 학자들과 시민 단체들의 정치적 의도가 개입해 있다는 주장이다.

세 번째로, 멘추의 증언 서사와 스톨의 비판을 '문화 투쟁'의 관점에서 바라볼 수 있다(박구병, 217). 멘추와『내 이름은 리고베르타 멘추』를 둘러싼 논쟁은 미국 내 대학에서 교과과정 개편을 둘러싸고, 보수와 진보 성향 학자들 사이에 진행된 문화전쟁의 맥락에서 접근할 수 있다는 것이다.『내 이름은 리고베르타 멘추』가 미국 대학 내에서 긍정적으로 평가를 받는 것을 비판하는 학자들은, 그 배경에 "이른바 '정전'의 범위를 확대하려는 '정치적으로 올바른(politically correct)' 운동과 다문화주의"가 있다고 주장한다.『내 이름은 리고베르타 멘추』의 사례처럼, 아메리카 원주민이나 비서구 저작으로 정전의 범위를 확대하여 정전을 새롭게 재편하는 것은, 다문화주의를 통해 소수자의 시각과 담론을 강화하려는 의도가 있다는 것이다. 보수 진영은 이런 새로운 텍스트들이 수용되는 시대적 흐름과 이것이 만들어 낸 다문화적 교과과정에 대해 불만을 표출하면서 일종의 문화전쟁이 벌어지고 있다는 것이다(박구병, 234).

2008년 『라틴아메리카 문화연구』의 지면을 통해 진행된 베벌리와 로베르토 모랄레스의 논쟁은 멘추 논쟁의 또 다른 판본이라고 할 수 있다. 증언 서사와 멘추를 둘러싼 정치적 입장을 다루고 있다는 점에서 문화 투쟁의 연장 선상에 있다고 할 수 있지만, 라틴아메리카 연구에 대한 라틴아메리카 좌파 지식인의 문제의식이 개입해 있다는 측면에서 차이가 있다. 제1세계 지식인이 수행하는 라틴아메리카 연구의 목표와 방법론에 대한 문제 제기라는 점에서 일종의 라틴아메리카니즘(latinamericanism) 논쟁이라고도 할 수 있다. 존 베벌리는 최근의 라틴아메리카 문화 및 문학비평에서 일종의 "신보수주의적 전환(neoconservative turn)"이 나타나고 있다고 진단한다(Beverley, 2008, 65). 이런 맥락에서 베벌리는 증언 서사와 하위주체 연구가 라틴아메리카의 현실을 이해하는 새로운 이론적 도구가 될 뿐만 아니라, 라틴아메리카 사회 운동과 국제적인 좌파 세력들과의 연대를 모색할 수 있는 방법론적 틀이 될 것이라고 주장한다.

이에 반해 로베르토 모랄레스는 베벌리가 주목하는 하위주체 연구가 원주민 정체성을 본질화하고 있으며, 원주민과 라디노(ladino) 집단을 이분법적으로 파악하고 있다고 비판한다. 이렇게 원주민 정체성을 본질화하는 태도가 멘추를 신화화하는 것으로 이어졌다는 것이다. 나아가 로베르토 모랄레스는 『내 이름은 리고베르타 멘추』가 미국 학계에서 베벌리와 같은 '정치적으로 올바른' 학자들에 의해 하위주체 연구 혹은 다문화주의라는 이름으로 정전화되는 흐름에 문제를 제기한다. 라틴아메리카 현실에 대한 충분한 이해 없이 자신들의 정치적 목적을 위해 라틴아메리카 현실을 추상화한다는 것이다(Roberto Morales, 2008, 90). 원주민 게릴라 투쟁과 원주민 정체성을 이상화함으로써 라틴아메리카의 복합적인 현실을 적절하게 이해하지 못하고 있다는 비판인 셈이다. 이런 모랄레스의 비판에는 제1세계 대학 제도 내에서 라틴아메리카를 이론적으로 전유하는, 혹은 학문적 대상화하는 이론가 집단에 대한 비판이 잘 드러나 있다.

하위주체와 상호종족적(interétnico) 주체

존 베벌리와 로베르토 모랄레스 사이의 논쟁을 이해하기 위해서 먼저 멘추 논쟁과 관련된 이들의 기본적인 입장을 이해하는 것이 필요하다. 베벌리는 스피박이 『하위주체는 말할 수 있는가?』에서 중심부의 이론적 담론이 '길든 타자'를 만들어 내고 있다고 비판하는 태도와, 잘못된 정치전략을 위해 멘추를 '정치적으로 올바른' 상징으로 부각시키고 있다고 비판하는 스톨의 입장 사이에 공통점이 존재한다고 말한다(베벌리, 2013, 161). 스피박과 스톨의 문제 제기는 기본적으로 제1세계 대학을 중심으로 활동하는 이론가들이 자신들의 지위와 이론이 가진 권위와 영향력을 유지하기 위해, 자신들이 원하는 것을 말하고 있는 특정 경향을 지닌 작품을 높게 평가한다는 것이다. 리고베르타 멘추의 경우에도 미국 대학 내의 '정치적으로 올바른' 것을 추구하는 학자와 운동가들이 리고베르타 멘추의 존재를 신화화했고, 『내 이름은 리고베르타 멘추』를 정전의 위치로 밀어 올렸다는 것이 스톨의 주장인 것이다.

이런 증언 서사에 대한 비판적인 태도에 맞서 베벌리는 증언 서사가 "라틴아메리카의 '지식인 도시'의 역사에서 또 하나의 새로운 국면"이 될 수 있다고 주장한다. 이러한 베벌리의 입장은 기존 라틴아메리카 문학이 문자 지식인들의 헤게모니에 의존하고 있다는 인식에서 기인한다. 또한, 문자 지식인들이 정복 이후 지속적으로 지배 세력의 헤게모니를 유지하기 위해 자신들의 '문학'을 사용했다는 것이다. 지배계층의 계급적 이해와 권위를 유지하기 위해 "민족적인 상징을 만들거나 그것을 만드는 문학과 문학적 지식인 그리고 도시의 공공 영역"이 필요했기 때문이다(베벌리, 2013, 161). 결국, 크리오요 엘리트 계층의 이해관계와 상충하는 문학 형태는 공식적인 문학에서 배제되고 폄하된다는 것이다. 따라서 베벌리는 엘리트들의 헤게모니를 유지하기 위해 사용되는 문학이 아니라, 억눌리고 배제된 하위주체들의 목소리를 드러내는 새로운 문학 형식이 필요하다고 주장한다. 이 새로운 문학 형식이 바로 증언 서사라는 것이다.

그러나 로베르토 모랄레스는 '멘추 논쟁'에 이른바 미국의 강단 좌파 지식인의 자기 합리화 논리가 깔려있다고 지적하고 있다. 이런 의혹에 대해 베벌리는 자신들이 멘추의 『내 이름은 리고베르타 멘추』를 통해서 모색하는 것은 '연대의 정치'라고 말한다. 『내 이름은 리고베르타 멘추』는 중간 계층 전문가이자 인문사회 연구자들인 자신들과 라틴아메리카의 사회적 하위주체 간의 "효과적인 연대의 관계를 구축"하는 계기라는 것이다. 또한, 자신들이 정체성 정치를 통해 마야인들의 정체성을 강조하고 있지만, 『내 이름은 리고베르타 멘추』가 마야 원주민의 배타주의에 기대고 있는 것은 아니라고 주장한다. 오히려 라디노 노동 계급뿐만 아니라 중간 계층을 포함하여 과테말라의 새로운 정치 세력을 형성하는 데 원주민 운동의 적극적인 역할을 강조하고 있다는 것이다. 나아가 이를 위해 국제적인 진보 세력의 참여를 적극적으로 유도하고 있다. 결론적으로 말해 베벌리는 마야 원주민들의 정체성 정치와 문화적 생존은 '새로운' 과테말라 정치를 통해서 가능하고, 이를 위해서는 국제적인 세력을 포함한 타자와의 연대가 필요하다고 주장한다(베벌리, 2003, 190-191). 새로운 과테말라의 정치와 연대의 정치를 통해서 하위주체는 "새로운 종류의 국가"를 실현하기 위해 투쟁하고, 새로운 초국가적 정치-경제 제도를 상상하는 것이야말로 하위주체에 기반을 둔 정체성 정치와 연대 정치의 목표라고 베벌리는 적고 있다(베벌리, 2003, 192).

이에 반해 마야 원주민 운동이 성장하게 된 직접적인 원인을 분석한 로베르토 모랄레스는 베벌리와는 다른 진단을 하고 있다(Roberto Morales, 2006). 로베르토 모랄레스는 베벌리의 하위주체 연구가 강조하는 다문화주의(multiculturalismo)보다는 상호문화주의(interculturalidad)가 과테말라 현실을 개혁하는데 더 중요하다고 본다. 모랄레스는 내전 종식 이후 과테말라의 당면 현실과 과제와 관련된 논쟁 속에 다음과 같은 이데올로기적인 입장 차이들이 존재한다고 요약하고 있다. 먼저, 수많은 희생자를 낸 내전이 종식되면서 등장하기 시작한 원주민 운동 세력의 입장을 들고 있다. 내전 시기 동안 좌·우파 세력은 각각 원주민들을 자신들의 우호 세력으로 만들고자 했지만 실패했다. 따라서 종전 이후 다양한 입장의 원주민 운동 세력들이 등장했고, 이들은 공통적으로 반(反)라디노를 표방하고 종족 중심적 자치주의를 지향했다.

두 번째로는 보다 지배적인 경향으로 과테말라에 존재하는 다양한 종족적 정체성의 결합을 보다 대립적인 관점에서 이해하는 태도가 나타났다. 기존의 종족 간 결합을 지배 문화적이고 엘리트적인 정체성 절합 방식으로 비판하고, 이른바 하위주체적이고 피지배적인 정체성 절합 방식을 주장한다. 종족간 대립적인 관점에서 정체성을 이해하는 마야 원주민 운동의 입장과 달리, 로베르토 모랄레스는 정체성을 상호 간 배제적인 선택의 문제로 보는 것을 비판한다. 서로 다른 두 집단의 상호문화적인 정체성을 통해 민주적인 국가를 만드는 것이 과테말라의 시급한 과제라고 보았기 때문이다. 차이를 유지하고 존중하는 민주적인 상호문화성과 메스티사헤(mestizaje)를 통해서 상호종족적(interétnico) 통합을 이루는 것이 중요하다고 본 것이다.

세 번째로는 초역사적인 주체를 상정하고 본질적인 정체성을 구축하려는 담론의 성장을 들 수 있다. 여기에서 정체성은 마야 원주민성이고, 주체는 마야 원주민이었다. 이른바 '마야주의 이데올로기'를 통해서 마야 정체성은 본질화되고 마야 원주민은 근본주의적인 주체로 변모하게 된다. 이렇게 본질화된 정체성을 구성하기 위해서 타자가 필요했고, 원주민 담론은 자신의 '타자'를 라디노에게 투사했던 것이다. 이러한 이분법적인 태도는 글로벌 시대 정치 경제적 변화에 맞서 국가가 통합되기 위해 필요한 상호종족적 민주화에 기여하지 못한다는 것이 모랄레스의 비판이다.

네 번째로는 시장의 동력에 의한 변화를 들고 있다. 민중적인 수공예품을 수출상품으로 만드는 과정에서 볼 수 있듯이 전통적인 것들과 현대적인 것들이 서로 뒤섞이고 있다. 이 과정은 반(反) 라디노 지식인들이 가지고 있는 이분법적이고 본질주의적인 담론과 서로 충돌한다. 물론 모랄레스는 시장을 종족적인 정체성을 조절하는 절대적인 힘으로 상정하지 않는다고 스스로 밝히고 있다. 그러나 정체성이 다양한 방식으로 협상하고 구성될 수 있는 가능성을 위해, 시장 공간에서 작동하는 문화적 동력에 주목했던 것이다. 다양한 문화적 요인의 혼종화가 원주민과 라디노 정체성이라는 이분법적 대립을 넘어서는 중요한 기제라는 것이다.

　마지막으로 들 수 있는 것이 로베르토 모랄레스의 대안이다. 그는 라디노들이 자기 헤게모니의 일부를 원주민에게 양보하는 과정을 포함한 상호종족적 협상을 제안한다. 이 상호종족적 협상은 양자가 서로 간의 차이와 배제를 주장하는 것이 아니라, 이러한 차이들의 절합을 통해 국가를 통합하고 민주화하는 문제에 관해 성찰하고 결정하는 과정이라는 것이다. 즉 국가를 상호 문화적 메스티사헤의 공간이자 상호정체성 협상의 공간으로 이해한다. 이 과정은 하위주체 연구자들이 주장하는 것처럼 헤게모니 집단의 논리가 관철되는 것이 아니다. 계급, 성, 종족들 사이에 존재하는 차이를 존중하고, 이 속에서 차이들을 절합하는 것이 필요하다. 이를 위해 상호종족적인 민중적 주체가 형성되어야 한다. 모랄레스는 원주민과 라디노 사이의 대립이 아니라, 상호종족적인 주체를 통한 국가의 민주화에 주목하는 것이다.

　위의 설명에서 보듯이 하위주체에 주목하는 존 베벌리와 달리 로베르토 모랄레스는 기본적으로 범(凡) 마야 민족주의에 기반을 둔 '정체성 정치'가 미국 다문화주의를 기계적으로 이전한 결과물이라고 간주한다. 다문화주의가 갖는 종족(ethnic) 본질주의와 근본주의는 과테말라의 현실을 민주화하거나, 더 나아가 과테말라의 종족 간 혼종성이라는 복합성을 이해하는 데에도 기여하지 못한다는 것이다. 이런 맥락에서 그는 상호문화적인 '종족 간 협상'(negociación interétnica)을 주장한다. 이러한 그의 입장은 곧 과테말라뿐만 아니라 미국 내 일부 진보진영의 비판을 야기했는데, "원주민이 아닌 라디노(ladino)를 위한 이론이며, 원주민의 권리를 훼손하면서 메스티소 혹은 라디노의 정체성을 추구"한다는 것이다(이성훈, 2009, 94). 결국, 라디노 중심주의라고 할 수 있으며, 인종주의적인 것이고 과두 세력과 전통적인 지배 세력을 위한 이론화라는 혐의를 받게 된다. 존 베벌리를 중심으로 한 '정치적으로 올바른' 이론가들의 이런 비판에 대해, 로베르토 모랄레스는 원주민과 메스티소라는 이분법적인 대립에 기초한 그들의 이론 틀과 학문 네트워크를 잠식하는 데서 오는 위기의식의 발로라고 반박한다.

존 베벌리의 '신보수주의적 전환' 주장

베벌리는 「라틴아메리카 문학과 문화 비평의 신보수주의적인 전환」이라는 글에서 라틴아메리카 문학과 문화 비평에서 '신보수주의적 전환'이 일어나고 있다고 주장한다. 그리고 이러한 전환은 이러한 전환의 배경으로 시대적인 변화를 들고 있다. 또한, 정치 세력으로서 라틴아메리카 좌파가 재등장하는 시기에 벌어졌고, 전환 자체가 주로 지식인을 중심으로 일어나고 있기 때문에 역설적인 측면이 있다고 본다. 이러한 신자유주의적 전환의 사례로 마리오 로베르토 모랄레스의 『차이들의 절합(La articulación de las diferencias)(1998)』, 마벨 모라냐(Mabel Moraña)의 「보르헤스와 나: '민족지학자'에 대한 첫 번째 성찰(Borges y yo. Primera reflexión sobre 'El etnógrafo')(2003)」, 베아트리스 사를로(Beatriz Sarlo)의 『지나간 시간(Tiempo pasado)(2005)』을 언급하지만, 주된 분석과 비판의 대상은 마리오 로베르토 모랄레스의 저작이었다.

베벌리에 따르면 로베르토 모랄레스의 주된 관심 중 하나는 "멘추와 그의 증언 서사가 미국 대학에서 정전화"되는 과정이다. 로베르토 모랄레스가 이 과정에 하위주체 혹은 다문화주의를 옹호하는 베벌리 같은 '정치적으로 올바른' 학자들이 개입해 있다고 주장한다는 것이다. 멘추 진술의 진위에 주로 주목했던 스톨과 달리 로베르토 모랄레스는 멘추의 학문적 정전화가 과테말라 내에 가져오는 효과에 더 관심을 기울였다. 스스로 내전에 참여했던 좌파 지식인으로서 종전 이후 과테말라 민주화와 인종 갈등에 관해 관심을 지니고 있었기 때문이다. 이런 맥락에서 로보르토 모랄레스는 멘추와 멘추의 자서전이 정전화되면서, 1990년대 출현하는 범마야 문화민족주의와 정체성 정치 담론을 정당화하는 데 기여했다고 본다 (Beverley, 2008, 67-68).

베벌리에 따르면 로베르토 모랄레스는 『내 이름은 리고베르타 멘추』 같은 텍스트와 정체성 정치가 1980년대 과테말라 군부의 무자비한 억압의 결과로 나타났다는 사실을 인정하지만, 이것들이 원주민 정체성을 '본질화'하는 경향이 있다고 주장한다. 원주민 정체성에 근간을 둔 정체성 정치가 과테말라 사회의 진정한 상호 문화적 민주화보다는, 실제로는 원주민 엘리트들의 이해관계에 종속되어 있다는 비판으로 이어진다. 나아가 이 원주민 엘리트들이 다문화주의와 탈식민주의 이론을 통해 자신들의 지적 권위와 정당성을 인정받으려는 제1세계 지식인들 및 시민운동 조직들과 결탁해 있다고 우려한다. 이런 의미에서 마야 정체성 정치와 관련된 담론들은 원주민들의 실제 삶을 적절하게 재현하지 못한다는 것이다. 범마야 원주민 정체성을 주장하는 연구자들이 주장하는 것처럼 원주민들과 라디노 집단이 현실 속에서 서로 분리되어 있는 것이 아니라 오히려 끊임없이 서로 교섭하고 있고, 나아가 글로벌 문화나 상품과 다양한 방식으로 관계 맺고 있다는 주장이다(Beverley, 2008, 68).

베벌리는 또한 로베르토 모랄레스가 근대적인 국가개념을 가지고 있으며, 이 국가가 '정치적으로 올바른' 학자들과 원주민 단체를 재정적으로 지원하는 단체들의 이해관계에 의해 훼손되고 있는 것으로 잘못 이해하고 있다고 지적한다. 즉 로베르토 모랄레스는 원주민 정체성을 강조하는 정체성 정치가 과테말라처럼 인종적, 종족적으로 분열된 나라에서 통합성을 가로막는 요인이라고 본다. 또한, 국가의 통합성은 '상호 문화적 메스티사헤'가 상징하고 체현하는 공통성을 통해 실현 가능한데, 다문화주의와 탈식민주의를 주장하는 외부 세력과 원주민 운동 조직들이 이를 가로막고 있다고 본다. 이런 맥락에서 멘추와 멘추의 자서전이 갖는 부정적인 효과에 주목하고 있는 것이다.

이런 로베르토 모랄레스의 입장에 대해 베벌리는 자신의 비판을 몇 가지로 정리하고 있다(Beverley, 2008, 76-77). 먼저, 로베르토 모랄레스로 대표되는 좌파 이론가들이 하위주체 목소리와 경험이 갖는 의미를 부정하고 있을 뿐만 아니라, 다문화주의와 정체성 정치를 부정하고 있다고 본다. 두 번째는, 이들이 작가-비평가 혹은 전통적인 지식인의 역할을 옹호하고 있다고 본다. 특히 이들 지식인이 좌파 지식인으로서 독재 정권에 치열하게 저항했지만, 이제 새로운 정치 세력에 의해 대체되고 있다고 본다. 이 과정에서 이들이 새로운 정치 세력과 연대하기보다는 오히려 부정적으로 바라보고 있다는 것이다. 세 번째로는, 이들이 정체성 정치를 비판적으로 인식하고 있지만, 오히려 '크리오요' 정체성에 의존하고 있다고 지적하고 있다. 마야 원주민주의가 본질주의적인 입장을 지니고 있다는 비판을 하고 있지만, 그들 역시 크리오요 중심주의를 가지고 있다는 비판이다. 이러한 태도를 베벌리는 일종의 신아리엘주의(neo-arielismo)라고 명명하고 있다. 라틴아메리카 문화의 원형을 라틴 문화의 정신성에서 찾았던 아리엘처럼, 크리오요 지식인들이 주도하는 문자 중심의 문화를 강조하고 있다는 지적이다. 마지막으로, 이들의 태도는 아니발 키하노(Anibal Quijano)가 말하는 '권력의 식민성(coloniality of power)'에서 벗어나지 못하고 있다고 비판한다. 권력의 식민성은 식민 지배로부터 이어져 온 인종적, 젠더적 위계 구조와 문화, 경제, 정치 영역에서 헤게모니를 유지하기 위해 작동하는 메커니즘을 말한다. 이러한 권력의 식민성에 포섭되면서 원주민 운동이 만들어 낸 자율적인 정치적, 문화적 활동의 형태들을 간과하고 있다는 것이다.

로베르토 모랄레스는 자신이 직접 참여했던 1960, 1970년대 무장투쟁의 경험을 통해 원주민운동을 비판한다. 군부의 엄혹한 폭압에 저항하기 위해서는 더욱 신중하고 사려 깊은 저항 운동이 필요했음에도 불구하고, 무장혁명 투쟁이라는 소아병적인 노선을 통해 좌파 역량을 훼손하고 오히려 부정적인 결과를 가져왔다는 것이다. 로베르토 모랄레스는 이와 비슷한 실수가 새로운 정체성 정치에도 존재한다고 주장한다. 또한, 문학과 문학비평의 가치를 중시하는 것에서 보는 것처럼 전통적인 분과학문의 존재와 위계를 강조하고 있다. 반면 베벌리는 이런 태도가 선험적인 가치를 지닌 정전의 존재를 인정하고, 하위주체 텍스트를 부정적으로 평가하는 것으로 이어졌다고 비판한다. 라틴아메리카에서 '신보수주의적 전환'이 문학과 문학비평에서 정신적이고 미학적 가치를 중시하는 태도와 깊은 관련이 있다는 지적이다.

베벌리는 라틴아메리카 좌파 지식인들이 신보수주의적인 전환을 하게 된 배경을 두 가지로 설명하고 있다. 먼저, 지식인을 포함하여 라틴아메리카 중상위 계층의 위기를 든다. 신자유주의 구조 조정 정책에 의해 고등 교육 분야를 중심으로 교육 분야에 대한 국가의 지원이 약화되고, 상업적인 대중문화가 확산되면서 자신들의 지위가 위협받고 있음을 느낀다는 것이다. 두 번째로 신자유주의 헤게모니 자체의 위기를 들고 있다. 20세기 후반의 신자유주의 경제의 위기는 중상위 계층의 경제적 안정을 위협했는데, 이런 분위기는 주로 이 계층 출신인 문학 지식인들의 태도에 변화를 가져왔다는 것이다.

이런 시각에서 베벌리는 라틴아메리카 비평에서 나타나고 있는 '신보수주의적 전환'을 전문적인 인문학 교육을 받은 중상위 계층 출신의 크리오요 지식인들이 문화적이고 해석학적인 권위를 재탈환 하려는 시도라고 본다. 좌파 성향의 전통적인 지식인들이 신자유주의 헤게모니와 상업화된 대중문화의 강력한 영향력과 정체성 정치 혹은 다양한 사회 운동의 영향으로 자신의 영향력이 약화된 상황에서, 기존에 자신들이 가지고 있던 권위와 영향력을 회복하려고 한다는 것이다. 하위주체를 강조하는 베벌리는 새로운 사회 운동의 행위자들인 하위주체들이 강력하게 등장하면서 기존 좌파 지식인들이 위기를 느낀 것으로 이해한다. 메스티소 엘리트 지식인의 정치적 목표와는 다른 목표를 지닌 하위주체는 엘리트 지식인의 지도력에 종속될 필요가 없기 때문이다(Beverley, 2008, 79).

이렇게 라틴아메리카 좌파 지식인들의 신보수주의화를 비판하던 베벌리는 나아가 이들이 우파적인 성향을 지닐 수 있다고 우려한다. 즉, 현재 신보수주의는 문화 영역에서는 '보수적'인 태도를 보이지만 정치나 경제의 영역에서는 '자유주의적'인 태도를 지니고 있다. 그러나 라틴아메리카에서 정치적 상황이 양극화되어 가면 신보수주의적인 전환은 결국 정치적으로는 보수 혹은 중도 우파와의 밀착으로 귀결된다는 것이다(Beverley, 2008, 78).

로베르토 모랄레스의 반박: 제1세계 지식인의 지적 이상주의

존 베벌리의 '신보수주의적 전환'에 대한 로베르토 모랄레스의 반론은 앞서 간략하게 설명한 것처럼, 존 베벌리가 미국의 '강단 좌파'의 틀에 갇혀 라틴아메리카를 "이상적으로" 전유한다는 것이다. 미국을 비롯한 제1세계 대학에서 진행되는 라틴아메리카 연구는 자신들의 입장과 발언 위치를 중시함으로써, 라틴아메리카가 가지고 있는 구체적인 문제들을 간과하는 오류를 범하고 있다는 문제의식이다. 발언 위치에 따른 문제의식의 차이가 라틴아메리카 지식인들과 제1세계 지식인을 구분 짓고 있으며, 라틴아메리카 지식인들은 서구와는 차별되는 지적 실천을 모색하고 있다는 것이다. 결국, 로베르토 모랄레스가 주장하는 바는 라틴아메리카에서(in) 생산된 문화적이고 지적인 생산은, 라틴아메리카에 대해(about) 제1세계에서 만들어지는 지식 생산과 다르다는 것이다. 이러한 차이가 나타나는 이유는 바로, 지식 생산을 가능하게 하는 요구들이 서로 다르기 때문이라고 본다(Roberto Morales, 2008, 85). 이렇게 라틴아메리카 지식인들과 제1세계 지식인들은 자신의 존재 기반이 다르기 때문에, 라틴아메리카를 이해하는 방식에 본질적인 차이가 있다는 주장을 펼치게 된다.

나아가 로베르토 모랄레스는 존 베벌리가 미국 내 쇠락해 가는 "문화주의 좌파" 입장에서, 본질주의를 비판하는 이론가들을 신보수주의적이라고 비난하고 있다고 지적한다. 로베르토 모랄레스에 따르면 제1세계 문화주의 좌파 이론가들이 주도한 증언 서사, 하위주체성 그리고 탈식민주의 등은 본질주의에 기대고 있다. 이런 "강단 좌파와 정치적 올바름을 믿지 않은 자들"이 주도하는 본질주의에 대한 비판을 '신보수주의적'이라고 곡해하고 있다는 것이다. 나아가 반본질주의적인 관점들을 "부르주아적이고, 보수적이고, 엘리트적이고, 나아가 반민중적이고, 우파적"인 것과 동일시한다. 로베르토 모랄레스는 베벌리의 이런 잘못된 이분법적인 태도가 자신을 신보수주의적인 지식인으로 곡해하고 있다고 지적하는 것이다. 다시 말해, 하위주체의 본질화를 거부하는 이론가들을 신보수주의 지식인이라고 딱지 붙이고, "서구적, 엘리트적, 반동적인 문자 전통"에 위치시키고 있다는 것이다. 나아가 "신자유주의의 유기적 지식인"이라고 폄하한다고 비판한다(Robero Morales, 2008, 85-86).

로베르토 모랄레스는 신보수주의적 지식인이라는 비판에 대한 적극적인 반론 이외에도, 베벌리가 계속 문제를 제기하는 멘추 논쟁이 이미 종결되었다고 주장한다. 자신의 논문, 스톨의 저서, 그리고 부르고스와 스톨과 함께 펴낸『스톨-멘추: 기억의 발명(Stoll-Menchú: la invención de la memoria(1999)』에서 멘추를 둘러싼 의혹은 명확히 사실로 확인되었다는 입장이다. 그럼에도 불구하고 자신이 이에 대해 반론을 제기하는 것은 베벌리가 주로 자신의 개인사를 언급하고 있기 때문이라고 지적하고 있다(Robero Morales, 2008, 87).

먼저, 로베르토 모랄레스는 과테말라 내전 시기 과테말라 민족혁명 연합(URNG: Unidad Revolucionaria Nacional Guatemalteca) 지도부의 전략적 판단 실패를 겪으면서 자신이 우파로 전향했다는 비판에 대해 언급한다. 이것은 베벌리 개인의 오해로, 자신은 문학인으로서 학자로서 매우 치열하고 일관된 실천적인 삶을 살았고, 이

것은 베벌리가 이해하지 못하는 것이라고 말한다. 자신이 URNG를 비판하고 있는 것은 사실이지만, 좌파의 대의에 대한 비판이 아니라는 점을 밝히고 있다. 베벌리가 자신이 쓴 신문 칼럼을 조금만 읽어도 자신이 좌파 대의에서 전혀 벗어나지 않았다는 것을 알 수 있을 것이라고 주장한다. 이런 자신에 대한 비판을 로베르토 모랄레스는 그대로 베벌리에게 되돌려 준다. 즉, 베벌리가 "피츠버그 대학의 안온한 연구실"에 앉아서 자신을 신보수주의자라고 비판하고 있다고 힐난하는 것이다. 자신은 좌파 지식인으로 과테말라의 민주주의를 위해 싸우고 고난을 겪어왔지만, 이런 투쟁을 경험하지도 않은 미국 대학의 교수가 자신을 이데올로기적으로 비판하고 있다는 의미이다. 제1세계 대학의 교수라는 권위를 이용하여 자신과 다른 입장의 연구자들에게 자의적으로 "신보수주의자"와 같은 딱지를 붙이는 폭력을 행사하고 있다는 반론인 셈이다(Robero Morales, 2008, 87).

로베르토 모랄레스는 자신이 하위주체적 본질주의를 비판하는 것은 미국식 다문화주의와 정체성 정치가 갖는 한계 때문이라고 밝히고 있다. 앞서 설명한 것처럼 이 개념들이 라틴아메리카의 다종족적 현실을 설명하고 문제를 해결하는 데 적절하지 않다는 것이다. 다문화주의적인 관점은 차이를 과장하고 분리하면서 자신이 중요하게 생각하는 '메스티사헤'를 가로막고 있다는 지적이다. 이렇게 차이를 과장하고 종족적 개념을 본질화하는 태도는, 끊임없이 상호 접촉하고 혼종되는 현실을 적절하게 포착하지 못한다는 것이다. 과테말라의 상호 문화적인 현실은 베벌리가 주장하는 하위주체적인 문제의식, 혹은 정체성 정치가 토대를 두고 있는 이분법적인 대립 구도를 통해서는 설명되지 않는다는 비판이다(Robero Morales, 2008, 88).

로베르토 모랄레스는 나아가 베벌리의 증언 서사 이론에 대해서도 대립각을 명확히 한다. 스톨의 폭로와 멘추 자신의 인정 이후에, 베벌리의 증언 서사 이론은 붕괴했다는 것이다. 즉 베벌리는 증언 서사가 "문자 교육을 받지 못했고, 구전 문화 전통에 속해 있으며, 헤게모니 문화에 대립되는 타자"의 목격담이라고 주장한다. 이 타자의 진술로 인해 증언 서사가 하위주체의 적절한 표현이라는 것이다. 그러나 로베르토 모랄레스는『내 이름은 리고베르타 멘추』는 이런 정의와 부합하지 않는다고 지적한다. 멘추의 증언은 하위주체의 목소리가 아니라, "백인 마르크시스트, 유럽 중심적 좌파에 의해 매개된 것"이기 때문이다. 따라서 그녀의 담론은 하위주체적이라기보다는 오히려 당시의 인디헤니스타 이론들과 해방 신학에 의해 영향받은 문화적 '메스티사헤'의 결과물이라는 것이다(Robero Morales, 2008, 88-89).

이런 로베르토 모랄레스의 비판은 앞서 언급한 것처럼 미국 대학의 '정치적으로 올바른' 이론가들과 엔지오 그룹들의 라틴아메리카 현실에 대한 개입이 적절하지 않다는 것이다. 이들이 라틴아메리카 '하위주체들의 문제'에 개입하면서 오히려 라틴아메리카의 시민사회를 분열시키고 있다는 지적이다. 그럼에도 로베르토 모랄레스는 연대의 가능성을 부정하고 있지 않다고 밝힌다. 자신은 이러한 연대가 라틴아메리카 현실과 부합하지 않고, 개입주의적인 성격을 띠는 것을 비판한다고 말한다. 그는 경제적인 모순을 해결하는 것보다는 문화적인 정체성 층위에서 하위주체적 요구들을 강조하는 미국 대학의 '정치적 올바름'을 비판하고 있는 셈이다(Robero Morales, 2008, 90-91).

이런 맥락에서 보면 라틴아메리카 현실을 변화시키기 위한 투쟁의 아이콘으로 멘추를 옹호하는 태도 역시 지극히 "미국적"이라는 것이다. 로베르토 모랄레스의 비판은 더욱더 직접적으로 이어진다. 이런 경향은 대학 내에서 "문화전쟁"을 수행하는 좌파 교수들을 중심으로 수행되는데, 그 이유가 바로 "학회에 참가하고 논문을 쓰면서 자신의 경력을 유지하기 위해"서이지, 라틴아메리카의 혁명적 변화를 위해서가 아니라는 것이다. 결론적으로 말해 "그들은 직업을 가지고 있다. 반면 여기에서 우리는 투쟁을 하고 있다"라는 반격이다. 자신을 비롯해 라틴아메리카 좌파 지식인들을 미국 내 좌파 교수들이 임의로 재단할 도덕적 권위가 없다는 것이다(Robero Morales, 2008, 91).

전체적으로 이 글에서 로베르토 모랄레스는 자신을 신보수주의적인 전환과 관련시키는 베벌리의 주장에 반박하면서, 베벌리가 가지고 있는 강단 ' 좌파로서의 태도를 비판하고 있다. 자신은 여전히 좌파적인 관점을 유지하고 있지만, 베벌리는 "자신의 경력과 그것을 가능하게 하는 시스템을 위해 봉사하고 있다"라고 비난하는 것이다. 결국, 로베르토 모랄레스는 자신에 대한 베벌리의 비판을 "도덕주의적인 린치"로 간주하고, 하인은 두 주인을 섬길 수 없다는 성경 구절을 인용하면서 미국의 출세주의(gringo careerism)와 라틴아메리카 민중 사이에서 자신은 후자를 선택하겠다고 말한다. 한마디로, 존 베벌리의 비판을 미국 내 강단 좌파의 출세주의로 간주하는 것이다(이성훈, 2009, 97).

베벌리의 재반박: 새로운 정치적 상상력을 위하여

다음 호(17권 2호)에 실린 재반론에서 베벌리는 자신에 대한 로베르토 모랄레스의 비판이 구태의연하다고 지적한다. 여전히 "라틴아메리카에 관해서/라틴아메리카에서(writing about / from latin america)"라는 발화 위치를 둘러싼 라틴아메리카 연구 진영의 해묵은 이분법에 기반하고 있다는 것이다. "우리 라틴아메리카인들은 존 베벌리 같은 미국의 '정치적으로 올바른' 좌파 다문화주의자들이 원하는 것과는 전혀 다르다"라는 로베르토 모랄레스의 주장이 대표적이다. 이는 '대한/부터(about/from, sobre/desde)'의 해묵은 이분법의 연장 선상이라는 주장이다(Beverley, 2008b, 241).

또한 「라틴아메리카 문학과 문화 비평에서 신보수주의적 전환」에서 자신이 관심을 가지고 있는 것은 '멘추 논쟁'이 아니라고 말한다. 그의 관심은 과거의 '멘추 논쟁'이 아니라, 현재 "라틴아메리카에서, 그리고 라틴아메리카 좌파 내에서 혹은 좌파에 관하여 진행되고 있는" 논쟁에 관한 것이다. 라틴아메리카의 이른바 '분홍 물결' 속에서 등장하는 에보 모랄레스(Evo Morales), 우고 차베스(Hugo Chávez), 마스(Más) 등이 갖는 역사적이고 정치적인 의미와 관련된 것이라고 주장한다(Beverley, 2008b, 242). 베벌리는 이 논쟁이 일정 부분 증언 서사, 탈식민주의, 다문화주의 등과 관련된 학문적 입장과 유사할 수 있다고 인정한다. 그러나 더욱 중요한 것은 "이전 시기 좌파와 동질감을 가졌던 라틴아메리카 지식인들 상당수가 이제 회의주의적인 태도를 지니게 되었다는 것이다." 이들 중 일부는 회의적인 태도에서 더 나아가 아예 새롭게 등장한 좌파 정부와 사회 운동에 대해 공개적인 반대를 표명하고 있는 사실이 자신의 관심사라는 것이다. 이처럼 라틴아메리카 좌파 진영에서 나타나고 있는 변화를 둘러싸고 전통적인 지식인들이 보여주고 있는 부정적 혹은 회의적인 태도가 자신의 '신보수주의적 전환'이라는 테제의 정당성을 보여준다는 주장이다(Beverley, 2008b, 242).

베벌리는 멘추 논쟁과 관련하여 스톨이 했던 역할을 이른바 "스위프트 보팅(swift boating)"에 비유하고 있다.3) 스위프트 보팅처럼 미국의 문화전쟁에서 신보수주의 세력의 영향력을 확대하는 데 기여하고 있다는 것이다. 같은 맥락에서 로베르토 모랄레스 역시 멘추의 증언 서사 논쟁을 통해 결과적으로 우파의 문화적 헤게모니 강화에 기여했다는 점에서 좌파의 대의에서 이탈하고 있다는 주장이다. 심지어 이런 전통은 바스콘셀로스, 파스, 바르가스 요사, 보르헤스 등처럼 라틴아메리카 지성사에서 그리 낯설지 않은 전통이라고 말할 때, 존 베벌리와 로베르토 모랄레스는 이제 더 이상 화해가 불가능해 보인다(Beverley, 2008b, 242).

베벌리는 라틴아메리카 지식인들의 신보수주의적 전환이 이뤄지는 배경 중 하나로, 사회적 모순에 저항했던 전통적인 좌파 지식인들이 가지고 있는 하나의 정서를 들고 있다. 지식인이자 사회적 활동가로서 정치적 활동의 주체였던 자신들이 보다 젊고 "보다 사회적으로 이질적인 정치적 행위자 세대"에 의해 대체되고 있다는 정서이다. 따라서 이들 좌파 지식인들은 자신들의 권위를 재확인하는 방식으로 계몽적 가치에 따른 정신적, 미적 기준들을 강조하게 된다는 것이다(Beverley, 2008b, 243). 나아가 베벌리는 라틴아메리카 지식인들이 민중과 고립되고 있기 때문에 이런 경향은 구조적이라고 밝히고 있다. 앞서 말한 것처럼 이러한 단절은 "권력의 식민성"의 결과라고 할 수도 있다. 라틴아메리카의 좌파 지식인들이 새로운 사회적 주체들, 베벌리의 개념에서는 하위주체의 목소리에

---

3) 스위프트 보팅이란 존 케리 미 상원의원이 베트남전쟁에서 탑승한 고속정에서 나온 말로, 정확하지 않거나 왜곡된 정보로 상대방을 공격하는 일종의 정치적 흑색선전을 의미한다. 베트남전쟁에서 '스위프트 보트' 함정에 근무했던 일부 미 해군 병사들이 2004년 대선에서 민주당의 존 케리 후보의 베트남전 참전 무공의 진실성을 문제 삼으면서, 존 케리의 낙선에 기여했다.

주목하지 않으면, 민중과 지식인의 단절은 지속될 것이라는 것이다 (Beverley, 2008b, 243). 따라서 베벌리의 문제 제기를 제1세계 지식인과 라틴아메리카 지식인이라는 발화 위치를 둘러싼 입장 차이로 해석하는 것은 잘못된 방식이라는 것이다. 이렇게 신보수주의적인 전환을 '권력의 식민성'의 결과로 파악하고, 라틴아메리카 지식인과 제1세계 지식인을 본질화하는 태도로는 해결되지 않는다는 베벌리의 지적은 상당히 의미 있다. 그러나 로베르토 모랄레스가 말하는 것처럼 제1세계 강단 좌파의 입장에서 라틴아메리카를 전유하고 있는 것은 아닌가라는 혐의 또한 유효하다.

지금까지 살펴본 것처럼 베벌리와 로베르토 모랄레스 사이에 벌어진 과테말라 마야 원주민들의 정체성과 재현을 둘러싼 논쟁은 1990년대 이후 가시화된 원주민 운동의 성장과 밀접하게 연결된다. 이들의 논쟁은 멘추와 증언 서사(testimonio)에 대한 대립적인 평가에서 시작되었지만, 원주민 운동의 방향성 및 연구자의 발화 위치 등으로 확대되었다. 로베르토 모랄레스는 베벌리 같은 '정치적으로 올바른' 학자들이 리고베르타 멘추와 그의 증언을 하위주체나 다문화주의라는 이름으로 정전화했다고 비판했다. 나아가 멘추의 『내 이름은 리고베르타 멘추』에 대한 세계적인 주목은, 과테말라 내에서 범마야 민족주의와 정체성 정치가 세력을 형성하는 데 상당한 기여를 했다고 보았다. 또한, 멘추의 자서전이 서구 지식인의 의도가 개입된 것이기 때문에 실질적인 하위주체 텍스트로 간주하기 어렵다고 주장했다. 이렇게 증언 서사는 자체로 한계를 가지고 있을 뿐만 아니라, 과테말라 현실을 적절하게 재현하지 못한다고 비판했다. 따라서 로베르토 모랄레스는 하위주체가 아닌 상호종족적인 메스티사헤(mestizaje) 개념을 강조한다.

다시 말해, 하위주체성에 따라 범마야 민족주의를 긍정적으로 평가하는 베벌리에 맞서, 로베르토 모랄레스는 하위주체 연구가 원주민 정체성을 본질화하는 경향이 있다고 비판하는 것이다. 마야 정체성 정치는 과테말라 사회의 진정한 다문화적 민주화보다는, 원주민/라디노, 지배/하위주체라는 이분법을 통해 사회 분열을 구조화할 것이라는 비판이다. 대신에 상호문화적 메스티사헤가 과테말라 사회의 현실을 이해하는 데 훨씬 더 적절하고 유의미하다는 것이다. 이런 관점에서 로베르토 모랄레스는 탈식민주의 이론과 마야 정체성 정치에 존재하는 원주민/라디노, 지배/하위주체라는 이분법을 비판하고, '상호문화적 메스티사헤'를 주장했던 것이다.

나아가 원주민 운동의 역할을 강조하는 베벌리에 대해 로베르토 모랄레스는 제1세계 지식인들의 지적 우월감을 읽어 낸다. 이들이 미국적인 문제의식을 라틴아메리카에 기계적으로 전이시키면서 라틴아메리카의 구체적인 문제들을 왜곡된 방식으로 재현한다는 것이다. 원주민 운동을 하위주체성 개념을 통해 분석하는 태도가 과테말라의 민주화에 기여하지 못한다는 자신의 지적을, 좌파 대의에서 벗어나 우파로 전향한 것으로 간주하는 태도 역시 미국의 이른바 '강단 좌파'들이 가지고 있는 '정치적 올바름'의 결과라는 것이다. 원주민 운동의 성장을 통해 나타난 원주민들의 목소리를 어떻게 해석할 것인가를 둘러싼 입장 차이는 미국 내 라틴아메리카 연구자들과 라틴아메리카에서 활동하고 있는 좌파 지식인들 사이의 입장 차이라고 할 수 있다. 그러나 보다 본질적으로는 주요한 사회 운동 세력으로 등장한 원주민 운동의 정치적 영향력과 그들의 문화적 자산을 어떻게 이해할 것인가를 둘러싼 것으로, 1990년대 이후 원주민 집단의 성장이 가져온 사회문화적 변화를 반영한다고 할 수 있다.

제 12 장

라티노를 바라보는 두 가지 시선:

새뮤얼 헌팅턴과 월터 미뇰로

미국 사회와 라티노[1]

세계화로 인해 자본의 이동뿐만 아니라, 노동의 기회를 찾아 이주하는 사례도 증가하고 있다. 이에 따라 개별 국가의 영토를 나누던 국경의 의미 또한 기존의 완고한 분리와 단절의 의미에서 벗어나 점차 완화되어가고 있다. 이주가 늘어나면서 국경에 의해 차단되었던 외부 세계와의 접촉은 보다 손쉬워졌고, 국경에 의해 보호받던 고정된 정체성 역시 유동적이고 변화 가능한 어떤 것으로 변모했다. 이러한 이주민들이 경험하는 새로운 사회에서의 다양한 갈등과 정체성 형성 과정을 잘 보여주는 것이 미국 내 라티노 집단의 경험이다. 이들이 미국 내에 자리 잡게 된 이유를 전적으로 세계화에 따른 이주라고 보기에는 많은 한계가 있다. 그러나 라티노의 증가는 미국 사회에서 인종 문제를 바라보는 패러다임의 변화뿐만 아니라, 정체성과 관련하여 새로운 시각을 제시해 준다는 점

---

1) 이 글의 일부는 이성훈(2005), "경계의 정체성: 라티노 연구를 위한 시론", 이성훈(2007), "미대선을 통해 본 라티노의 힘", 이성훈(2010), "라티노 이민을 바라보는 두 가지 관점"을 새롭게 구성하였다.

에서 의미를 갖는다.

2017년 미국 인구 센서스 자료에 의하면 라티노(latino)는 58,603,060명으로 미국 전체 인구의 약 18%를 차지한다. 라티노는 빠르게 인구가 늘면서 미국의 최대 소수자 집단으로 자리 잡고, 여러 영역에서 점차 영향력을 확대해 나가고 있다. 2000년 조사에서 라티노 인구가 35,204,480명으로 12.5%였던 것에 비교하면 그 성장세가 가파르다. 이런 라티노 인구의 성장세는 최근에도 계속 이어져, 아시아계 인구의 증가 추세보다는 작지만 비라티노계 흑인과 비라티노계 백인보다는 훨씬 높다. 2016~2017년 사이 미국 전체 인구수 증가는 2,216,602명인데, 이중 라티노 인구가 1,132,773명으로 51%를 차지하고 있다. 반면 비라티노계 백인의 경우는 오히려 9,736명이 감소했다. 이처럼 라티노 인구는 폭발적으로 늘고 있다. 또한, 라티노의 경우 평균 연령이 2015년 기준 28세인데 반해, 비라티노 백인의 경우 43세, 아시아계 36세, 비라티노계 흑인의 경우 34세라는 사실은 향후 미국 사회에서 라티노의 영향력이 더욱 강화될 것임을 보여준다.

이처럼 라티노의 영향력은 갈수록 강화되고 있지만, 지금까지 이들에 관한 관심은 주로 정치 분야에 머물러 있던 것이 사실이다. 2012년 3월 5일 자『타임』지 표지 기사 제목인「내가 결정한다(Yo decido)」에서 볼 수 있는 것처럼, 라티노의 선거 영향력에 관한 관심이 가장 대표적이다. 미국 내 최대 선거인단을 보유하고 있는 캘리포니아, 텍사스, 플로리다뿐만 아니라, 미 대선의 승부를 결정한다고 할 수 있는 격전지 주(swing states)에서 라티노 인구가 증가하고 있음을 고려할 때 당연한 관심이다. 따라서 라티노의 지지를 얻기 위한 공약들과 대통령 후보가 스페인어를 사용하면서 등장하는 스페인어 정치 광고가 엄청나게 늘고 있다. 국내에서도 언론은 미국 대선 때마다 라티노가 주로 누구를 지지할 것인가에 대해 많은 관심을 표명하고 관련 기사를 싣고 있다. 라티노의 선택이 미국 정치에서 주요한 결정 요소가 될 것이라는 사실은 의심의 여지가 없다. 나아가 라티노의 영향력은 정치적인 데 그치지 않고, 미국의 일상생활의 결을 바꾸고 있다. 따라서 라티노에 대한 폭넓은 이해는 미국 사회의 현재와 미래를 바라보는 중요한 요소라고 할 수 있다. 트럼프 대통령이 시도하고 있는 미멕 국경 장벽 설치에서 보는 것처럼 라티노 집단의 성장을 부정적으로 보는 입장도 존재하기 때문이다.

라티노에 대한 부정적인 기류는 최근의 일이 아니다. 퓨 히스패닉 센터(Pew Hispanic Center)가 미국인들을 대상으로 실시한 차별 관련 여론 조사 결과에서도 확연히 드러난다. 미국 사회에서 가장 차별을 받는 인종/종족 집단을 묻는 질문에 대해 2001년 조사에서는 흑인이라는 답이 가장 많았지만, 2009년에는 라티노라는 답이 가장 많았다. 즉 흑인이 가장 차별받는다는 비율이 2001년에서 2009년 사이 25%에서 18%로 감소한 반면, 라티노의 경우 19%에서 23%로 증가한 것이다. 라티노 불법 이민자 수가 늘어나는 것을 부정적으로 바라보는 태도가 사회 전반에 걸쳐 심화되었기 때문이다. 또한, 32%에 달하는 라티노들이 자기 가족이나 친구들이 최근 5년 동안에 인종적 혹은 종족적인 이유로 차별을 경험한 적이 있다고 답하고 있으며, 약 57%에 달하는 라티노들이 가족이나 친구가 추방당할 것을 걱정하고 있다. 특히 해외에서 태어난 라티노들의 경우 73%가 이런 걱정을 하고 있는 것으로 조사되었다.

라티노 인구가 증가하면서 미국 사회의 주요한 구성 인자로 자리 잡아 가고 있지만, 위에서 살펴본 것처럼 라티노가 겪고 있는 차별과 불안감 또한 상당한 수준에 달한다.[2] 라티노가 미국 사회의 모습을 바꿀 정도로 영향력을 확대하고 있지만, 최근 트럼프 대통령이 추진하고 있는 미멕 국경지대의 장벽 설치, 불법 이민자에 대한 강경 정책 등 미국 주류 사회와의 갈등 또한 현재 진행형이다.

라티노 개념의 등장과 현재

라티노라는 용어는 미국에서 통상 스페인어권 국가 출신이거나 그 후손들을 지칭한다. 그러나 출신 국가, 이주 시기, 세대 등에 따라 매우 다양한 문화적 배경을 지니고 있기 때문에 라티노의 특징을 일반화하기가 쉽지 않다. 이런 다양성은 역사적으로는 스페인이 펼친 신대륙에 대한 식민화에서 비롯되었다. 스페인 제국은 역사적으로 우리가 라틴아메리카라고 부르는 식민지 외에도 광대한 식민지를 개척했다. 플로리다와 푸에르토리코부터 필리핀까지, 그리고 캘리포니아에서 아르헨티나 팜파스까지 광대한 지역이 스페인의 세력범위 안에 있었다. 1620년 메이플라워호가 청교도들을 싣고 아메리카에 도착하기 훨씬 이전에, 스페인 사람들은 종교나 개척을 목적으로 플로리다와 오늘날 애리조나, 뉴멕시코, 텍사스, 캘리포니아 지역의 여러 곳에 자리 잡고 있었던 것이다. 지금의 미국 땅에 스페인 사람들이 거주하기 시작한 것은, 스페인 정복자들이 1565년 플로리다에 산아구스틴(San Agustin) 정착지를 만들면서부터이다. 그러나 라티노는 텍사스 지역을 둘러싼 미국과 멕시코의 갈등

---

2) 인구, 경제, 사회, 이주, 노동 등 다양한 분야에서 라티노 현안들에 대한 자료를 가장 잘 보여주는 곳이 퓨 히스패닉 센터(Pew Hispanic Center)이다. 이 글에 등장하는 대부분 자료는 이곳에 의존하고 있음을 밝힌다.

이 전쟁으로 번진 미멕 전쟁(1846-1848)에서 멕시코가 패하고 맺은 과달루페 이달고(Guadalupe-Hidalgo) 조약 이후에 '공식적으로' 나타났다.

이렇게 나타나기 시작한 라티노들은 이주와 자연증가를 통해서 급격하게 인구수가 늘어갔다. 이주의 경우 멕시코계 인구는 멕시코 혁명의 정치적 혼란을 피해 이주하거나, 제1차 세계대전을 거치면서 미국 내 철도, 광산, 농장 등에서 필요로 하는 노동력을 채우기 위해 대규모로 이주했다. 또한, 1898년 미서 전쟁의 결과로 미국의 영향권에 편입된 푸에르토리코의 경우도 1920년대 들어 대규모로 이주하게 된다. 그러나 이러한 대규모 이주는 1929년 대공황을 거치면서 미국의 경제 상황이 악화되면서 엄격하게 통제된다. 라티노의 이주는 이처럼 주로 미국 내 경제 상황과 밀접하게 연동되어 있는데, 제2차 세계대전 이후 1950, 60년대의 경제 상황이 개선되면서 다시 라티노 인구의 유입이 급속하게 늘어난다.

1980년대 이후에는 중앙아메리카 지역의 정치적 혼란으로 이른바 '새로운 라티노'라고 불리는 엘살바도르나 니카라과 출신의 이주민이 대규모로 미국에 들어오게 되면서 라티노 인구 구성이 다양하게 변한다. 이처럼 라티노 집단은 내부적으로 많은 차이를 가지고 있다. 출신 국가 및 이주 시기의 차이 외에도 개별 민족 그룹들은 고유의 역사적 명칭들을 가지고 존재해 왔다. 멕시코계-미국인들은 치카노(chicano), 아스틀란 사람(People of Aztlan), 그리고 멕스 아메리칸(Mex American)이라고 불렸다. 뉴욕을 중심으로 자리잡은 푸에르토리코 사람들은 뉴요리칸(Nuyorican)이나 푸에르토리코의 원주민 지명을 따서 보리쿠아(boricua) 등으로 불렸다.

라티노라는 용어는 이렇게 내부적으로 차이를 지닌 다양한 집단들을 하나로 묶어낼 수 있는 더욱 집단적인 개념에 대한 요구에서 나타났다. 1960년대에는 히스파노(hispano)와 스페인 사람(spanish) 등의 개념이 이들을 지칭하기 위해 널리 사용되었다. 1970년대에는 히스패닉(hispanic)이라는 용어가 미국에 사는 스페인어 사용자나 스페인어권과 문화적 연관성을 갖고 있는 사람들을 지칭하기 위해 정부 문서에 사용되기 시작했고, 1980년 인구 센서스에 공식적으로 등장했다. 역사적인 맥락에서 식민 지배라는 부정적인 경험을 떠올리는 한계를 가지고 있지만, 히스패닉이라는 용어는 현재까지도 광범위하게 사용되고 있다. 히스패닉이라는 용어는 로마인들이 이베리아반도를 불렀던 이름 이스파니아(Hispania)에서 유래한 것으로, 스페인이 아메리카 대륙을 식민화했던 500년간의 기억을 환기하는 것이다. 물론 이 이유가 전부는 아니지만, 1997년 미국관리예산실(Office of Management and Budget)에 의해 히스패닉이라는 범주 대신 "히스패닉 혹은 라티노"라는 범주가 채택되어 2000년 센서스부터 사용되고 있다.

라티노라는 명칭은 아메리카 지역에서 세력을 형성하고 있던 미국 중심의 앵글로색슨 세력에 맞서기 위해 프랑스인들이 만들어낸 라틴아메리카라는 말에서 유래했다. 즉 라틴아메리카 사람들이라는 의미의 라티노아메리카노스(latinoamericanos)에서 라티노라는 말이 나온 것이다. 히스패닉이 스페인과 스페인의 식민 유산과 관련된 지역의 이주민들을 통칭해서 지시한다면, 라티노라고 하는 개념은 스페인의 식민적 유산과는 차별되는 라틴아메리카 출신 미국 체류자들의 정치적, 사회적 결사를 강조하는 의미로 사용된다. 또한, 히스패닉이라는 개념에 다소 부정적인 속성이 부가되어 있기 때문에, 이 개념보다는 라티노 개념을 사용하는 것이 더욱 바람직하다는 입장이 존재한다.3) 또 하나 여기에서 우리가 주목해야 할 것은 히스패닉 혹은 라티노라는 범주가 인종적 범주가 아니라는 것이다. 미국관리예산실(OMB)은 다섯 개의 인종 범주를 설정하고 있는데, 이 인종 범주와 상관없는 다른 범주로 '히스패닉 혹은 라티노'인지를 묻는 항목을 설정하고 있다. 따라서 라티노이면서 인종적으로 백인이거나 흑인인 사람도 가능하다.

살펴본 것처럼 히스패닉이라는 용어에는 이들을 차별하고 이 차별을 고착하기 위한 주류 사회가 만들어 낸 이미지가 결부되어 있다. 이렇게 지배 문화가 부가한 부정적인 속성을 극복하고 새롭고 미래적인 자의식을 형성하기 위한 움직임은 히스패닉이라는 용어가 아닌 라티노라는 새로운 용어를 사용하자는 입장으로 이어졌다. 이제 라티노라는 새로운 이름을 통해 미국 사회에서 새롭게 자기 정체성을 만들어 나가려는 시도가 등장한 것이다.

라티노에 대한 부정적인 시선

라티노 인구가 늘어나면서 미국 내 주요 정당들은 이들을 자신들의 우호 세력으로 만들고자 했다. 특히 이주와 같은 주제가 라티노의 지지 정당과 후보자 선택에 어떤 영향을 끼칠 것인가라는 문제는 정당들의 중요한 관심사였다. 그러나 이런 일면적인 접근보다는 미국 사회에 라티노를 바라보는 대립적인 입장이 있다는 사실

---

3) 이 글에서는 부정적인 뉘앙스를 갖는 히스패닉 대신 라티노라는 용어를 사용하자는 입장의 문제의식을 받아들여 라티노라는 개념을 사용하고자 한다. 그러나 히스패닉과 라티노에서 어떤 용어를 쓸 것인가라는 논쟁은 여전히 진행되고 있다. 둘 다 내부적 차이를 간과한 범주화라는 점에서 문제가 있다는 반론이 제기되기도 한다. 따라서 차라리 히스패닉이라는 널리 알려진 개념을 사용하는 것이 라틴아메리카계 이주민과 그 후손들의 정체성 확인과 정치적 기동에 더욱 유리할 것이라는 주장이 나오기도 한다.

을 인정하는 것이 중요하다. 1990년대 벌어졌던 이민법 논쟁이 이를 상징적으로 보여준다. 한쪽 입장은 일련의 반이민 정책, 이민자 문화에 대한 배제, 이중 언어 정책 반대 등에서 볼 수 있는 이민자에 대한 배타적인 흐름이다. 다른 하나는 지금까지 미국 사회가 이민자들을 받아들이면서 성장했듯이, 그들이 노동력으로 존재하는 구체적 현실을 인정해야 한다는 보다 관용적인 태도이다. 이민에 대한 부정적인 태도는 이민자를 잠재적 범죄자를 간주하고 이들을 규제하게 된다. 반대로 관용적인 입장은 문화적 다양성에 대한 인정과 이로 인한 인구 구성, 문화, 언어, 종교 등 다양한 사회적 변화가 불가피하다는 것을 인정한다. 이민자들이 미국 사회와 경제에 대해 긍정적인 역할을 할 뿐만 아니라, 문화적으로도 이민자의 국가라는 미국 사회 본래 정체성에 더 부합한다는 것이다(Davies, 377).

이주에 대한 대립적인 관점은 라티노 집단을 바라보는 두 가지 본질적인 대립의 연장 선상에 있다. 이런 본질적인 대립은 새뮤얼 헌팅턴(Samuel Huntington)과 월터 미뇰로(Walter Mignolo)의 입장에 잘 나타나 있다. 라티노 이민자에 대한 부정적인 담론의 대표적인 사례는 헌팅턴의 「히스패닉의 도전(The Hispanic Challenge)」이다. 이 글에서 그는 라티노 이민자들의 문화를 앵글로색슨 프로테스탄티즘에 기반을 둔 미국의 국가 정체성에 위협이 되는 요소로 파악한다.[4] 다시 말해, 라티노 이민자들이 가지고 있는 종족적/인종적 정체성과 자부심, 그리고 문화적 전통이 미국 사회에 뿌리내리면서, 백인 신교도주의적인 정체성에 기반을 둔 미국 사회의

---

4) 그의 글은 *Foreign Policy* 2004년 3/4 월호에 실렸고, 이후 *Who are we?* 라는 단행본에 포함되어 출판되었다. 우리말로는 『새뮤얼 헌팅턴의 미국』이라는 제목으로 번역되었다(형선호 옮김, 김영사, 2004).

정체성이 훼손되고 있다는 것이다. 즉 "멕시코계 및 히스패닉 이민의 높은 수준과 미국 사회에 대한 이들의 낮은 동화율이 계속된다면, 미국은 결국 두 언어, 두 문화, 그리고 두 집단의 나라로 변할" 것이라는 우려이다(315).[5)]

정체성이라는 추상적인 영역이 아니라, 건설, 농업, 가내 서비스, 요식업 등에서 라티노들이 임금 수준을 떨어뜨림으로써 가난한 백인 노동자들의 생활 수준을 악화시키고 있으며, 사회보장 서비스에 무임승차함으로써 사회 복지의 질을 떨어뜨리는 주범이라는 광범위한 인식 또한 존재한다. 이런 인종주의적이고 폐쇄적인 태도가 9・11사태 이후에 백인 주류 사회에 더욱 공격적으로 자리 잡게 되고, 미디어나 정치 담론을 통해 더욱 증폭된다(Davies, 379). 이처럼 주류 사회 내에서 이민에 대한 부정적 태도와 일종의 인종주의를 만들어 내는 대표적인 이데올로그가 바로 헌팅턴이다.

헌팅턴이 가지고 있는 라티노 이민에 대한 부정적인 태도는 먼저, "멕시코 이민의 특성이 과거의 다른 나라에서 들어온 혹은 현재 다른 나라에서 들어오고 있는 이민과 다르며 둘째, 멕시코계 이민자들과 그 후손들이 미국 사회에 동화되는 정도가 과거 이민자들과 현재 비히스패닉 이민자들과 차이를 보이고 있다"라는 현실 진단에서 시작된다(275). 그는 멕시코계 이주민들이 보여주는 이런 차이가 "인접성", "숫자", "불법성", "지역적 집중화", "지속성", "역사적 사실" 등의 요인에서 기인한다고 파악한다. 이 특징들은 주로 멕시코와 미국의 영토적 인접성에서 기인한 것으로, 다른 나라의 이민과는 역사적으로 그 조건을 달리하고 있다는 점을 보여

준다. 이렇게 물리적이고 역사적인 조건에 따라 멕시코 이민은 차별성을 가지고 있으며, 멕시코 이민자들은 미국 문화에 쉽게 동화하지 않고 독립성을 유지한다는 것이다.

이런 멕시코계 이민자들의 문화적 특징을 그는 "언어, 교육, 직업과 소득, 시민권, 그리고 정체성"이라는 기준을 통해 설명하면서, 이들이 미국 사회에 동화보다는 자신들의 동질성을 우선시하고 있다고 주장한다.6) 물론 헌팅턴이 자신의 논지를 강화하기 위해 라티노에 대한 정보와 자료를 왜곡하여 사용하고 있다는 많은 비판이 제기되었다. 많은 글이 그가 제시하는 언어, 교육, 직업과 소득, 시민권, 그리고 정체성 등에 관한 구체적인 수치를 통해 헌팅턴의 논지를 부정하고 있다. 헌팅턴은 또한 라티노 이민자들이 미국 사회에 동화되지 않고, 이질적인 섬으로 남아 있는 사례를 마이애미와 캘리포니아의 사례를 들어 설명하고 있다. 마이애미의 권위 있는 영자지인 『마이애미 헤럴드』가 쿠바계 이민자의 증가로 신문을 영어와 스페인어로 같이 발간해 독자층을 확장하고자 했지만 실패하고, 결국 스페인어로 된 새로운 신문을 발간해야 했던 경험을 들고 있다(307). 이 사례를 통해 헌팅턴은 라티노 이민자들이 가지고 있는 비동화적 태도를 비판하고 있다. 또한 "마이애미의 쿠바화는 우연히도 높은 수준의 범죄와 일치했다"라고 비판하면서, 마이애미가 "통제 불능의 바나나 공화국"이 되었다고 자조한다(309).

또한, 쿠바 난민 소년인 엘리안 곤잘레스(Elián González)의 송환을 둘러싼 마이애미 사회의 갈등을 "사실상의 분리"를 보여준

---

6) 헌팅턴의 글에 대해 구체적인 수치를 통한 비판은 Britta Waldschmidt-Nelson(2004), "Who are we? Fears and Facts in Samuel Huntinton's Attack on Latino Immigration to the United States", 145‐163와 Jack Citrin, Amy Lerman, Michael Murakami, and Kathryn Pearson(2007), "Testing Huntington: Is Hispanic Immigration a Threat to American Identity?", 31-48를 참고하시오.

사건으로 간주한다. 마이애미 지역의 정치인들이 쿠바 이민 사회의 영향력으로 인해 연방정부의 결정에 반대했고, 시위자들이 쿠바 국기를 흔들면서 성조기를 불태웠다는 것이다. 엘리안 사건에서 본국 송환을 바라는 일반적인 미국인들과 쿠바 아버지에게 돌려보내는 것에 격렬하게 반대하는 쿠바계 이주자들 사이의 입장 차이가 명확했다. 이 와중에서 마이애미의 정치인들이 쿠바계 이주자들의 견해에 동조함으로써 마이애미를 지배하는 것이 쿠바인들이라는 사실을 보여주었다고 지적한다.

헌팅턴은 플로리다뿐만 아니라, LA의 경우도 이민의 성격, 출신국과의 관계, 그리고 사회적 신분 등에서 마이애미의 경우와는 다르지만, "스페인어를 사용하는 공동체"가 "히스패닉 정체성을 유지"하면서 미국의 정치 사회에 영향력을 행사하게 된다는 점에서 별 차이가 없다고 지적하고 있다(310). 멕시코계 이민자들의 숫자가 늘어나면서 점점 더 모국의 문화에 편안함을 느끼고 종종 미국의 문화를 경멸까지 한다고 적개심을 보여준다.

> 1999년의 어떤 보고서에 따르면, 멕시칸 미국인들의 수적 증가가 이룩한 것은 "자신들의 전통을 더 편안하게 생각하는 많은 히스패닉 인구의 '라틴화'를 도운 것이다. [...] 이들은 숫자에서 힘을 얻으며, 더 젊은 세대들은 자라면서 민족적인 자부심이 높아지고 라틴계의 영향력은 연예, 광고, 그리고 정치 등의 분야로 퍼지기 시작한다". 한 가지 현상이 미래를 예언한다. 즉, 1998년 호세(José)가 마이클(Michael)을 제치고 캘리포니아와 텍사스 모두에서 새로 태어난 남자아이들에게 가장 인기 있는 이름이 되었다(314).

이처럼 헌팅턴은 라티노 이민자들이 앵글로색슨과 프로테스탄트 문화로 대표되는 미국의 정체성을 훼손하고 있다고 주장한다. 라티노 집단에 대한 배타적인 태도는 라틴아메리카 출신 이민자들이 갖는 "아메리카노 드림(Americano Dream)"을 부정하고, 오직 주류 사회에 동화됨으로써만 얻을 수 있는 "아메리칸 드림(American Dream)"만이 존재한다는 다소간 과격한 주장으로 귀결된다(315). 이런 그의 태도는 앞서 말한 바처럼, 백인 중산층의 우려를 담론화한 대표적인 사례라고 할 것이다. 그러나 이런 담론이 역으로 현실의 차별을 고착화하고 가속시킨다는 점에서 일정한 위험성을 갖는 것도 사실이다.

이렇게 라티노 문화를 주류 사회의 문화와 차별되는 비정상적이고 부자연스러운 것으로 간주하는 헌팅턴의 태도는 이 글에서 처음 시작된 것이 아니다. '문명의 충돌'이라는 개념을 통해 이슬람 문화와 유교 문화를 잠재적 적으로 상정했던 그의 태도가, 미국 국내에서는 앵글로색슨의 주류 사회에 대해 라티노라는 내부의 적을 상정하는 것으로 이어졌다. 그가 종교 간 갈등이라는 패러다임을 통해 이슬람이라는 외부의 적에 주목했다면, 이제 소수자 특히 라티노의 성장에 대한 보수적이고 백인우월주의적인 태도를 선택한 것이다. 라티노와 앵글로색슨 프로테스탄트 문화가 상호 접촉을 통해서 만들어 내는 상호 동화, 제도적 통합 혹은 구조적 균형이라는 보다 보편적이고 민주적인 태도를 포기한 셈이다. 그가 주목하는 것은 미국 내에서 주류 사회가 자신들의 헤게모니를 위협하는 잠재적인 적인 라티노에 대해 느끼는 공포이다.[7] 그에게 이주는 더욱 나은 삶과 기회를 쫓아가는 자연스러운 흐름이 아니라, '잃어버

---

[7] 이런 맥락에서 히스패닉에 대한 미국 사회 주류의 불안을 "그들의 공포(His Panic)"라고 표현한 헤랄도 리베라(Geraldo Rivera)의 '통찰'은 적절하다. Geraldo Rivera(2008), "His Panic: Why Americans Fear Hispanics in the U.S."

린 땅'을 되찾기 위한 라티노들의 전략적인 이주가 된다. 따라서 주류 사회가 요구하는 방식대로 동화되지 않는 라티노들의 생활방식, 가치, 문화 등을 주류 사회의 정체성과 삶에 대한 위협으로 간주한다.

결국, 헌팅턴은 "현재 미국 사회에서 문화가 분리보다는, 오히려 일정 정도의 섞임 혹은 혼합이 불가피"하다는 사실을 인정하지 않는다(Capetillo-Ponce, 125). 이런 맥락에서 보면 자신들의 문화에 폐쇄적으로 고착되어 있는 사람은 라티노 집단이 아니라, 오히려 헌팅턴을 위시로 한 앵글로주의를 강조하는 보수적인 이데올로그들이라고 할 수 있다. 즉 미국 사회의 주류로 자리 잡고 있는 앵글로색슨 프로테스탄트 문화의 역사적 성격을 부정하고 이것에 실체성을 부여하는 태도는, 이주의 증가와 문화 간 겹침이 갖는 생산적인 성격을 간과하는 것이다. 또한, 앵글로 프로테스탄트 문화가 미국의 정체성을 구성한다는 그의 입장은 이주 증가에 따른 인구 구성의 변화로 미국의 문화와 가치 또한 이미 상당부분 달라졌으며, 현재도 변화하고 있다는 점을 간과하고 있다.

나아가 미국 정체성이 위협받고 있다는 헌팅턴의 우려에는 동의하지만, 라티노를 동화의 대상으로 간주하는 입장에 대한 비판 역시 가능하다. 1990년대 진행된 두 번의 이민법 개정 시도와 1960년대 치카노 운동의 사례가 보여주듯이 라티노를 비롯한 소수자에 대한 억압적이고 강압적인 동화정책은 오히려 미국 사회가 갖고 있는 역동성과 생산성을 상실하게 되고 사회적 갈등을 만들어 낼 가능성이 높기 때문이다. 따라서 라티노에 대한 동화 우선주의와 라티노 정체성에 대한 부정적인 태도는 미국 사회의 다양성을 훼손하고, 오히려 사회적 통합을 가로막는 요인이라고 할 수 있다.

라티노 인구 증가를 바라보는 다른 관점

라티노 인구의 증가를 부정적으로 보는 헌팅턴과 달리 월터 미뇰로(Walter Mignolo)는 라티노 인구의 증가를 역사적인 맥락에서 고찰하고, 해체식민화(decolonización)라는 관점에서 라티노 이민의 의미를 긍정적으로 파악한다. 라티노 인구의 증가를 정치적 영향력이나 구매력 증가와 같은 현실적인 층위에서 해석하는 것이 아니라, 미뇰로는 라티노 이주가 갖는 의미를 세계체제와 관련해서 적극적으로 해석하고 있다. 이렇게 라티노 이주를 세계체제와 관련해 설명하기 위해서는 두 가지 역사적 사건이 중요한데, 1898년 벌어진 미서 전쟁과 1965년 이후에 진행된 일련의 과정이 그것이다(Martín Alcoff, 401).

먼저, 1898년 미서 전쟁의 영향을 들 수 있다. 스페인이 이 전쟁에서 패배하면서 라틴아메리카의 많은 지역이 미국의 실질적인 영향력 아래에 놓이게 된다. 미국의 관점에서 보면 이 사건은 아메리카 대륙에서 앵글로색슨의 인종적 우월성을 정당화할 수 있는 전환점이자, 앵글로색슨족이 백인 가톨릭교도와 라틴족을 넘어 세계를 지배하게 되는 출발점이다. 따라서 1898년은 앵글로색슨 우월주의라는 이데올로기 담론이 만들어진 계기이자, 오늘날까지 지속되는 라티노를 바라보는 미국 주류 집단의 태도를 결정하는 토대가 되었다. 이런 맥락하에서, 미뇰로는 1898년이 갖는 의미를 "근대/식민 세계체제의 상상계에 나타난 새롭고 근본적인 전환"이라고 표현하고 있다(Martín Alcoff, 402). 이처럼 라틴과 앵글로색슨 간의 대립 구도 속에서 미국을 중심으로 한 앵글로색슨이 서반구를 지배하기 시작하고, "인종적이고 제국적인 문화 상상계를 통해 제도화된” 것은 1898년 이후였다. 즉 이 시기 이후로 ‘라틴’이라는 개념을 통해 미국과 라틴아메리카 사이의 식민적 관계가 구체화된 것이다. 마르틴 알코프는 이 관계가 현재 미국 사회에서 라티노가 가지고 있는 사회적 위치를 적절하게 이해하는 역사적 배경이라고 말하고 있다. 다시 말하자면, 라티노를 인종화된 식민적 신민으로 만든 역사적이고 구조적 동학이 바로 미서 전쟁 이후에 만들어진 이 식민적 관계라는 것이다(Martín Alcoff, 403).

두 번째 역사적 사건은 1965년부터 시작된 일련의 과정이다. 새 이민법으로 이민 문호가 확대되면서 새로운 이주민들이 미국 사회에 대거 유입되기 시작한 시기이다. 이때 주로 멕시코 출신자를 중심으로 라틴아메리카 출신 이민자들이 대거 이주했고, 이들은 통상 히스패닉이라는 용어로 일반화되었다. 앞서 설명한 것처럼 이 용어는 정부에 의해 공식적으로 받아들여졌는데, 라틴아메리카 출신자들을 출신 국가에 따라 분류하지 않고 스페인과 연결된 ‘히스패닉’이라는 범종족적(pan-ethinic) 명칭으로 부른 이유가 개별 국가와의 결합을 막고 라틴아메리카 출신자들의 결속을 막으려고 했다는 혐의가 제기되기도 한다(Martín Alcoff, 403). 이렇게 미국 사회에서 히스패닉들은 ‘자신들의 국적을 상실하게 되고’, 또 라틴아메리카라는 ‘다민족 지역’과도 단절된 주변적인 집단이 되는 것이다. 또한, 스페인이라는 이미 무력화된 역사적인 식민주의를 환기하면서, 오늘날까지 영향력을 행사하고 있는 미국이라는 구체적인 식민주의를 은폐하는 효과가 있는 것이다. 이런 맥락에서 마르틴 알코프는 히스패닉이라는 용어보다는 오늘날의 역사와 라틴아메리카의 이해를 상징하는 즉, 오늘날의 식민주의를 환기하고 있는 라티노라는 개념을 사용해야 한다고 주장한다(Martín Alcoff, 404).

라티노라는 용어 속에서 식민주의를 읽어 내는 입장은 라티노 인구의 증가를 "미국과 제국을 탈식민화하기 위한 지속적인 노력과의 관계뿐만 아니라, 세계체제 변화(world-systemic changes)라는 글로벌 맥락"에서 분석하려는 미뇰로를 중심으로 한 해체식민 그룹의 문제의식에서 시작되었다. 미국 내 라티노 인구의 증가는 1898년 미서전쟁 이후에 앵글로색슨족이 아메리카 대륙에서 유지해온 지배 권력과 유럽-아메리카 중심주의에 중요한 변화를 야기하게 되는데, 이 변화가 미국 내부의 정치적 변화뿐만 아니라 세계체제의 새로운 미래형을 둘러싼 논쟁의 중심에 있다는 것이다(Grosfoguel et al., 4).

미뇰로는 기본적으로 라티노가 미국 땅에 존재하게 되고, 또 역사적 변화를 거쳐 비약적으로 증가하게 된 계기를 미국 정부와 기업의 정치, 군사, 경제적 개입의 결과라고 본다. 1848년 미멕 전쟁과 과달루페 이달고 조약뿐만 아니라, 그리고 20세기 말 중앙아메리카 지역에서 대규모로 유입된 난민 역시 여기에 미국이 개입되어 있다는 것이다. 미국이 자국의 이익을 위해 이 지역에 정치, 경제적으로 개입했고, 이 과정에서 발생한 혼란으로 많은 난민이 발생했다는 주장이다. 즉 라티노 이주의 주된 요인이라고 할 수 있는 라틴아메리카에서 일상화된 정치 사회적 혼란과 빈곤은 라틴아메리카 엘리트들이 자본과 정치 권력을 비정상적으로 독점하면서 생긴 것으로 파악한다. 이 과정이 바로 미국의 식민주의적 디자인의 직접적인 결과라는 점에서 미국의 개입과 밀접한 관련이 있다는 것이다. 따라서 '히스패닉 도전'이라는 헌팅턴의 주장은 틀렸고, 오히려 "앵글로 폭력"의 결과로 보는 것이 타당하다는 것이 미뇰로의 주장이다(Mignolo, 59).

앵글로 중심주의가 아메리카 대륙에서 대세가 되는 과정은, 반대로 스페인의 식민 지배 이후로 등장했던 라틴성이 점차 영향력을 상실해 가는 과정이다. 19세기 말 스페인이 서반구에서 지배력을 잃게 되었지만, 이미 스페인 대신 프랑스가 아메리카 대륙의 지식, 경제, 정치 영역에서 라틴성을 차지하고 있었다. 즉 스페인 대신에 프랑스가 미국의 세력 팽창을 막기 위해 '라틴' 아메리카라는 개념을 만들어 냈듯이, 스페인 퇴락 이후 라틴아메리카에서 라틴성은 프랑스의 식민적 디자인을 위해 사용되었다고 볼 수 있다. 이런 프랑스 중심의 라틴성이 유럽 중심적인 크리오요 계층에 의해 수용되면서, '라틴'아메리카는 크리오요 엘리트들의 정치적 기획이 된다. 라틴아메리카의 식민지들이 스페인으로부터 독립했지만, 여전히 라틴아메리카의 식민적 구조들은 잔존했고, 크리오요 엘리트들은 유럽 지향적인 상징체계 속에서 자신들의 이익을 도모했다. 따라서 정치적 독립에도 불구하고, 신생 공화국들은 여전히 식민적인 구조에서 벗어나지 못했고 다수 국민들의 빈곤과 주변화는 보다 심화되었다. 이렇듯 라틴성은 라틴아메리카에서 근대 식민 세계질서를 구축하는 데 일정하게 기여했으며, 이 과정에서 크리오요 지식인들의 역할이 두드러졌다. 이렇듯 미국의 세력 확장 속에서 특히 라틴아메리카 지역에서의 라틴성은 프랑스의 헤게모니를 유지하기 위한 수단이었다(Mignolo, 60).

앞서 설명한 것처럼 변화의 계기는 1898년 미서 전쟁이었다. 미서 전쟁에서 스페인이 무력하게 패한 것을 지켜본 일부 지식인들이 라틴성을 비판하고 앵글로색슨의 우월성을 받아들이기 시작했다. 미서 전쟁 이후 미국이 영향력을 확대해 감에 따라 프랑스 중심의 '라틴성'은 이제 점차 라틴아메리카 지역에서 헤게모니를 상실하게 된 것이다. 이런 과정을 통해 아메리카 대륙에서 앵글로 우월주의가 굳건하게 자리 잡게 되고, 라틴아메리카 지역에서 통일된 상징체계로서 '라틴성'은 영향력을 상실하게 된다고 할 수 있다.

이렇게 아메리카 대륙에서 역사적으로 라틴성이 앵글로 중심주의의 타자로서 존재했다면, 미국에서 라틴아메리카 출신을 의미하는 라티노 집단은 앵글로색슨 중심의 주류 사회에 대한 타자로서 기능하고 있다. 19세기 식민주의 담론의 이론적 배경이었던 생물학적 인종주의가 폐기되고 문화적 인종주의가 그것을 대체하는 상황에서, 미국 사회에서 라티노 집단과 라티노 문화를 터부시하는 것은 결국 문화적 인종주의라는 식민적 상징체계가 작동하고 있음을 의미한다. 미뇰로의 표현을 빌리면 유럽의 식민 팽창 시기에 지배적이었던 식민적/인종적 위계가, 문화를 열등과 우등의 지표로 간주하는 문화적 인종주의를 통해 근대/식민 체계의 상상체계를 여전히 관통하고 있는 것이다(Grosfoguel et al., 13).

헌팅턴이 주장하는 앵글로색슨의 프로테스탄티즘 역시 이런 맥락에서 이해될 수 있다. 인구 구성상 백인이 소수자로 전락할 수 있는 상황에서, 자신들의 지배 권력을 유지하기 위해서 유럽/유럽-아메리카 중심주의적인 문화적 인종주의 논리를 강화하는 것이다 (Grosfoguel et al., 18). 이 문화적 인종주의를 통해 작동하고 있는 식민적 관계를 전복하기 위한 해결책을 미뇰로는 라티노 인구의 증가와 이들의 문화가 가지고 있는 혼종성에서 읽어 내고 있다. 즉 그는 1960년대 치카노 운동에서부터 시작하여 라티노 집단의 주체적 성장 과정을 직간접적으로 해방과 해체식민적 글로벌 네트워크와 결합하면서 "스스로의 해방과 탈식민화 기획"의 시작으로 간주한다(Mignolo, 67). 근대 기획이 여전히 유럽 중심주의의 자장 안에 있다는 그의 비판적 관점에 비추어 보면, 이 기획은 인종적, 종족적 패러다임을 통해 유럽 중심주의를 전복하는 적극적인 의미를 갖는다. 즉 미국 사회에서 라티노는 라티노만의 문제가 아니라, 근대/식민 체계를 구성하고 있는 앵글로 주의와 유럽/유럽-아메리카 중심주의를 전복하는 중요한 물적 기반이 된다. 따라서 미국 사회에서 라티노가 겪고 있는 차별과 억압은 미국 사회의 인종화된 특정 그룹이 겪는 예외적인 것이 아니라, 근대/식민 체계의 타자로 존재하는 모든 타자들이 겪는 보편적인 사례가 된다(Mignolo, 68). 이런 맥락에서 라티노의 '해체식민화 기획'은 앵글로 중심주의에 대한 도전이자, 나아가 근대/식민 체제에 대한 도전인 것이다.

헌팅턴은 라티노 집단이 가지고 있는 비동화적인 태도를 비판하면서, 미국 사회가 둘로 분열될지도 모른다고 우려했다. 매우 폐쇄적인 관점에서 문화를 바라보고 있고, 여전히 유럽-아메리카 중심주의적인 태도이다. 이에 대해 미뇰로는 라틴성의 역사적 맥락을 지적한 후에, 라티노의 인구 증가와 라티노적인 기획은 결국 앵글로색슨의 유럽-아메리카 중심주의를 해체하고 있다고 긍정적으로 평가하고 있다. 즉 백인 중심적이고 '내부 식민화된' 사회 질서를 탈인종화하고 민주화하는 과정을 통해 미국 사회를 해체식민화할 수 있다는 것이다. 이전 시기 탈식민화가 정치 경제적 탈식민화에 제한되어 있었다면, 새로운 해체식민화는 젠더/섹슈얼 위계, 인종적/종족적 위계, 인식론적 위계 또는 종교적 위계의 해체를 통해 가능하다는 입장이다. 라티노 집단의 이주와 급속한 성장이 이런 해체식민화의 계기를 마련해 준다는 것이다. 따라서 미뇰로의 논리를 따르면, 역사적으로 유럽/유럽-아메리카적인 개념들에 의해 식민화되었던 많은 권력 관계에 적극적으로 개입하여 새로운 상상 체계를 만들어 내는 과정에서 라티노가 적극적인 역할을 하고 있다는 것이다. 이런 문제의식과 해결책을 던져주는 것이 바로 라티노 집단과 라티노 문화가 미국 사회에서 갖는 의미이다.

라티노의 변화와 라티노의 미래

캘리포니아와 텍사스 지역에서 가장 선호도가 높던 남자아이 이름이 1998년부터 마이클에서 호세(José)로 바뀌었다. 이에 대해 새뮤얼 헌팅턴은『새뮤얼 헌팅턴의 미국』에서 라티노 집단의 성장으로 인해 미국 사회의 정체성이 위협받고 있다고 경계심을 드러낸 바가 있다(헌팅턴, 314). 캘리포니아와 텍사스 같은 라티노 인구 밀집도가 높은 지역에서 이주자들이 대표적인 스페인어 이름인 호세를 신생아 이름으로 가장 많이 선택했던 것이다. 그러나 이런 상황이 변화하여 2010년부터 텍사스에서조차도 호세가 제이콥(Jacob)에게 일등 자리를 내주었다(Roberts). 라티노의 높은 출산율과 이주 현상이 지속되고 있는 상황에서, 이러한 변화가 일어난 이유가 무엇일까?

먼저, 라티노 집단의 미국 문화에 대한 동화를 들 수 있다. 1980년대 이래로 미국에 도착한 이주자들의 2세대들이 미국에서 이제 라티노 젊은 인구의 주류를 형성하고 있는데, 이들 세대는 아버지 세대들과 달리 적극적으로 주류 사회에 통합되고 있다는 것이다. 따라서 2세대들은 자기 자식들의 이름으로 미국식 이름을 선택한다는 것이다. 또한, 경기 침체로 인해 라틴아메리카에서의 이주가 감소하면서 상대적으로 스페인어 이름을 선택하는 인구 규모가 줄었다는 이유를 들 수 있다. 다른 한편으로 라틴아메리카 문화와 라티노 문화가 기존의 전통에서 벗어나 더욱 다양화하고 있다는 근거로 해석될 수도 있다. 또한, 지난 20년 동안 호세라는 이름이 지나치게 많이 사용되면서 부모들이 다른 이름을 찾는 결과가 나타났다고도 할 수 있다. 이렇게 보면 제이콥이라는 이름이 가장 많이 사용되게 된 현상을 미국 사회에 대한 동화의 징표로 읽어 내는 방식은 다소 무리가 있다. 이름 선호도를 둘러싼 세대 간의 차이가 보여주듯이, 라티노 내에서도 세대에 따라 라티노 정체성과 주류 사회와의 관계에 있어 일정한 차이가 나타나고 있다(이성훈, 2013, 209-210).

해외에서 태어나 미국으로 이주한 세대를 이주자 세대 혹은 이주 1세대라고 한다면, 적어도 부모 한쪽이 이주자이고 미국에서 태어난 자식들을 2세대라고 한다. 또 미국에서 태어난 부모 밑에서 미국에서 태어난 라티노들을 3세대라고 한다. 이제 라티노 2세대 인구는 1,600만 라티노 어린이들의 52%에 달한다. 결국, 라티노 3세대까지 포함하면 미국에 살고 있는 라티노 어린이 중에서 10명 중 9명 이상이 미국에서 태어났으며, 그 비율이 점점 늘어나고 있다. 그러나 언급한 것처럼 세대 간의 차이에 따라 라티노 정체성과 미국 문화를 받아들이는 태도 등에서 차이를 보여주고 있다. 1세대 라티노의 경우 62%가 자기 자신의 정체성을 자기 부모들의 출신국과 일치시키는 경향을 보여준다. 그러나 이러한 비율은 2세대, 3세대로 갈수록 점차 약해지고, 오히려 미국인이라는 답이 더 많아진다. 즉 1세대의 경우 자신을 미국인이라고 답한 비율이 8%에 불과하지만, 2세대는 35%로 증가하고 3세대에 이르러서는 미국인이라고 답하는 비율이 48%로 대폭 늘어나고 있음을 볼 수 있다. 따라서 라티노 2, 3세대가 인구 규모에서 차지하는 비중이 갈수록 증가하는 추세에서, 자기 정체성을 라티노와 관련시키지 않고 미국인이라고 답하는 비율은 계속 늘어날 것임을 예측할 수 있다. 자기 정체성을 자신이나 가족의 출신국과의 일치시키는 경우가 갈수록 줄어들고, 미국인이라고 답하는 수치가 급격하게 늘어날 것이라는 것이다(이성훈, 2013, 212).

라티노 세대 간의 차이가 드러나고 있는 상황에서 미국 사회의 라티노 미래를 예측하기는 쉽지 않다. 그러나 라티노들은 다양한 내부적인 차이에도 불구하고 특정한 문화적 자질을 공유하면서 미국의 주류 문화와 긴장 관계를 통해 새로운 정체성을 구성하고 있음은 주지의 사실이다. 이들은 이주하기 전 자신들의 출신 국가나 부모세대의 모국 문화에 전적으로 속하지도 않고, 또 새로운 이주지의 문화에 전적으로 동화하지도 않은 채 경계 문화 혹은 사이 문화와 경계의 정체성을 구성해 나가고 있는 것이다. 근대 민족국가가 국경이라는 영토 내에서 이른바 '상상의 공동체'를 만들었다면, 이제 '영토 없는 곳에서 새로운 국가 만들기'를 행하고 있는 것이다. 물론 이들의 결합을 정치적 맥락에서만 읽어 내는 것은 다소간 과장되어 있지만, 라티노 공동체가 가지고 있는 정치적, 문화적 특징은 주목의 여지가 많다.

이처럼 라티노는 미국 사회에 전적으로 동화되지 않고, 새로운 방식으로 미국의 문화를 만들어 나가고 있다. 라티노가 가지고 있는 언어, 지리적 인접성, 인구 규모 등 독특한 상황들이 자신들의 문화적인 정체성을 유지할 수 있도록 해준다. 2011년에 진행된 한 분석에 의하면 라티노와 비라티노로 이뤄진 부부 중 72%는 자신의 아이들을 라티노로 분류했는데, 이는 1991년의 35%와 비교된다. 이러한 수치는 라티노가 현실에서 영향력을 강화하고 있고, 이에 따라 문화적 자존심 역시 늘어가고 있음을 보여준다. 이렇듯

'라티노 공동체'에 대한 소속감이 심화되고 있다는 것은 인종적 차이, 출신 국가, 계층, 성, 교육 수준, 지역의 차이를 떠나 라티노라는 하나의 공동체가 존재함을 의미한다.

그러나 '히스패닉 네이션' 혹은 '라티노 네이션'으로 대표되는 이러한 경향은 백인 주류 사회에 대한 배타적인 태도라기보다는, 정치적, 경제적, 문화적 이익을 극대화하려는 시도로 이해될 수 있다. 이런 라티노의 자존감은 1960년대식의 배타적인 민족주의로 이어지지 않고, 미국이라는 문화 속에서 공존의 틀을 찾아가고 있다는 점에서 주목할 만하다. 또한, 라티노는 이제 자신의 정체성을 '미운 오리 새끼'가 아닌, 즉 '하이픈 붙은' 시민이 아니라 당당한 미국 사회의 주역으로 자리매김하고 있다. 이 공동체는 근대 민족 국가처럼 국경이라는 영토를 갖지는 못하지만, 자신의 정치, 경제, 사회, 문화적 영향력을 통해 자신들의 발언권을 확대해 나가면서 미국 사회를 '라티노화' 하고 있는 것이다(이성훈, 2013, 17-18).

라티노 인구의 성장을 부정적으로 본 헌팅턴의 입장은 미국 사회가 역사적으로 수많은 이민자들과 이민자들의 문화로 구성되어 왔을 뿐만 아니라, 현재에도 미국 문화는 이질적인 문화적 요소들이 지속적으로 뒤섞이고 있다는 사실을 인정하지 않는 것이다. 이런 맥락에서 보면 자신들의 문화에 폐쇄적으로 고착되어 있는 사람들은 라티노 집단이 아니라, 오히려 헌팅턴을 위시로 한 앵글로주의를 강조하는 보수적인 지식인들이다. 미국 사회의 주류로 자리 잡고 있는 프로테스탄트 문화 역시 다양한 문화들과의 겹침 속에서 만들어져 왔다는 사실을 애써 무시하는 태도는, 글로벌 시기의 문화적 다양성 속에서 미국 사회의 가치와 문화가 변모하고 있다는 점을 간과하고 있다.

물론 헌팅턴이 보여주고 있는 미국 정체성이 위기에 처할 것이라는 우려는 라티노 집단의 성장과 맞물려 주류 사회가 갖고 있는 고민을 드러낸 것이라고 할 수 있다. 그러나 1990년대 이민법 개정 시도들과 1960년대 치카노 운동에서 보듯이 라티노를 비롯한 소수자에 대한 억압적이고 강압적인 동화정책은 오히려 미국 사회가 갖고 있는 역동성과 생산성을 상실하게 되고 사회적 갈등을 만들어 낼 가능성이 크다. 따라서 라티노 집단을 일방적인 동화의 대상으로 삼기보다는, 그들의 문화적 전통과 삶의 방식을 인정하고 공존하는 것이야말로 미국 사회가 지금까지 보여준 '미국다움'을 보여주는 태도라고 할 것이다. 또한, 라티노 인구의 폭발적인 증가는 통상 두 개의 아메리카로 분리되어 사고되었던 아메리카 대륙의 미래에도 변화를 가져올 것이다. 쿠바의 호세 마르티(José Martí)가 주장한 "우리 아메리카(Nuestra America)"라는 표현은 미국을 제외한 나머지 라틴아메리카 국가들의 통합을 의미하기 위해 사용되었다. 이제 라티노 집단의 존재는 이런 대립적인 관점을 넘어 새로운 "우리들의 아메리카"를 만들고 있으며, 분열되었던 두 아메리카의 통합에 기여하고 있다(이성훈, 2013, 19).

참고문헌

제1장:

김혜미, 『16세기 스페인 지식인들의 라틴아메리카 논쟁』, 석사학위 논문, 충남대학교, 2010.

나송주, "라스 까사스와 세뿔베다의 인디오에 대한 논쟁", 『이베로아메리카』, 4, 2002.

박설호, 『라스 카사스의 혀를 빌려 고백하다』, 울력, 2008.

벤자민 킨, 『라틴아메리카의 역사, 상』 김원중, 이성훈 옮김, 그린비, 2014.

엔리케 두셀, 『1492년 타자의 은폐: '근대성 신화'의 기원을 찾아서』, 박병규 옮김, 그린비, 2011.

이성림, 『인권: 라스 카사스의 바야돌리드 논쟁』, 석사학위 논문, 감리교신학대학원, 2012.

이성형, "'영혼의 정복': 신학적-정치적 논쟁의 계보", 『국제지역연구』, 9, 2000.

이성훈, "왕권과 교권의 대립을 통해 본 신대륙의 가톨릭 전파과정 연구", 『비교문화연구』, 37, 2004.

이영효, "아메리카 원주민에 대한 스페인의 초기 인식과 태도: 세풀베다(Juan de Gin'es de Sepúlveda)와 라스 카사스(Bartolomé de Las Casas)의 논쟁을 중심으로", 『역사학연구』, 31, 2007.

장 클로드 카리에르, 『바야돌리드 논쟁』, 이세욱 옮김, 샘터, 2005.

Andújar, Eduardo, "Bartolomé de Las Casas and Juan Ginés de Sepúlveda: Moral Theology versus Political Philosophy", *Hispanic Philosophy in the Age of Discovery*, Kevin White(ed.), Washington DC: The Catholic University of America Press, 1997.

Bataillon, Gilles; Román Calvo, Norma; Bienvenu, Gilles; Velasco Gómez, Ambrosio(eds.), *Las teorías de la guerra justa en el siglo XVI y sus expresiones contemporáneas*, Mexico:UNAM, Facultad de Filosofía y Letras, 2008.

Byun, Chang-Uk, "The Valladolid Debate between Las Casas and Sepúlveda of 1550 on the Conquista and the Intelectual-Religious Capacity of American Indians", *Korea Presbyterian Journal of Theology*, 42, 2011.

Castro, Daniel, *Another face of empire*, Durham:Duke University Press, 2007.

Clayton, Lawrence, *Bartolom'e de las Casas: A Biography*, New York: Cambridge Univ. Press, 2012.

Fernández Buey, Francisco, "La controversia entre Ginés de Sepúlveda y Bartolomé de Las Casas. Una revisión", *Boletín americanista*, 42-43, 1992.

Fernández Buey, Francisco, "Actualidad de una controversia Valladolid: 1550-1551", Barcelona:Universidad Pompeu Fabra, 2009.

Friede, Juan and Keen, Benjamin(eds.), *Bartolomé de las casas in History: toward an Understanding of the Man and His Work*, Illinois: Northern Illinois University Press, 1971.

Green, L. C. and Dickason, Olive Patricia, *The law of nations and the New World*, Edmonton: University of Alberta Press, 1993.

Hanke, Lewis, *All mankind is one*, Illinois: Northern Illinois University Press, 1974.

Hanke, Lewis, *Bartolomé de las Casas: Historian An Essay in Spanish Historiography*, Gainesville:University of Florida Press, 1952.

Hernandez, Bonar Ludwig, "The Las Casas-Sepúlveda Controversy:1550-1551", *Ex Post Facto*, 10, 2001.
http://userwww.sfsu.edu/epf/journal_archive/volume_X,_2001/hernandez_b.pdf

Maestre Sánchez, Alfonso, "Todas las gentes del mundo son hombres": El gran debate entre Fray Bartolomé de las Casas(1474-1566) y Juan Ginés de Sepúlveda(1490-1573)", *Anales del Seminario de Historia de la Filosofia*, 21, 2004.

Manero Salvador, Ana, "La controversia de valladolid: España y el análisis de la legitimidad de la conquista de América", *Revista Electronica Iberoamericana*, 3, 2009.

Marrero-Fente, Raúl, "Human Rights and Academic discourse: Teaching the Las Casas-Sepúlveda Debate at the Time of the Iraq War", *Hispanic Issues On Line*, 4:1, 2009.

Molina, López and Xochitl, Amalia, "Hermenéutica del descubirmiento del Nuevo Mundo. La polémica de Valladolid y la naturaleza del indio americano", *Valenciana*, 15, 2015.

Parise, Agustín, "The Valladolid Controversy Revisited:Looking Back at the Sixteenth-Century Debate on Native Americans While Facing the Current Status of Human Embryos", *Journal of Civil Law Studies*, 1:1, 2008.

Rubiés, Joan-Pau, "Daniel Castro, *another face of empire. Bartolome de Las Casas, indigenous rights and ecclesiastical imperialism*". *Journal of ecclesiastical history*, 58:4, 2007.

Santos Herceg, José, "Filosofía de (para) la Conquista. Eurocentrismo y colonialismo en la disputa por el Nuevo Mundo", *Atenea*, 503, 2011.

Seed, Patricia, "'Are These Not Also Men?': The Indians' Humanity and Capacity for Spanish Civilisation", *Journal of Latin American Studies*, 25, 1993.

Zamora, Margarita, "The intellectual Legacy of Bartolomé de Las Casas", *Hispanic Issues on Line*, 8, 2011.

제2장:

벤자민 킨, 『라틴아메리카의 역사, 상』, 김원중, 이성훈 옮김, 그린비, 2014.

송상기, "후아나 수녀의 『신성한 나르키소스 El divino Narciso』를 통해 본 중남미 식민지 시대 바로크적 표상", 『외국문학연구』, 47, 2012.

이성훈, "앙헬 라마의 『문자 도시』에 나타난 식민시기 지식인 상 연구", 『이베로아메리카연구』, 24:2, 2013.

Acosta, Leonardo, *Barroco de Indias y otros ensayos,* La Habana: Casa de las Américas, 1985.

Ángela Buitrago, Flor, "Lecturas: *Poéticas de lo criollo. La transformación del concepto "criollo" en las letras hispanoamericanas (siglo XVI al XIX)*", *Revista de Estudios Sociales*, 38, 2011.

Bernardí de Souza, Luciane, "El desarrollo de la conciencia criolla en hispanoamérica y su reflejo en la literatura colonial", *Revista Ícone:Revista de Divulgação Científica em Língua Portuguesa, Linguística e Literatura*, 14, 2014.

Beuchot, Mauricio, *Sor Juana, una filosofía barroca*, México: Universidad Autónoma del Estado de México, 1999.

Beverley, John, "Sobre Góngora y el gongorismo colonial", *Revista Iberoamericana*, 114-115, Pittsburg: Instituto Internacional de Literatura Iberoamericana, Universidad de Pittsburgh, 1981.

Beverley, John, "Barroco de estado: Góngora y el gongorismo", in *Del Lazarillo al Sandinismo: Estudios sobre la función ideológica de la literatura española e hispanoamericana*, Minneapolis: Prisma, 1987.

Beverley, John, "Nuevas vacilaciones sobre el barroco", *Revista de Crítica Literaria Latinoamericana*, 14:28, 1988.

Bolívar, Echeverría(eds.) *Modernidad, mestizaje cultural, ethos barroco*, México: UNAM, 1994.

Carilla, Emilio, *El Gongorismo en América*, Buenos Aires: Instituto de Cultura latinoamericana, Facultad de Filosofía y Letras de Universidad de Buenos Aires, 1946.

del Valle Escalante, Emilio, "Latinoamericanismo, barroco de Indias y colonialidad del poder: reflexiones sobre políticas de exclusión", *Procesos: Revista Ecuatoriana de Historia*, 23, 2006.

Franco, Jean, *Historia de Literatura Hispanoamericana*, Barcelona: Ariel, 1980.

Hatzfeld, Helmut, *Estudios sobre el Barroco*, Madrid: Gredos, 1973.

Hauser, Arnold, *Historia social de la literatura y el arte*, Madrid: Guadarrama, 1969.

Henríquez Ureña, Pedro, *Ensayos en busca de nuestra expresión*, Buenos Aires: Raigal, 1952.

Lafaye, Jacques, *Quetzalcóatl y Guadalupe*, México: Fondo de Cultura Económica, 1995.

Lavallé, Bernard, *Las promesas ambiguas. Ensayos sobre el criollismo colonial en los Andes*, Lima: Pontificia Universidad Católica del Perú. Instituto Riva-Agüero, 1993.

Lezama Lima, José, *La Expresión Americana*, Chile: Editorial Universitaria, 1969.

Lienhard, Martin, *La voz y su huella : escritura y conflict o etnico-cultural en América Latina 1492-1988*, Perú:Edición Horizonte, 1992.

Lopez Camara, Francisco, "La conciencia criolla en Sor Juana y Sigüenza",

Historia Mexicana, 6:3, 1957.

Maravall, José Antonio, *La Cultura del Barroco,* Barcelona: Ed. Ariel, 2ª ed., 1980.

Mazzotti, José Antonio(ed.), *Agencias criollas: La ambigüedad "colonial" en las letras hispanoamericanas*, Pittsburgh: Instituto Internacional de Literatura Iberoamericana, Universidad de Pittsburgh, 2000.

Moraña, Mabel, "Barroco y conciencia criolla en Hispanoamérica", *Revista de Crítica Literaria Latinoamericana*, 14:28, 1988.

Moraña, Mabel, "Para una relectura del barroco hispanoamericano: problemas criticos e historiograficos", *Revista de Crítica Literaria Latinoamericana*, 15:29, 1989.

Moraña, Mabel, *Viaje al Silencio. Exploraciones del discurso barroco*, México: Universidad Nacional Autónoma de México, Facultad de Filosofía y Letras, 1998.

Paz, Octavio, *Sor Juana Inés de la Cruz o Las Trampas de la Fe*, México: Fondo de Cultura Económica, 3ª ed., 1983.

Picón Salas, Mariano, *De la Conquista a la Independencia*, México: Fondo de Cultura Económica, 1982.

Rama, Ángel, *La Ciudad Letrada*, Hanover: Ediciones del Norte, 1984.

Santiago, Olga Beatriz, "Las letras del barroco hispanoamericano desde la polémica hispano-criolla", *Península*, 2:1, 2007.

Santiago, Olga, "La americanización del códogo barroco", *Revista Barroco*, 8:1, 2015. http://revistabarroco.com/vol-81-primaveraspring-2015.html

Vitulli, Juan M., & Solodkow, David M.(eds.), *Poética de lo criollo: La transformación del concepto "criollo" en las letras hispanoamericanas(siglo xvi al xix)*, Buenos Aires: Corregidor, 2009.

Weisbach, Werner, *El Barroco, arte de la Contrarreforma*, Madrid: Espasa-Calpe, 1942.

Yolanda Martínez, San Miguel, *Saberes Americanos: Subalternidad y epistemología en los escritos de Sor Juana*, Pittsburgh:Instituto Internacional de Literatura Iberoamericana, Univ. de Pittsburgh, 1999.

제3장:

벤자민 킨, 『라틴아메리카의 역사, 상』, 김원중, 이성훈 옮김, 그린비, 2014.

Alberdi, J.B. y Sarmiento, D.F., *La gran polémica nacional: Cartas quillotanas/Las ciento y una*, Buenos Aires: Editorial Leviatán, 2005.

Alberdi, Juan Bautista, *La barbarie histórica de Sarmiento*, Buenos Aires: Editorial Escorpio, 1964.

Alberdi, Juan Bautista, *Bases y puntos de partida para la organización política de la República Argentina*, Buenos Aires: Editorial Losada, 2003.

Bueno, Mónica, "El lugar de la barbarie: Alberdi y Sarmiento", *Gramma*, l:3, 2010.

Chrástecká, Zuzana, *La formación de la identidad hispanoamericana en Facundo de Domingo Faustino Sarmiento y su confrentación con otros ensayistas*, Masarykova Univerzita, 2005.

Cobas Carral, Andrea, "De la Voz a la Letra: derroteros de la escritura en Campaña en el Ejército Grande de Domingo Fausto Sarmiento", *Espéculo: Revista de Estudios Literarios*, 41, 2009.

Cobas Carral, Andrea, "Sarmiento/Alberdi: Apuntes para una polémica posible(o de cómo construir los esquivos destinos de la patria)", *V Congreso Internacional Orbis Tertius de Teoría y Crítica Literaria*, 2003. http://sedici.unlp.edu.ar/bitstream/handle/10915/16377/Documento_completo__.pdf?sequence=1

Daniel Duarte, Oscar, "Un debate más allá de lo educativo. Los límites insuperable de Sarmiento y Alberdi", *Revista Izquierdas*, 25, 2015.

Fernández, Nancy, "Civilizacion y barbarie o las construcciones del imaginario nacional: de Rosas a Urquiza", *Cuadernos de Literatura*, Vol. 19, Núm. 37, 2015.

Ferreyra, Leandro E., "Alberdi y Sarmiento: Dos proyectos de nación", 2009. http://www.circulodoxa.org/documentos/LEF.pdf

Gil Amate, Virginia, "Campaña el el Ejército Grande: la lucha de Domingo F. Sarmiento contra el caudillismo", Alicante : Biblioteca Virtual Miguel de Cervantes, 2012. http://www.cervantesvirtual.com/nd/ark:/59851/bmc25263

Halperín Donghi, Tulio, *Proyecto y construcción de una Nación (Argentina 1846-1880). Selección, Prólogo y Cronología*, Caracas: Biblioteca Ayacucho, 1978.

Halperín Donghi, Tulio, *Una nación para el desierto argentino*, Buenos Aires: Centro Editor de América Latina, 1992.

Mantaras Loedel, Graciela, "La polémica entre Sarmiento y Alberdi (1852-1853)", *Cuadernos hispanoamericanos*, 320-321, 1977.

Orrego Penagos, Juan Luis, *La ilusión del progreso: los caminos hacia el estado-nación en el Perú y América Latina (1820-1860)*, Pontificia Universidad Católica del Perú: Fondo Editorial, 2005.

Ortale, María Celina, "Hernández y la polémica de las cartas quillotanas de Alberdi", *V Congreso Internacional Orbis Tertius de Teoría y Crítica Literaria,* 2003.
http://www.memoria.fahce.unlp.edu.ar/trab_eventos/ev.22/ev.22.pdf

Ortale, María Celina, *Biografías del Chacho. Génesis de una interacción polémica entre José Hernández y Domingo F. Sarmiento*, Tesis doctoral, Universidad Nacional de La Plata, 2012.

Oyola, Gonzalo, "En la prensa y en la guerra v. sabe en qué filas se me ha de encontrar siempre: la campaña en el ejército grande de Sarmiento en el contexto de su polémica con Alberdi", *V Congreso Internacional Orbis Tertius de Teoría y Crítica Literaria,* 2003.
http://www.cervantesvirtual.com/nd/ark:/59851/bmcn01p5

Pagliai, Lucila, *La gran polémica nacional: Cartas quillotanas-Las ciento y una,* Buenos Aires: Leviatán, 2005.

Prieto, Adolfo, "El escritor como mito político", *Revista Iberoamericana*, 143, 1988.

Sarmiento, Domingo Faustino, *Campaña en el Ejército Grande aliado de Sud América,* Bernal, Universidad Nacional de Quilmes, 1852, 1997.

Sarmiento, Domingo Faustino, *Facundo*, Madrid:Cátedra, 2001.

Shumway, Nicolás, *La invención de la Argentina. Historia de una idea*, Buenos Aires: Emecé, 2ª ed., 1995.

Sorensen Goodrich, Diana, *Facundo and the Construction of Argentine Culture*, Austin: The University of Texas Press, 1996.

Weinberg, Félix, "La antítesis sarmientina 'civilización y barbarie' y su percepción coetánea en el Río de La Plata", *Cuadernos Americanos*, 13, 1992.

제4장:

박병규, "19세기 말에서 20세기 초의 아르헨티나 언어논쟁", 『스페인어문학』, 54, 2010.

벤자민 킨, 『라틴아메리카의 역사, 상』, 김원중, 이성훈 옮김, 그린비, 2014.

이성훈, "라틴아메리카 국민국가와 정체성 형성과정 연구 시론", 『이베로아메리카연구』, 19:1, 2008.

이성훈, "칠레 국민국가 형성 시기의 논쟁에 나타난 내셔널리즘", 『이베로아메리카연구』, 23:1, 2012.

Canedo, Alfredo, "Bello y Sarmiento: discusión en torno a la Lengua", *Espéculo*, 28, 2004.

http://www.ucm.es/info/especulo/numero28/bellosar.html

Castro-Klarén, Sara & Chasteen, John Charles(ed.), *Beyond Imagined Communities: Reading and Writing the Nation in Nineteenth-Century Latin America*, Washington, D.C: Woodrow Wilson Center Press, 2003.

Crovetto, Pier Luigi y Raúl Crisafio, "España en la polémica entre Domingo Faustino Sarmiento y Andrés Bello sobre el idioma", *Lingua e letteratura ispanoamericana*, Universidad de Génova, 1999.

Dávila, Luis Ricardo, "Fronteras intelectuales en la formación del pensamiento hispanoamericano del siglo xix", *Bitácora-e*, 2003.

http://www. saber.ula.ve/handle/123456789 /18345

del Brutto, Bibiana Apolonia, "La fundación de una lengua: las polémicas en Chile: Andés Bello, José V. Lastarria y D. F. Sarmiento", en Horacio González(comp.), *Beligerancia de los idiomas: Un siglo y medio de discusión sobre la lengua latinoamericana*, Buenos Aires:Ediciones Colihue, 2008.

Fitzgerald, James G., *Bello, Sarmiento, and the Polemic of 1842*, Tesis de Maestría, University of Wyoming, 1966.

Grillo Cuello, Andrés David, *Las bellas artes y la academia en Chile:Itinerario de una disidencia (1842-1928)*, Tesis de Licenciado, Facultad de Artes, Univ. de Chile, 2006.

Keen, Benjamin & Haynes, Keith, *A History of Latin America*, 8th ed., New York: Houghton Mifflin Harcourt Publishing Company, 2009.

Monegal, Emir Rodríguez, "Andrés Bello y el Romanticismo", *Número*, 23/24,

1953.

http://letras-uruguay.espaciolatino.com/ermonegal/andres_bello_y_el_ro
manticismo.htm

Moré, Belford, "La Construcción ideológica de una base empírica: selección y
elaboración en la gramática de Andrés Bello", en José del Valle y Luis
Gabriel Stheeman (Eds.), *La batalla del idioma: la intelectualidad hispánica
ante la lengua*, Frankfurd/Madrid: Verveuert/Iberoamericana, 2004.

Pinilla, Norberto, *La polémica del romanticismo*, Buenos Aires: Editorial Americalee,
1943.

Stuven V., Ana María, "La generación de 1842 y la conciencia nacional
chilena", *Revista de ciencia política*, Vol. IX, No.1, 1987.

Stuven V., Ana María, "Polémica y cultura política chilena, 1840-1850", *Historia*,
25, 1990.

Stuven V., Ana María, *La seducción de un orden: Las elites y la construcción de
Chile en las polémicas culturales y políticas del siglo xix*, Santiago de
Chile: Univ. Católica de Chile, 2000.

Torrejón, Alfredo, "Andrés Bello, Domingo Faustino Sarmiento y el castellano
culto de Chile", *Thesaurus*, XLIV:3, 1989.

Velleman, Barry L., "Antiacademicismo lingüístico y comunidad hispánica:
Sarmiento y Unamuno", en José del Valle y Luis GabrielStheeman(eds.),
La batalla del idioma: la intelectualidad hispánica ante la lengua,
Madrid: Iberoamericana-Vervuert, 2004.

제5장:

남영우, "Modernismo: 새로운 명칭의 사용 가능성에 관하여", 『서어서문연구』, 16,
2000.

마샬 버만, 『현대성의 경험』, 윤호병, 이만식 옮김, 현대미학사, 1996.

마스다 요시오, 『이야기 라틴아메리카사』, 신금순 옮김, 심산출판사, 2003.

마테이 칼리니스쿠, 『모더니티의 다섯 얼굴: 모더니티/아방가르드/데카당스/키치/
포스트모더니즘』, 이영욱, 백한울, 오무석, 백지숙 옮김, 민음사, 1996.

벤자민 킨, 『라틴아메리카의 역사, 상』 김원중, 이성훈 옮김, 그린비, 2014.

옥타비오 파스, 『흙의 자식들 외』, 김은중 옮김, 솔, 1999.

우석균, "『부에노스아이레스의 열정』: 보르헤스와 근대성의 경험", 『서어서문연구』, 16, 2000.

윤영애, 『파리의 시인, 보들레르』, 문학과 지성사, 1998.

이성훈, "중남미 모더니티의 경험으로서 모데르니스모", 『서어서문연구』, 26, 2003.

피터 웨이드, "근대성과 전통: 변동하는 경계, 변동하는 맥락", 니콜라 밀러 & 스티븐 하트 편저, 『라틴아메리카의 근대를 말하다』, 서울: 그린비, 2008.

Acereda, Alberto, "Apuntes sobre la dimensión liberal del modernismo hispánico", *La Ilustración Liberal: Revista española y americana*, 15, 2003.

Aching, Gerard, "The Temporalities of Modernity in Spanish American *Modernismo*; Darío's Bourgeois King", in Ramiro Lagos, "Nueva polémica sobre el modernismo", ALH, 2-3, 1973/1974.

Anderson-Imbert, Enrique, *Historia de la literatura hispanoamericana*, México: Fondo de Cultura Económica, 1954.

Darío, Rubén, *Azul.../Cantos de vida y esperanza*, Edición de Álvaro Salvador, Madrid: Editorial Eapasa Calpe, 1992.

de Onís, Federico, *Antología de la poesía española y hispanoamericana*, Madrid:Hernnado, 1934.

Díaz Martínez, Manuel, "La polémica del modernismo", *Espejo de paciencia: Revista de literatura y arte*, n. 0, 1995.

García Canclini, Néstor, *Culturas híbridas; estrategias para entrar y salir de la modernidad*, México:Grijalbo, 1990.

Gullón, Ricardo, *Páginas escogidas*, México:Red Editorial Iberoamericana, 1987.

Henríquez Ureña, Max, *Breve historia del modernismo*, México:Fondo de Cultura Económica, 1962.

Jrade, Cathy L., *Rubén Darío y la búsquedad romántica de la unidad; el recurso modernista a la tradición esotérica*, México: Fondo de cultura económica, 1986.

Jrade, Cathy L., *Modernism, Modernity and the Development of Spanish American Literature*, Austin, TX: Univ. of Texas Press, 1998.

Larrain, Jorge, "Modernity and Identity: Cultural Change in Latin America", in Robert N. Gwynne & Critóbal Kay(eds.), *Latin America Transformed: Globalization and Modernity*, London: ARNOLD, 1999.

Mejías-López, Alejandro, "Modernismo's Inverted Conquest and the Ruins of Imperial Nostalgia: Rethinking Transatlantic Relations in Contemporary Critical Discourse, *Arizona Journal of Hispanic Cultural Studies*, 12, 2008.

Ortiz, Maribel, *La modernidad conflictiva: Ángel Rama y el estudio de la literatura latinoamericana*, Tesis doctoral, State Univ. of New York at Stony Brook, 1983.

Rama, Ángel, *La ciudad letrada*, Honover, NH: Ediciones del Norte, 1984.

Rama, Ángel, *Rubén Darío y el modernismo*, Caracas/Barcelona: Alfadil Ediciones, 1985.

Ramos, Julio, *Desencuentros de la modernidad en América Latina: Literatura y política en el siglo XIX*, México: Fondo de Cultura Económica, 1989.

Reynolds, Andrew, "Economic Crisis and the Politics of Modernista Prose", *A Contra corriente*, 8:2, 2011.

Roque-Baldovinos, Ricardo, "El modernismo hispanoamericano como modernidad estética", *Revista Realidad*, 43, 1995.

Schulman, Iván A., and Manuel Pedro González, *Martí, Darío y el modernismo*, Madrid: Gredos, 1969.

Shaw, Donald L., "Modernismo: A Contribution to the Debate", *Bulletin of Hispanic Studies*, 44:3, 1967.

Shaw, Donald L., "More about Modernism in Spanish America", *A Contra Corriente*, 4:2, 2007.

Shelling, Vivian(ed.), *Through the Kaleidoscope: The Experience of Modernity on Latin America*, London/New York: Verso, 2002.

Urreojola, Bernarda, "Modernismo Hispanoamericano: ni estético a-identitaria ni compromiso estético", *Cyber Humanitatis*, 23, 2002.

Williams, Raymond L., "Modernist Continuities: The Desire to be Modern in Twentieth-century Spanish-American Fiction", *Bulletin of Spanish Studies*, 79:2-3, 2002.

제6장:

김윤경, "'혁명적' 인디헤니스모(Indigenismo 'Revolucionario')의 이념적 성격: 마

누엘 가미오(Manuel Gamio)를 중심으로", 『라틴아메리카연구』, 19:3, 2006.

벤자민 킨, 『라틴아메리카의 역사, 하』 김원중, 이성훈 옮김, 그린비, 2013.

유왕무, "마리아떼기 작품에 나타난 인디헤니스모 연구", 『서어서문연구』, 19, 2001.

이성훈, "라틴아메리카 국민국가와 정체성 형성과정 연구 시론", 『이베로아메리카연구』, 19:1, 2008.

호세 카를로스 마리아테기, "현재의 경향: 인디헤니스모'(Las corrientes de hoy. El indigenismo)", 『트랜스라틴』, 26, 2013.

Aquézolo Castro, Manuel(ed.), *La polémica del indigenismo*, Lima: Mosca Azul editores, 1976.

Beigel, Fernando, "Mariátegui y las antinomias del indigenismo", *Utopía y Praxis Latinoamericana*, 6:13, 2001.

Berrios Cavieres, Claudio, "Amauta y el indigenismo: polémica y vanguadia en el Perú de comienza del siglo xx", en Sara Beatriz Guardia(ed.) *Simposio Internacional. Revista Amauta. 90 años*, Lima: Libro virtual, 2017.

Carlos Iván Degregori, "Seminario sobre problemática indígena", *Revista Acción Crítica*, 4, 1978.

Chang-Rodriguez, Eugenio, "El indigenismo peruano y mariátegui", *Revista Iberoamericana*, Vol. L, 127, 1984.

Chang-Rodríguez, Eugenio, "José Carlos Mariátegui y la polémica del indigenismo", *América sin nombre*, 13/14, 2009.

Cornejo Polar, Antonio, "El indigenismo y las literatuas heterogeneas: su doble estatuto socio-cultural", *Revista de crítica literaria latinoamericana*, Vol. IV, 7/8, 1978.

Coronado, Jorge, *Los Andes Imagined, The Andes Imagined: Indigenismo, Society, and Modernity*, Pittsburgh: University of Pittsburgh Press, 2009.

Escárzaga, Fabiola, "La utopía arcaica y el racismo del escribidor", en Jorge Turner Morales y Rossana Cassigoli Salamón(eds.), *Tradición y emancipación cultural en América Latina*, México: Siglo xxi editores, 2005.

Gonzales, Osmar, "Indigenismo, Nación y Política, Perú, 1904-1930", *Revista Intellèctus*, 7:1, 2008.

Luque, Elida Irene y Luque, Gabriela, "Encrucijadas del intelectual latinoamericano de entreguerras", *XII Jornadas Interescuelas/Departamentos de Historia*, Dep. de Historia, Facultad de Humanidades y Centro Regional Universitario Bariloche, Univ. Nacional del Comahue, San Carlos de Bariloche, 2009.

Lynch, Nicolás, "La polemica indigenista y los origenes del comunismo en el cusco", *Crítica Andina*, 3, 1979.

Macera, Pablo, "Reflexiones a propósito de la polémica del indigenismo", *Apuntes: Revista de Ciencias Sociales*, 6, 1977.

Ojeda, Rafael, "Disecciones de la Generación peruana. Luis Alberto Sánchez y José Carlos Mariátegui: la polémica del indigenismo", *Silabario: Revista de Estudios y Ensayos Geoculturales*, 12, 2009.

Ruiz Sanjuán, César, "Mariátegui y la constitución de un socialismo latinoamericano", *Araucaria:Revista Iberoamericana de Filosofía, Política y Humanidades*, 17:33, 2015.

Tarica, Estelle, "Indigenismo", in *Latin American History, Oxford Research Encyclopedias*, 2016. DOI: 10.1093/acrefore/9780199366439.013.68

Vargas Llosa, Mario, *La utopía arcaica: José María Arguedas y las ficciones del indigenismo*, México: Fondo de Cultura Económico, 1996.

Veres, Luis, "Relectura del indigenismo", *Espéculo: Revista de Estudios Literarios*, 38, 2008.
http://pendientedemigracion.ucm.es/info/especulo/numero38/reindige.html

Veres, Luis, "El problema de la identidad nacional en la obra de José Carlos Mariategui", *Amnis*. 2, 2002.

Zaldívar, Luis, "Errores presentes: el ocaso conceptual de los perdedores en la polémica indigenista", 2013.
http://oizquierdo.blogspot.kr/2011/11/errores-presentes-el-ocaso-conceptual.html

제7장:

송병선, "탈식민주의 분석방법으로 다시 읽는 『칼리반』", 『외국문학연구』, 21, 2005.

송상기, "아리엘/칼리반: 부에노스아이레스/쿠바", 『비평과 이론』, 4:2, 1999.

셰익스피어, 『태풍』, 신정옥 옮김, 전예원, 1989.

이성훈, "1960년대 문학 저널에 나타난 문화적 갈등:『까사 데 라스 아메리까스』와 『문도 누에보』를 중심으로", 『세계문학비교연구』, 44, 2013.

벤자민 킨, 『라틴아메리카의 역사, 하』 김원중, 이성훈 옮김, 그린비, 2014.

Alba-Buffill, Elio, *Vigencia y trascendencia del Ariel*, Montevideo: Ateneo de Montevideo, 2000.

Arocena, Felipe, "Ariel, Calibán y Próspero: Notas sobre la situación cultural de las sociedades latinoamericanas", in Arocena, Felipe et al., *El complejo de Próspero. Ensayos sobre cultura, modernidad y modernización en América Latina*, Montevideo: Vintén Editor, 1993.

Bayarres, Marta y Collazo, Marcia, "Ariel y calibán en la hisoria de las ideas latinoamericanas: una visión hermenéutica sobre la identidad", 2010. https://www.scribd.com/document/274220968/ARIEL-Y-CALIBAN-en-l a-Historia-de-las-Ideas-latinoamericana-M-Bayarres-M-Collazo

Bonfiglio, Florencia, "Correspondencias latinoamericanistas: una relectura de Calibán de Fernández Retamar", *CELEHIS: Revista del Centro de Letras Hispanoamericanas*, Año. 23, No. 28, 2014.

Escobar Negri, Matilde Belén, "Entre Calibán y Ariel. Apuntes para una lectura sobre la identidad en el pensamiento teórico–literario de América Latina", *Revista en línea de la Maestría en Estudios Latinoamericanos*, 2013.

Fernández Retamar, Roberto, "Calibán revisitado", *Casa de las Américas*, 157, 1986.

Fernández Retamar, Roberto, *Todo Caliban*, La Habana: Instituto Cubano del Libro, 2000, 김현균 옮김, 그린비, 2017.

Fredericao Oliveira Bentley, George, "Latin American Identity in the *Tempest*: Ariel or Caliban", *Miscelânea: Revista de Pós-Graduação em Letras*, 7, 2010.

Gonzáles, Elena Palmero, "Caliban: Camino de una metáfora en el ensayo latinoamericano", *Caligrama: Revista de Estudos Românicos*, 9, 2004.

König, Irmtrud, "Apuntes para una comparatística en Latinoamérica. El simbolismo de Ariel y Calibán en Rodó", *Atenea*, 498, 2008.

Lie, Nadia, "Calibán en contrapunto. Reflexiones sobre un ensayo de Roberto Fernandez Retamar(1971)", *América. Cahiers du CRICCAL*, 18:2, 1997.

Link, Daniel, "Volverse Calibán", *Chuy: Revista de estudios latinoamericanos*, 1;1, 2014.

Lopes, Gilberto, "América Latina:¿De Ariel a Calibán?", *Istmo: Revista Virtual de estudios literarios y culturales centroamericanos*, 27/28, 2013/2014.

Marsh, Rod, "Lecture on Ariel(1900) and Calibán(1971)", 1998.

    http://www.mml.cam.ac.uk/spanish/spanish/sp5/nation/Ariel-Caliban.htm

Reid, John T., "The Rise and Decline of the Ariel-Caliban Antithesis in Spanish America", *The Americas*, 34:3, 1978.

Rodó, José Enrique, *Ariel*, Biblioteca Virtual Universal, 2003.

    http://www.biblioteca.org.ar/libros/70738.pdf

Monegal, Emír Rodriguez, "Las metáforas de Calibán", *Vuelta*, 25, 1978.

Ruffinelli, Jorge, "Calibán y la postmodernidad latinoamericana", *Nuevo Texto Crítico*, Año. V, No. 9/10, 1992.

Vior, Eduardo J., "Visiones de Calibán, visiones de América", *CUYO: Anuario de Filosofía Argentina y Americana*, 17, 2000.

제8장:

Alemany Bay, Carmen, "Una polémica sobre identidad cultural entre Madrid, Roma y Buenos Aires", in Enrique Giménez, Juan A. Ríos, Enrique Rubio(eds.), *Relaciones culturales entre Italia y España*, Alicante: Universidad de Alicante, 1995.

Alemany Bay, Carmen, *La polémica del meridiano intelectual de hispanoamérica (1927): Estudios y textos*, Alicante: Publicaciones de la Universidad de Alicante, 1998.

Croce, Marcela(ed.), *Polémicas intelectuales en América Latina: Del "Meridiano intelectual" al caso Padilla(1927-1971)*, Buenos Aires: Simurg, 2006.

Escobar, Alberto, "Relectura de Arguedas;dos proposiciones",

    http://www. andes.missouri.edu/andes/Arguedas/ae_relectura2.html

Fabio Sánchez, Fernando, "Contemporáneos y estridentistas ante la identidad y el arte nacionales en el México post-revolucionario de 1921 a 1934", *Revista de crítica literaria latinoamericana*, 66, 2007.

Houbenaghel, Eugenia, "Alfonso Reyes y la polémica nacionalista de 1932", *Foro hispánico,* 22, 2002.

Kohut, Karl, "El escritor latinoamericano frente a los problemas y conflictos de la acualidad", *Inti: Revista de Literatura hispánica*, 22/ 23, 1985.

Kohut, Karl, "Las polémicas de Julio Cortázar en retrospectiva", *Hispámerica*, 29:87, 2000.

Martin, Gerald, "Boom, Yes; 'New' Novel, No: Further Reflections on the Optical Illusions of the 1960s in Latin America", *Bulletin of Latin American Research*, 3:2, 1984.

Matamoro, Blas, "Madrid, ¿meridiano cultural hispánico(III)?", 2007. http://cvc.cervantes.es/el_rinconete/anteriores/febrero_07/23022007_01.htm

Matamoro, Blas, "La polémica sobre la independencia idiomática americana(II)", 2007. http://cvc.cervantes.es/el_rinconete/anteriores/febrero_07/14022007_01.htm

Monegal, Emir Rodríguez, *Obra selecta*, Venezuela:Biblioteca Ayacucho, 2003.

Moraña, Mabel, "Territorialidad y forasterismo: la polémica Arguedas/ Cortázar revisitada", in Sergio R. Franco(ed.), *José María Arguedas: hacia una poética migrante*, Pittsburgh: Instituto Internacional de Literatura Iberoamericana, 2006.

Noriega Bernuy, Julio, "Arguedas-Cortázar:Polémica entre zorros y camaleones", *Estudios de lengua y cultura amerindias II, Actas de las IV Jornadas Internacionales de Lengua y Cultura Amerindias*, Volume 2, Valencia, 1994.

Ostria, Maurio, "Sistemas literarias latinoamericanos: La polémica Arguedas/ Cortázar treinta años después", in R. Cánovas y R. Hozven(eds.), *Crisis, apocalipsis y utopías*, XXXII Congreso Internacional de Literatura Iberoamericana, Santiago: P. U. Católica de Chile, 2000.

Rodríguez López, Jéssica, "Dos formas de asumir lo maravilloso americano: Alejo Carpentier y José María Arguedas", in Congreso Internacional "El siglo de Alejo Carpentier", La Habana, 2004.

Sales Salvador, Dora, "Arguedas y la transculturalidad", in Magdalena León Gómez (ed.), *La literatura en la literatura. Actas del XIV Simposio de la SELGYC*, Madrid, Centro de Estudios Cervantinos, 2004.

Sales Salvador, Dora, "Traducción cultural en la narrativa de José María Arguedas: Hervores en la encrucijada de lenguas y culturas", in *I Congreso Internacional de Traductores e Intérpretes/II Congreso Nacional de Traductores,* Lima, 2002.

Sheridan, Guillermo, "Entre la casa y la calle: la polémica de 1932 entre nacionalismo y cosmopolitismo literario", in Roberto Blancarte(ed.), *Cultura e identidad nacional,* México: Fondo de Cultura Económica, 1994.

Sheridan, Guillermo, *Los Contemporáneos ayer,* México: Fondo de Cultura Económica, 1993.

Sheridan, Guillermo, *México en 1932: la polémica nacionalista,* México: Fondo de Cultura Económica, 1999.

제9장:

김현균, "마술적 사실주의에 대한 도전과 새로운 라틴아메리카 정체성의 모색", 『스페인어문학』, 73, 2014.

송병선, "'붐 소설' 죽이기: 라틴아메리카 젊은 작가들의 새로운 미학", 『한국문학』, 봄호, 2006.

우석균, "마술적 사실주의의 쟁점들", 『스페인어문학』, 17, 2000.

이성훈, "맥콘도(McOndo) 세대의 새로운 문학적 감수성 -알베르토 푸겟의 『맥콘도』와 『말라 온다』를 중심으로", 손관수 외(2004), 『환멸의 세계와 매혹의 언어』, 서울문화사, 2004.

Biagini, Hugo Edgardo & Roig, Arturo A., *Diccionario del pensamiento alternativo,* Madrid:Biblos, 2008.

Brunner, José Joaquín, *Cartografias de la modernidad,* Santiago:Dolmen, 1994.

Carcamo, Luis Ernesto, *Market plots: Economic and literary discourses in late twentieth-century Chile (Joaquin Lavin, Pablo Neruda, Enrique Lihn, Alberto Fuguet, Pedro Lemebel),* Tesis doctoral, Cornell Univ., 2001.

Cuadra, Ivonne, "De Macondo a McOndo: La tecno-narrativa de Alberto Fuguet", *South Eastern Latin Americanist,* 44:3, 2001.

Fuguet, Alberto & Gómez, Sergio, *McOndo,* Barcelona:Grijalbo Mondadori. 1996.

Goić, Cedomil, *Historia y crítica de la literatura hispanoamericana, v.3,* Barcelona: Editorial Crítica/Grupo Editorial Grijalbo, 1988.

Gundermann, Christian, "Todos gozamos como locos: Los medios de comunicacin masiva y la sexualidad como mdulo de filiacin entre Manuel Puig y Alberto Fuguet", *Chasqui: Revista de Literatura Latinoamericana*, 30:1, 2001.

Hargrave, Kelly, "De Macondo a McOndo: Nuevas voces en la literatura latinoamericana", *Chasqui: Revista de Literatura Latinoamericana*, 27:2, 1998.

Hertel, Antoinette, "McOndo™ como Marca Global: Una Visión de America Latina del fin de Siglo XX", in Plot, Martín(eds.), *Destino Sudamericano: Ideas e imágenes políticas del segundo siglo argentino y americano*, Buenos Aires: Teseo, 2010.

Leal, Luis, "Magical Realism in Spanish American Literature", in Lois Parkinson Zamora, Wendy B. Faris(ed.), *Magical Realism: Theory, History, Community*, Durham & London: Duke Univ. Press, 1995.

O'Connell, Patrick L., "Narrating History through Memory in Three Novels of Post-Pinochet Chile", *Hispania: A Journal Devoted to the Teaching of Spanish and Portuguese*, 84:2, 2001.

Palaversich, Diana, "Rebeldes sin causa: Realismo mágico vs. realismo virtual", *Hispamérica: Revista de Literatura*, Vol. 29, No. 86, 2000.

Promis Ojeda, José, *La novela chilena del último siglo*, Santiago de Chile: Editorial La Noria, 1993.

Reeds, Kenneth, "Magical Realism: A Problem of Definition", *Neophilologus*, 90, 2006.

Senio Blair, Laura Marie, *The return home: Experiences of deterritorialization in post-Pinochet Chilean literature (Ariel Dorfman, Antonio Skarmeta, Alberto Fuguet)*, Tesis doctoral, Univ. of Kansas, 2002.

Shaw, Donald Leslie, *The post-boom in Spanish American fiction*, New York: State University of New York Press, 1998.

Walter D. Mignolo, "The Geopolitics of Knowledge and the Colonial Difference", *The South Atlantic Quarterly*, 101:1, 2002.

제10장:

김현균, 이성훈, "라틴아메리카 문화연구의 쟁점과 동향", 『이베로아메리카연구』,

18, 2007.

이성훈, "중남미 문화연구에 대한 고찰:문학비평과의 관계를 중심으로", 『외국문학연구』, 12, 2002.

이성훈, "탈식민주의와 라틴아메리카니즘", 『서어서문연구』, 23, 2002.

이성훈, "라틴아메리카 연구와 『라틴아메리카니즘』, 34, 2011.

Anzaldúa, Gloria, *Borderlands/La Frontera*, San Francisco: Sprinster/Aunt Lute P., 1987.

Beverley, John, "Postscriptum" en Mabel Moraña(ed.), *Nuevas perspectivas desde/sobre América Latina: El desafío de los estudios culturales,* Chile: Editorial Cuarto Propio/Instituto International de Literatura Iberoamericana, 2000.

Beverley, John, "Adiós: A National Allegory(Some Reflections on Latin American Cultural Studies", in Hart, Stephen and Young, Richard(eds.), *Contemporary Latin American Cultural Studies*, London: Arnold, 2003.

Beverley, John, "El evento del latinoamerianismo: un mapa político-conceptual", 『이베로아메리카연구』. 20:2, 2009.

Castro-Gómez, Santiago y Mendieta, Eduardo(eds.), *Teorías sin disciplina: latinoamericanismo, poscolonialidad y globalización en debate*, México: Univ. of San Francisco, 1998.

Daniel Mato(ed.), *Estudios y otras prácticas intelectuales latinoamericanas en cultura y poder*, Caracas:CLACSO, 2002.

Del Sarto, Ana, "The 1980s: Foundations of Latin American Cultural Studies", in Ana Del Sarto, Alicia Ríos and Abril Trigo(eds.), *The Latin American Cultural Studies, Reader*, Durham/London:Duke UP., 2004.

García Canclini, Néstor, *Culturas híbridas:estrategias para entrar y salir de la modernidad*, México: Grijalbo, 1989.

García Canclini, Néstor, "Cultural Studies and Revolving Doors", in Hart, Stephen and Young, Richard(eds.), *Contemporary Latin American Cultural Studies*, London: Arnold, 2003.

Hart, Stephen and Young, Richard(eds.), *Contemporary Latin American Cultural Studies*, London: Arnold, 2003.

Larsen, Neil, "The Cultural Studies Movement and Latin America: An Overview", in *Reading North by South: On Latin American Literature,*

Culture and Politics, Minneapolis/ London: Univ. of Minnesota Press, 1995.

Levinson, Brett, "The Death of the Critique of Eurocentrism: Latinoamericanism as a Global Praxis/Poiesis", *Revista Estudios Hispánicos*, 31, 1997.

Mato, Daniel(ed.), *Estudios y otras prácticas intelectuales latinoamericanas en cultura y poder*, Caracas: CLACSO, 2002.

Mendieta, Eduardo, *Global Fragments:Globalizations, Latinamericanisms, and Critical theory*, Albany: State Univ. of New York Press, 2007.

Mignolo, Walter D., "Colonial and Postcolonial Discourse:Cultural Critique or Academic Colonialism?", *Latin American Research Review*, 28:3, 1993.

Mignolo, Walter D., "Posoccidentalism:el argumento desde América Latina", en Castro-Gómez, Santiago y Mendieta, Eduardo(eds.), *Teorías sin disciplina: latinoamericanismo, poscolonialidad y globalización en debate*, México: Univ. of San Francisco, 1998.

Moraña, Mabel, "Migraciones del latinoamerianismo", *Revista Iberoamericana*, 193, 2000.

Moraña, Mabel(ed.), *Nuevas perspectivas desde/sobre América Latina: El desafío de los estudios culturales*, Chile:Editorial Cuarto Propio/Instituto International de Literatura Iberoamericana, 2000.

Moreiras, Alberto, "Fragmentos globales:latinoamericanismo de segundo orden", en Castro-Gómez, Santiago y Mendieta, Eduardo(eds.), *Teorías sin disciplina: latinoamericanismo, poscolonialidad y globalización en debate*, México: Univ. of San Francisco, 1998.

Moreiras, Alberto, "The Order of Order: On the Reluctant Culturalism of Anti-Subalternist Critique", *Journal of Latin American Cultural Studies*, 8:1, 1998.

Richard, Nelly, "Saberes académicos y reflexión crítica en América Latina", in *Estudios y otras prácticas intelectuales latinoamericanas en cultura y poder*, Caracas:CLACSO, 2002.

Sarlo, Beatriz, "Cultural Studies and Literary Criticism at the Crossroads of Values", *Journal of Latin American Cutural Studies*, 8:1, 1999.

Szurmuk, Mónica y McKee Irgwin, Roberto(eds.), *Diccionario de estudios culturales latinoamericanos*, Mexico: Siglo xxi editores, 2009.

Trigo, Abril, "The 1990s: Practice and Polemics within Latin American Cultural Studies", in Ana Del Sarto, Alicia Ríos, and Abril Trigo(eds.), *The Latin Amrican Cultural Studies, Reader,* Durham/London: Duke Univ. Press, 2004.

Vidal, Hernán, "The Concept of Colonial and Postcolonial Discourse: A Perspective from Literary Criticism", *Latin American Research Review*, 28:3, 1993.

제11장:

김윤경, "1980~1990년대 에콰도르의 원주민 운동: CONAIE의 '상호문화성'과 '복수국민'", 『서양사론』, 107, 2010.

박구병, "리고베르타 멘추 논쟁에 나타난 '문화 투쟁'", 『중남미연구』, 28:1, 2009.

이성훈, "라틴아메리카에서 하위주체는 말할 수 있는가?", 『트랜스라틴』, 5, 2009.

조영현, "라틴아메리카 원주민 운동: 사파티스타 운동과 에콰도르 원주민 민족연맹(CONAIE)에 대한 비교 연구", 『이베로아메리카연구』, 26:3, 2015.

존 베벌리, 『하위주체성과 재현: 라틴아메리카 문화이론 논쟁』, 박정원 옮김, 그린비, 2013.

Arias, Arturo & Stoll, David(eds.), *The Rigoberta Menchú Controversy*, Minneapolis: University of Minnesota Press, 2001.

Beverley, John, *Testimonio: On the Politics of Truth*, Minneapolis:U of Minnesota Press, 2004.

Beverley, John, "Reply to Mario Roberto Morales", *Journal of Latin American Cultural Studies*, 17:2, 2008.

Beverley, John, "The Neoconservative Turn in Latin American Literary and Cultural Criticism", *Journal of Latin American Cultural Studies*, 17:1, 2008b.

Castagno, Pablo, "Inside Latinamericanism", *Historical Materialism*, 23:1, 2015.

Florea, Lauro, "From the Metropolis: A Critique of Testimonio and the Testimonio of the Critic", *A Contracorriente: una revista de estudios latinoamericanos*, 2:3, 2005.

Martí i Puig, Salvador, "The Emergence of Indigenous Movements in Latin

America and Their Impact on the Latin American Political Scene: Interpretive Tools at the Local and Global Levels", *Latin American Perspectives*, Vol. 37, No. 6, 2010.

Menchú Tum, Rigoberta with Elisabeth Burgos-Debray, trans. by Ann Wright. *I, Rigoberta Menchú: An Indian Woman in Guatemala*, London:Verso, 1984.

Roberto Morales, Mario, *La articulación de las diferencias, o, El síndrome de Maximón: los discursos literarios y políticos del debate interétnico en Guatemala*, Guatemala:Editorial Palo de Hormigo, 2002.

Roberto Morales, Mario, "Hacia una teoría del mestizaje intercultural diferenciado", *La Insignia*, 2006년 6월.

Roberto Morales, Mario, "Hacia una teoría del mestizaje intercultural", *La Insignia*, 2007년 4월.

Roberto Morales, Mario, "Serving Two Masters, or, Breathing Artificial Life into a Lifeless Debate(a Reply to John Beverley)", *Journal of Latin American Cultural Studies*, 17:1, 2008.

Stoll, David, "Creating moral authority in Latin American studies: John Beverley's 'Neoconservative turn' and priesthood", *Journal of Latin American Cultural Studies*, 17:3, 2008.

제12장:

김덕호, 김연진, 『현대 미국의 사회 운동』, 비봉출판사, 2001.

김연진, "라티노 이민, 반이민 정서, 그리고 "미국의 위기"", 『사학지』, 40, 2008.

레나토 로살도, 『문화와 진리』, 권숙인 옮김, 아카넷, 2000.

이성훈, "경계의 정체성:라티노 연구를 위한 시론", 『외국문학연구』, 20, 2005.

이성훈, "미 대선을 통해 본 라티노의 힘", 『중남미연구』, 26:2, 2007.

이성훈, "라티노 이민을 바라보는 두 가지 관점", 『스페인어문학』, 56, 2010.

이성훈, 『라티노 사회와 문화의 변화』, 두솔, 2013.

Bonilla, Frank (et al), *Borderless Borders: U.S. Latinos, Latin Americans, and the Paradox of Interdependence*, Philadelphia: Temple Univ. Press, 1998.

Bonilla, Frank, "Rethinking Latino/Latin American Interdependence:New Knowing, New Practice", in Bonilla, Frank (et al), *Borderless Borders: U.S. Latinos, Latin Americans, and the Paradox of Interdependence*,

Philadelphia: Temple Univ. Press, 1998.

Cabán, Pedro, "The New Synthesis: Latin American and Latino Studies", in Frank Bonilla. Darder, Antonia & Rofolfo D. Torres(eds.), *The Latino Studies Reader:Culture, Economy & Society*, London/Malden: Blackwell, 1998.

Capetillo-Ponce, Jorge, "From 'A Clash of Civilizations' to 'Internal Colonialism': Reactions to the Theoretical Bases of Samuel Huntington's 'The Hispanic Challange'", *Ethnicities*, 7:1, 2007.

Davies, Ian, "Latino Immigration and Social Change in the United States: Toward an Ethical Immigration Policy", *Journal of Business Ethics*, 88, 2009.

Etzioni, Amitai, "The Real Threat: An Essay on Samuel Huntington", *Contemporary Sociology*, 34:5, 2005.

Flores, William, and Rina Benmayor(eds.), *Latino Cultural Citizenship:Claiming Identity, Space, and Rights*, Boston:Beacon Press, 1997.

Fox, Geoffrey, *Hispanic Nation:Culture, Politics, and the Constructing of Identity*, Tucson: The Arizona Univ. Press, 1996.

García, John, "Latino Studies and Political Science: Politics and Power Perspectives for Latino Communities and Its Impact on the Discipline", Occasional Paper N.34, Julien Samora Research Institute, Michigan State University, 1997.

Gracia, Jorge J.E. & Pablo De Greiff, *Hispanics/Latinos in the United States: Ethnicity, Race, and Rights*, London/New York:Routledge, 2000.

Grosfoguel, Ramón(et al)(eds.), *Latin@s in the World-System: Decolonization Struggles in the Twenty-First Century U.S. Empire*, Boulder/London: Paradigm Publishers, 2005.

Habell-Pallán, Michelle and Romero, Mary, *Latino/a Popular Culture*, New York/London:New York Univ. Press, 2002.

Huntington, Samuel P., 『새뮤얼 헌팅턴의 미국(Who are we?)』, 형선호 옮김, 김영사, 2004.

Jack Citrin, Amy Lerman, Michael Murakami, and Kathryn Pearson, "Testing Huntington: Is Hispanic Immigration a Threat to American Identity?", *Perspectives on Politics*, 5:1, 2007.

Mark Ellis, Richard Wright, "The Balkanization Metaphor in the Analysis of U.S. Immigration", *Annals of the Association of American Geographers,* 88:4, 2010.

Martín Alcoff, Linda, "Latino vs. Hispanic: The Politics of ethnic names", *Philosophy & Social Criticism,* 31:4, 2005.

Mignolo, Walter D., "Huntington's Fears; "Latinidad" in the Horizon of the Modern/Colonial World", in Grosfoguel(et al)(eds.), *Latin@s in the World-System: Decolonization Struggles in the Twenty-First Century U.S. Empire,* Boulder/London: Paradigm Publishers, 2005.

Oboler, Suzanne, *Ethnic Labels, Latino Lives: Identiy and the Politics of (Re)Preesentation in the United States,* Minneapolis/London: Univ. of Minnesota Press, 1995.

Pew Hispanic Center, *Hispanics and Arizona's New Immigration Law,* http://pewresearch.org/pubs/1579/arizona-immigration-law-fact-sheethisp anic-population-opinion-discrimination, 2010.

Poblete, Juan, *Critical Latin American and Latino Studies,* Minneapolis: Univ. of Minnesota P., 2003.

Roberts, Sam, "Top Hispanic Name Loses Ground, Even as Birthrates Stay High", *The New York Times,* 2011. 5. 17.

Rivera, Geraldo, *His Panic: Why Americans Fear Hispanics in the U.S. New York,* New York:Celebra, 2008.

Rodriguez, Clara E. (ed.), *Latin Looks: Images of Latinas and Latinos in the U.S. Media,* Colorado/Oxford: Westview Press, 1997.

Rodriguez-Scott, Esmeralda, "Patterns of Mexican Migration from Mexico to the United State", http://www1.appstate.edu/~stefanov /proceedings/rodriguez.htm, 2002.

Romero, Mary (et al), *Challenging Fronteras: Structuring Latina and Latino Lives in the US, An Anthology of Readings,* New York/London: Routledge, 1997.

Strum, Philippa and Selee, Andrew(eds.), *The Hispanic Challenge?: What We Know about Latino Immigration,* Proceedings of Conference(2004.3.29), Woodrow Wilson International Center for Scholars, Washington D.C., 2004.

Verduzco, Gustavo, "La immigracion mexicana a Estados Unidos: Estructuración de una selectividad histórica", http://conapo.gob.mx/publicaciones/migracion/MigracionContCamb/01. pdf, 2007.

Waldschmidt-Nelson, Britta, "Who are we? Fears and Facts in Samuel Huntinton's Attack on Latino Immigration to the United States", *Internationale Politik und Gesellschaft*, 3, 2004.

이성훈 ————————————————————————————

  서울대학교 인문대학 서어서문학과 졸업
  서울대학교 인문대학 서어서문학과 석사
  마드리드 콤플루텐세 대학 중남미문학과 박사
  서울대학교 라틴아메리카연구소 부교수

논쟁을 통해 본

라틴아메리카
사회와 문화

초판인쇄 2019년 10월 2일
초판발행 2019년 10월 2일

지은이 이성훈
펴낸이 채종준
펴낸곳 한국학술정보㈜
주소 경기도 파주시 회동길 230(문발동)
전화 031) 908-3181(대표)
팩스 031) 908-3189
홈페이지 http://ebook.kstudy.com
전자우편 출판사업부 publish@kstudy.com
등록 제일산-115호(2000. 6. 19)

ISBN 978-89-268-9646-4 93940